Grundsätze

des

Französischen Kolonialrechts

Von

Dr. jur. Franz W. Jerusalem
in Bonn

Berlin 1909.
J. Guttentag, Verlagsbuchhandlung,
G. m b. H.

Dem Herrn Geheimen Justizrat

Dr. Philipp Zorn,

ord. Professor der Rechte, Mitgliede des Herrenhauses und Kronsyndikus,

in Ehrerbietung und Dankbarkeit

zugeeignet.

Inhaltsübersicht.

Seite

Vierter Abschnitt:

Die Übergangsfälle zwischen citoyen und sujet.

Viertes Kapitel:

Die Organisation der Staatsgewalt für die Kolonien.

Erster Abschnitt:

Die Zentralregierung.

Zweiter Abschnitt:

Die Organisation der Lokalverwaltung.

A. Die Behördenordnung in den Kolonien mit Ausnahme von Algier und Tunis.

1) Die Verwaltungsbehörden.

Fünftes Kapitel:

Die Organisation der Gesetzgebung.

Verzeichnis der besonders benutzten Literatur.

Aubry-Rau, Cours de droit civil français. 4 Auflage. Paris 1869

Audinet, De la nationalité française en Algérie, in der Revue algérienne et tunisienne. Jahrgang 1890.

Bernard, L'archipel de la Nouvelle-Calédonie. Paris 1894

Besson, La législation civile de l'Algérie Alger 1894.

Cahuzac, Essai sur les institutions et le droit malgache Band 1. Paris 1900. Der 2. Band ist nicht erschienen

Clozel-Villamur, Les coutumes indigènes de la Côte d'Ivoire. Paris 1902.

Cohen, Les israélites de l'Algérie et le décret Crémieux. Pariser Dissertation 1900.

Despagnet, Essai sur les protectorats Paris 1896. Zitiert: Despagnet.

— Précis de droit international privé. 3. Auflage Paris 1899.

Dislère, Traité de législation coloniale 3. Auflage Band 1 Paris 1906

Doumer, Situation de l'Indo-Chine. Hanoi 1902.

Engelhardt, Etude sur la déclaration de la conférence de Berlin relative aux occupations, in der Revue de droit international et de législation comparée Jahrgang 1886.

Esmein, Eléments de droit constitutionnel. Paris 1896.

Florack, Die Schutzgebiete, ihre Organisation in Verfassung und Verwaltung, in den „Abhandlungen aus dem Staats-, Verwaltungs- und Völkerrecht", herausgegeben von Zorn und Stier-Somlo. Tübingen 1905

Foà, Le Dahomey. Paris 1895

Gareis, Deutsches Kolonialrecht. 2 Auflage. Gießen 1902.

von Gerber, Grundzüge eines Systems des deutschen Staatsrechtes. 3. Auflage Leipzig 1880.

Girault, Principes de colonisation et de législation coloniale 3. Auflage. Paris 1907.

Hall, A treatise on the foreign powers and jurisdiction of the British Crown Oxford 1894.

Hauschild, Die Staatsangehörigkeit in den Kolonien, in den „Abhandlungen aus dem Staats-, Verwaltungs- und Völkerrecht", herausgegeben von Zorn und Stier-Somlo Tübingen 1906.

Heilborn, Das völkerrechtliche Protektorat. Berlin 1891

Heilborn, Völkerrecht, in der Enzyklopädie der Rechtswissenschaft von v. Holtzendorff-Kohler. Leipzig und Berlin 1904.

Heimburger, Der Erwerb der Gebietshoheit. I. Teil. Karlsruhe 1888.

von Holtzendorff, Handbuch des Völkerrechts, unter Mitwirkung einer Reihe von Gelehrten. Berlin 1885.

Jellinek, Die Lehre von den Staatenverbindungen. Wien 1882.

— Gesetz und Verordnung. Freiburg 1887.

— Allgemeine Staatslehre. 2. Auflage. Berlin 1905.

Jenkyns, British rule and jurisdiction beyond the seas. Oxford 1902.

Ilbert, The Government of India. 2. Auflage. Oxford 1907. Zitiert ist nach der 1. Auflage, Oxford 1898.

Köbner, Deutsches Kolonialrecht, in der Enzyklopädie der Rechtswissenschaft von v. Holtzendorff-Kohler. Leipzig und Berlin 1904.

Laband, Das Staatsrecht des Deutschen Reiches. 4. Auflage. Tübingen und Leipzig 1901.

Larcher, Traité élémentaire de législation algérienne. Paris u. Alger 1903.

Laurent, Principes de droit civil français. 3. Auflage. Brüssel und Paris 1878.

de Lavigne-Sainte-Suzanne, Les pouvoirs du gouverneur général de l'Indochine en matière de taxes et de contributions im Recueil de législation, de doctrine et de jurisprudence coloniales. Jahrgang 1904.

Lawrence, The principles of international law. London 1898.

Lebon, Das Staatsrecht der französischen Republik im Handbuch des öffentlichen Rechts, herausgegeben von Marquardsen. 4. Band, 1. Halbband, 6. Abteilung. Freiburg 1886.

Leroy-Beaulieu, Paul, De la colonisation chez les peuples modernes. 5. Auflage. Paris 1902.

Luro, Le pays d'Annam. 2. Auflage. Paris 1897.

de Martens, La conférence du Congo à Berlin et la politique coloniale des Etats modernes in der Revue de droit international et de législation comparée. Jahrgang 1886.

v. Martitz, Das internationale System zur Unterdrückung des afrikanischen Sklavenhandels in seinem heutigen Bestande, im Archiv für öffentliches Recht, herausgegeben von Laband und Störk. Freiburg 1885.

Mayer, Otto, Theorie des Französischen Verwaltungsrechtes. Straßburg 1886.

Oppenheim, International law. London 1905.

Penant, De la condition juridique des indigènes, im Recueil général de jurisprudence, de doctrine et de législation coloniales. Paris 1906.

Petit, Des effets du protectorat relativement à la souveraineté intérieure de l'Etat protégé. Dissertation von Poitiers. Poitiers 1900.

Philastre, Etudes sur le droit annamite et chinois. Le Code annamite. Paris 1876.

Phillimore, Commentaries upon international law. 3. Auflage. London 1879.

Pierre, Traité de droit politique, électoral et parlementaire. Paris 1893

von Poser und Groß-Nädlitz, Die rechtliche Stellung der deutschen

Schutzgebiete, in den „Abhandlungen aus dem Staats- und Verwaltungsrecht", herausgegeben von Brie. Breslau 1903.
Post, Grundriß der ethnologischen Jurisprudenz. Oldenburg u. Leipzig 1894.
Rambaud, in Verbindung mit anderen, La France coloniale. 6. Auflage. Paris 1893.
de Reinach, Le Laos. Paris, ohne Angabe des Erscheinungsjahres.
Rivier, Lehrbuch des Völkerrechtes. Stuttgart 1899.
Rouard de Card, Les traités de protectorat conclus par la France en Afrique 1870—1895. Paris 1897.
Salomon, De l'occupation des territoires sans maître. Pariser Dissertation. Paris 1889.
Sanderval, Comte de, Conquête du Foutah-Djalon. Paris 1899.
Selosse, Traité de l'annexion au territoire français et de son démembrement. Paris 1880.
Snow, The administration of dependencies. New York und London 1902.
v. Stengel, Die Rechtsverhältnisse der deutschen Schutzgebiete. Tübingen und Leipzig 1901.
Tarring, Chapters on the law relating to the colonies. 3. Auflage. London 1906.
Triepel, Völkerrecht und Landesrecht. Leipzig 1899.
Ullmann, Völkerrecht. 2. Auflage. Tübingen 1908.
Weiß, Traité élémentaire de droit international privé. 2. Aufl. Paris 1890.
Westlake, Chapters on the principles of international law. Cambridge 1894.
You, Madagaskar. Histoire — Organisation — Colonisation. Paris und Nancy 1905.
Zachariä-Crome, Handbuch des französischen Zivilrechts. Berlin 1894.
Zeys, Traité élémentaire de droit musulman algérien. Alger 1885.
Zitelmann, Internationales Privatrecht. Leipzig 1897.
Zorn, Gesetz, Verordnung, Budget, Staatsvertrag, in den Annalen des Deutschen Reiches. München 1889.
— Das Staatsrecht des Deutschen Reiches. 2. Auflage. Berlin 1895.

Benutzte Quellensammlungen.

(Nicht angeführt sind die amtlichen Sammlungen.)

de Clercq, Recueil des traités de la France. Paris. Erschienen sind bisher 22 Bände. Zitiert: de Clercq.
Dislère, Traité de législation coloniale, zweiter und dritter Band. Paris 1907.
Estoublon-Lefébure, Code de l'Algérie annoté. Alger 1896. Mit jährlichen Nachträgen.

Ganter, Recueil de la législation en vigeur en Annam et au Tonkin. Hanoi 1895. Mit einem Nachtrage, die Zeit vom 1. Mai 1895 bis 1. Januar 1899 umfassend. Paris und Nancy 1899.

Recueil général des lois et des arrêts en matiere civile, criminelle, administrative et de droit public fondé par J.-B. Sirey. Erscheint seit dem Jahre 1828 mit 1800 beginnend; jährlich ein Band. Zitiert: Sirey.

Recueil de législation, de doctrine et de jurisprudence coloniales, dirigé par P. Dareste, G. Appert, Max. Legendre. Erscheint seit dem Jahre 1898; jährlich ein Band. Zitiert: Recueil.

Revue algérienne et tunisienne de législation et de jurisprudence. Erscheint seit dem Jahre 1885; jährlich ein Band. Zitiert: Revue.

La Tribune des colonies et des pays de protectorat, seit dem Jahre 1903 unter dem Titel: Recueil général de jurisprudence, de doctrine et de législation coloniales unter der Leitung von Penant. Erscheint seit dem Jahre 1891; jährlich ein Band. Zitiert: Tribune.

Zeys, Code annoté de la Tunisie. Nancy 1901. Mit jährlichen Nachträgen.

Zorn, Deutsche Kolonialgesetzgebung. Berlin 1901.

Zeitschriften und Kartenmaterial.

Pelet, Atlas des Colonies Françaises, dressé par ordre du Ministère des Colonies. Paris 1902.

La Quinzaine coloniale, Directeur: M. Joseph Chailley. Erscheint seit dem Jahre 1897 und zwar monatlich zweimal.

Einleitung.

Frankreich ist eine alte Kolonialmacht[1]). Schon früh trieb die Abenteuerlust, die dem französischen Volkscharakter eigen ist, hinaus auf die See zu fernen Entdeckungsfahrten. Aber diese Unternehmungen blieben zunächst nur die Taten einzelner Männer. Noch stand das Königtum ihnen fern; erst als der Kampf mit den Großen des Landes zu seinen Gunsten entschieden war, wandten die Könige, zunächst Franz I. und dann vor allem Heinrich IV. und ihre Berater, wie Colbert und Richelieu ihr Interesse mit um so größerem Eifer der Kolonisation zu. So wurde Frankreich eine Zeitlang die erste Kolonialmacht, vor der auch England zurückstehen mußte. Aber dieser Glanzzeit folgte die Periode des Niederganges. Durch eine Reihe unglücklicher Kriege verlor Frankreich fast alle seine Besitzungen und im Pariser Frieden von 1814 erhielt es von seinen Gegnern nur die Trümmer seines einstigen Kolonialbesitzes zurück. Heute aber steht Frankreich wieder als eine Kolonialmacht ersten Ranges da, und keine Tatsache wäre geeigneter, die glänzenden kolonisatorischen Fähigkeiten des französischen Volksgeistes darzutun. Denn in einem Zeitraume von kaum mehr als zwei Menschenaltern hat sich Frankreich dieses gewaltige Reich, zum Teil unter dem Eindrucke unglücklicher Kämpfe und innerer Erschütterungen geschaffen.

Das französische Kolonialgebiet umfaßt heute Besitzungen:

I. In Amerika. Sie stammen ausschließlich noch aus der Zeit des ancien régime.

1. Die Inselgruppe von Saint-Pierre und Miquelon an der Südküste von Neufundland. Die Kolonie besteht aus einer

---

[1]) Vgl. für die Geschichte der französischen Kolonisation vor allem Leroy-Beaulieu, ferner Rambaud S. I ff. und Girault Bd. 1, S. 95 ff.

Reihe von Inseln, von denen Saint-Pierre und Miquelon die größten sind. Das gesamte Gebiet zerfällt in drei Kommunen. Die Inseln sind der Überrest jenes großen französischen Besitzes in Kanada, der insbesondere durch die Kompagnie von Morbihan erworben wurde. Als Frankreich im Pariser Frieden von 1763 Kanada an England abtreten mußte, verblieben ihm nur diese, damals noch unbewohnten Inseln, die sich durch kanadische Flüchtlinge rasch bevölkerten. Mehrfach bemächtigten sich die Engländer in der Folge der Inseln und zwangen die Bewohner zur Rückkehr nach Frankreich. Erst mit dem Pariser Frieden von 1814 beginnt eine ruhige Entwicklung der Kolonie, die heute besonders für den Fischfang an der Küste von Neufundland von Bedeutung ist.

2. Die Antilleninseln Guadeloupe und Martinique. Jede bildet mit den ihr vorgelagerten Inseln eine selbständige Kolonie. Zu Guadeloupe gehören insbesondere Marie-Galante, Desirade, die Saintes, Saint-Barthélemy und ein Teil der Insel Saint-Martin, die im übrigen englisch ist, zu Martinique einige unbedeutende Eilande, wie Saint-Esprit und Diamant. Die Kolonien sind wie die Departements im Mutterlande in Arrondissements eingeteilt, Guadelope in drei, Martinique in zwei. Die Inseln wurden im Jahre 1635 durch Kapitäne der „Kompagnie der amerikanischen Inseln“, die 1624 mit allen Inseln Mittelamerikas belehnt worden war, in Besitz genommen. Während der Koalitionskriege gegen Frankreich waren die Inseln fast fortwährend in englischem Besitz. Im Jahre 1814 wurden sie an Frankreich zurückgegeben; die übrigen Besitzungen, die aus der Zeit des ancien régime stammten, insbesondere Domingo blieben bei England.

3. Guyana. Die Kolonie wird im Westen von Holländisch-Guyana[1]), im Osten und Süden von Brasilien begrenzt[2]). Sie zerfällt in 14 Kommunen, die aber nur das Küstengebiet um-

---

[1]) Grenze bildet bereits seit dem Frieden zu Utrecht der Maronifluß und weiter im Innern, auf Grund eines Schiedsspruches des Kaisers Alexander von Rußland vom 13./25. Mai 1891 (abgedr. bei de Clercq XIX, S. 100), der Awafluß.

[2]) Diese Grenze wurde durch einen Schiedsspruch des Bundesrates der Schweizerischen Eidgenossenschaft vom 1. Dezember 1900 (abgedr. bei de Clercq XXI, S. 701) bestimmt.

fassen; das Innere hat eine Verwaltungsorganisation nicht erhalten. Auch Guyana gehörte bereits dem ancien régime an; die ersten Niederlassungen wurden durch Kaufleute aus Rouen im Jahre 1626 errichtet; im Jahre 1631 gründeten sie Cayenne, das noch heute die Hauptstadt der Kolonie ist.

II. Afrika. Die Französische Republik ist heute im politischen Sinne Herrin des gesamten Nordwestens des afrikanischen Kontinents, der im Norden vom Mittelländischen Meere, im Westen von den Fluten des Atlantischen Ozeans bespült wird; im Osten wird die Grenze durch Tripolis, und weiter nach Süden durch die Linie bestimmt, durch welche Großbritannien und Frankreich in dem Abkommen vom 21. Mai 1899[1]) ihre Interessensphäre in Afrika abgrenzten und wodurch England der Osten, Frankreich der Westen zugesprochen wurde. Die südliche Grenze bildet der Kongo, der nur in seinem Unterlaufe verlassen wird. Innerhalb dieses gewaltigen Komplexes erscheinen die fremden Staatswesen, wie Marokko und Liberia sowie die Besitzungen der anderen Kolonialmächte wie bloße Enklaven. Die einzelnen Besitzungen in Afrika sind:

1. Algier. Es zerfällt in das eigentliche Algier und die Südterritorien, die durch das Gesetz vom 24. Dezember 1902 als eigener Verwaltungsbezirk abgetrennt wurden. Algier wird im Osten von Marokko, im Westen von Tunis begrenzt. Die marokkanische Grenze wurde durch den Vertrag vom 18. März 1845 festgestellt[2]). Eine feste Grenzlinie wurde aber nur bis zum Südende des Tell, d. h. des parallel zur Küste sich hinziehenden Gebirgszuges vereinbart. Hier beginnt die Sahara, wo eine feste Grenze deshalb nicht gezogen werden konnte, weil Ackerbau nicht möglich ist, und die Hirtenstämme fortwährend die Weideplätze für das Vieh wechseln. Es wurden daher lediglich die Stämme bezeichnet, die unter die Souveränität des einen und des anderen Staates fallen sollten. Im äußersten Süden, wo unbewohnbare, wasserlose Wüste ist, wurde auch hierauf verzichtet. Die Grenze gegen Tunis, die znnächst völlig unbestimmt war, da in den Grenzgebieten gleichfalls Nomadenstämme lebten, die sich einer zum Teil völligen Unabhängig-

---

[1]) Abgedr. bei de Clercq XXI, S. 395.

[2]) Abgedr. bei Estoublon S. 75.

keit erfreuten, ist heute durch eine Reihe von Dekreten bestimmt[1]). und zwar auch hier in der Weise, daß nur die Stämme bezeichnet wurden, die zu Algier oder zu Tunis gehören sollten. Die Grenzlinie zwischen dem Algier im engeren Sinne und den Südterritorien, die durch das Gesetz vom 24. Dezember 1902 näher bezeichnet wurde, folgt im allgemeinen dem Südende des Tell. Nach Süden werden die Südterritorien auf Grund eines Übereinkommens zwischen dem Minister des Inneren und der Kolonien durch eine Linie begrenzt, die von Kap Noun am Atlantischen Ozean beginnend, im weiten Bogen nach Süden als südlichste Landschaft noch den Hoggar zu der algerischen Zone rechnet und im Osten an dem Punkte endet, wo auf Grund des Vertrages vom 21. Mai 1899 an der Südgrenze von Tripolis die, die britische und französische Interessensphäre scheidende, Demarkationslinie beginnt[2]).

Algier im engeren Sinne zerfällt heute in drei Departements. Sie ist vielleicht die einzigste französische Kolonie, die erworben wurde, ohne daß von vornherein eine Vergrößerung des kolonialen Besitzes beabsichtigt war[3]). Die Expedition, die im Jahre 1830 gegen den Dey von Algier ins Feld zog, war die lang hinausgeschobene Antwort auf mannigfache Unbill gegen die französische Nationalehre, die bisher ungesühnt geblieben war[4]). Der Feldzug war in wenig Wochen beendet; am 5. Juli 1830 kapitulierte der Dey in Alger. Er verzichtete damit zugleich auf seinen Thron. Dieser große Erfolg kam völlig überraschend; man wußte nicht, was man mit dem Lande beginnen sollte. Die Verwirrung steigerte sich noch, als das Julikönigtum kurz darauf die Restauration stürzte. Während sich die staatliche Organisation auflöste und die Beamten sich in alle Winde zerstreuten, begnügte man sich mit

[1]) Dies sind im einzelnen die Dekrete vom 25. Oktober 1888, vom 11 August 1890, vom 20. September 1893, vom 29. März 1894, vom 21. Januar 1897, vom 14 Juni 1902.

[2]) Girault I, S. 267

[3]) Vgl. über die Eroberung Algiers vor allem Larcher I, S. 37 ff.

[4]) Vor allem die Raubanfälle algerischer Korsaren auf französische Schiffe, die Beleidigung des französischen Konsuls durch den Dey mit dem berühmt gewordenen Schlag mit dem Fächer im Jahre 1827 und die Beschießung eines französischen Parlamentärschiffes im Jahre 1829

der militärischen Besetzung einiger Städte wie Alger, Bône und Constantine. Erst im Jahre 1834 entschloß sich die Regierung, Algier zur französischen Kolonie zu machen; nun begann die eigentliche Eroberung des Landes, die erst im Jahre 1857 mit der Niederwerfung der Kabylen völlig beendet war. Damit war Frankreich Herr über den Tell und das dahinterliegende Hochplateau. Nach und nach dehnte sich die französische Herrschaft auch über die Sahara aus, indem die zum Teil sehr umfangreichen Oasen in die Verwaltung einbezogen oder wenigstens militärisch besetzt wurden. Zunächst wurde Laghouath in Besitz genommen, Tougourt, Rir und Souf folgten. Im Jahre 1872 wurde El Golea besetzt, 1882 der M'zab annektiert; die südlichsten Punkte der französischen Herrschaft sind heute die Oasen Tidikelt, Touat und Gouara, die aber nur militärisch besetzt sind. In kleineren Oasen wurden Forts errichtet, um eine Verbindungskette mit den südlichsten Militärposten herzustellen und die Stämme im Zaum zu halten. Eine völlige Beherrschung der Sahara war aber auf diesem Wege nicht möglich. Fußsoldaten und Kavallerie, die man zur Verfügung hatte, vermochten den räuberischen Nomadenstämmen in die wasserlose Wüste nicht zu folgen. So schuf man eine neue Waffe, die Meharistentruppen (mehara = Kamel) die auf Kamelen den Stämmen auch in die Sandwüste zu folgen vermögen. Auf diese ist es zurückzuführen, daß bereits heute ein großer Teil der Nomadenstämme wie z. B. ein Teil der ehemals gefürchteten Touaregs sich der französischen Herrschaft unterworfen haben, wenn diese Unterwerfung sich auch auf die Zahlung eines Tributes beschränkt[1]).

2. Tunis. Es wird im Westen von Algier, im Osten von dem türkischem Tripolis begrenzt. Die Grenze bildet an der Küste der Rad Adjiir; im übrigen ist sie noch nicht fest bestimmt[2]). Im Süden endet Tunis in der Wüste.

---

[1]) Eine interessante Darstellung des Wesens dieser Meharistentruppen und ihrer Bedeutung für die allmähliche Eroberung der Sahara enthält der Aufsatz des Baron Hulot in der Revue des deux mondes 1908, Heft V, S. 419ff.

[2]) Es schweben zurzeit Verhandlungen mit der Hohen Pforte über eine nähere Feststellung der Grenze zwischen Tripolis und Tunis.

Tunis ist Protektoratsland[1]). Im Jahre 1881 wurde zum ersten Male ein Schutzvertrag mit dem Bey von Tunis abgeschlossen[2]). Die Veranlassung des Eingreifens in die tunesischen Verhältnisse war vor allem die Unsicherheit der algerischen Grenze durch die kriegerischen Stämme an der Grenze. Ein Einbruch solcher tunesischen Stämme, der im Jahre 1881 stattfand, konnte nur durch reguläre französische Truppen zurückgeschlagen werden. Das war die Veranlassung eines Feldzuges gegen die Aufrührer, der durch die Einnahme von Bizerte rasch beendet wurde. Um weiteren Schwierigkeiten aus dem Wege zu gehen, zwang man den Bey am 12. Mai 1881 zum Abschluß eines Protektoratsvertrages.

3. Westafrika. Es ist kein einheitlicher Verwaltungsbezirk, sondern zerfällt in eine Reihe selbständiger Kolonien, an deren Spitze Untergouverneure, die sog. lieutenant-gouverneurs, stehen, die zusammen wieder dem Generalgouverneur von Westafrika unterstellt sind. Nur Mauretanien ist kein selbständiger Verwaltungsbezirk; es wird durch einen Kommissar im direkten Auftrage des Generalgouverneurs verwaltet.

Westafrika setzt sich aus folgenden Gebieten zusammen:

a) Dem Zivilterritorium Mauretanien, das im Westen vom atlantischen Ozean, im Süden von der Kolonie Senegal und im Osten von der Obersenegal- und Nigerkolonie begrenzt wird. Im Norden ist seine Grenze nur durch eine geographische Linie bestimmt[3]).

Wie die Oasen der Südterritorien im Norden, so ist Mauretanien im Süden die Operationsbasis für die Eroberung der Sahara.

b) Senegal; seine Grenzen sind: im Norden Mauretanien, im Westen der Ozean, im Süden Portugiesisch-Guinea[4]), im

---

[1]) Das soll lediglich heißen, daß ursprünglich ein Protektoratsvertrag mit dem Fürsten dieses Landes abgeschlossen wurde. Die Bezeichnung ist daher lediglich von historischer Bedeutung; eine bestimmte rechtliche Beziehung soll damit nicht angedeutet werden.

[2]) Vgl. zum folgenden insbesondere Rouard de Card S. 13.

[3]) Die Grenze nach der spanischen Goldküste wurde durch das französisch-spanische Abkommen vom 27. Juni 1900 (bei de Clercq XXI, S. 660 ff.) bestimmt.

[4]) Grenzvertrag vom 12. Mai 1886 (bei de Clercq XVII, S. 199).

Osten die Obersenegal- und Nigerkolonie. Eine Enklave bildet das britische Gambien[1];

c) Guinea; es wird im Nordwesten begrenzt von Portugiesisch-Guinea[2], im Südwesten vom Ozean, im Südosten von dem britischen Sierra-Leone[3] und im Nordosten von der Obersenegal- und Nigerkolonie. Zu Guinea gehören die Inseln Los[4];

d) der Elfenbeinküste; es stößt im Westen an Liberia[5], im Osten an die britische Goldküste[6], im Süden an den Ozean, im Norden an die Mittelsenegal- und Nigerkolonie;

e) Dahomey; es hat im Süden den Ozean, im Westen Togo[7], im Osten Britisch-Nigeria[8], im Norden die Mittelsenegal- und Nigerkolonie;

f) der Obersenegal- und Nigerkolonie. Sie wird im Westen und Süden von den genannten Kolonien umschlossen, im Südosten von Nigeria[9] begrenzt. Im Norden endet es in der Wüste, die Grenzen sind hier nur durch geographische Linien bezeichnet. Gleiches gilt von der Nordostgrenze, wo ebenfalls nur eine geographische Abgrenzung der Verwaltungsbezirke stattgefunden hat. Die Kolonie zerfällt in ein Zivilterritorium und in das Niger-Militärterritorium[10].

---

[1]) Grenzverträge vom 10. August 1889 (bei de Clercq XVIII, S. 289) und vom 8. Dezember 1904 (im Recueil 1905, S. 50).

[2]) Grenzvertrag vom 12. Mai 1886 (bereits oben S. 6 Anm. 4 angef.).

[3]) Grenzvertrag vom 10. August 1889 (bereits oben Anm. 1 angef.) und vom 21. Januar 1895 (bei de Clercq XX, S. 194).

[4]) Sie wurden von Großbritannien durch den Vertrag vom 8. Dezember 1904 (im Recueil 1905, S. 400) abgetreten.

[5]) Grenzverträge vom 8. Dezember 1892 (bei de Clercq XIX, S. 535) und 28. Februar 1908 (im Recueil 1908, S. 179).

[6]) Grenzverträge vom 10. August 1889 (bereits oben Anm. 1 angef.) vom 12. Juli 1893 (bei de Clercq XX, S. 40) und vom 14. Juni 1898 (bei de Clercq XXI, S. 386).

[7]) Grenzvertrag vom 23. Juli 1897 (bei de Clercq XXI, S. 282).

[8]) Grenzvertrag vom 14. Juni 1898 (bereits oben Anm. 6 angef.).

[9]) Grenzverträge vom 14. Juni 1898 und 8. Dezember 1904 (bereits Anm. 6 bzw. 1 angef.).

[10]) Zu Westafrika gehören endlich die beiden Pachtgebiete in Britisch-Nigeria, die durch das Abkommen vom 14. Juni 1898 (bereits oben Anm. 6 angef.) an Frankreich für 30 Jahre verpachtet wurden. Es sind

Französisch-Westafrika ist im Laufe eines halben Jahrhunderts fast unmerklich in stetigem Vordringen allmählich erworben worden. Von Senegal aus nahm diese Entwicklung ihren Ausgangspunkt, wo der Gouverneur Faidherbe den Grundstein zu Westafrika gelegt hat[1]); nach ihm waren es besonders Männer wie Gallieni und Binger, die zu seinem Ausbau am meisten beigetragen haben.

4. Die Kongobesitzungen. Ihr Gebiet, das an Größe dem von Westafrika kaum nachsteht, wird nach Südwesten vom atlantischen Ozean begrenzt, nördlich davon schließen sich Spanisch-Guinea[2]) und Kamerun an[3]); weiter im Inneren besteht nach Norden eine feste Grenze nicht; die französische Herrschaft geht hier tatsächlich bis an den Tschadsee. Im Osten grenzen die Kongobesitzungen an die britische Interessensphäre. Hieran anschließend bildet nach Süden zunächst der Kongo, der die französische Kolonie vom Kongostaat trennt[4]), sodann Spanisch-Kabinda[5]) die Grenze. Auch die Kongobesitzungen bilden nicht ein einheitliches Verwaltungsgebiet; wie Westafrika zerfallen sie in mehrere Kolonien, die in der Hand eines Generalgouverneurs vereinigt sind. Diese Territorien sind zunächst Gabon, das im wesentlichen durch einen breiten Küstenstreifen am atlantischen Ozean gebildet wird. Sodann nordwestlich davon Mittelkongo, das im wesentlichen alle Gebiete der Kongobesitzungen bis zum siebenten Grade

---

dies ein Territorium bei Badjibo, am Zusammenfluß von Doko und Niger und ein solches am Forkadosfluß an der Mündung des Niger. Vgl. bei Pelet Karte 11, L. 7. und L. 9.

[1]) Vgl. insbes. Faidherbe, Le Sénégal, Paris 1889.

[2]) Grenzvertrag vom 27. Juni 1900 (bereits oben S. 6 Anm. 3 angeführt).

[3]) Die Begrenzung der beiderseitigen Interessensphären beruhte ursprünglich auf dem Protokoll vom 24. Dezember 1885, den Abkommen vom 4. Februar 1894 und vom 15. März 1894; unter dem 9. April 1908 ist jedoch zwischen dem Deutschen Reich und der Französischen Republik eine Vereinbarung geschlossen worden, die die Grenze aufs neue bestimmt. Die Ratifikation des Vertrages ist am 28. Juli 1908 erfolgt.

[4]) Grenzverträge vom 5. Februar 1885 (bei de Clercq XIV, S. 442), vom 22. November 1885 (bei de Clercq XV, S. 1), vom 29. April 1887 (bei de Clercq XV, S. 2), vom 14. August 1894 (bei de Clercq XX, S. 164), vom 5. Februar 1895 (bei de Clercq XX, S. 214).

[5]) Vertrag vom 12. Mai 1886 (angef. bei Pelet S. 29).

nördlicher Breite und im Osten die Territorien bis zur Wasserscheide von Kongo und Chari umfaßt. Östlich schließt sich die Kolonie Oubanghui-Chari-Tschad an, zu der alle übrigen Territorien gehören. Einen besonderen Verwaltungsbezirk dieser Kolonie bildet das gewaltige Tschadsee-Militärterritorium, das alle Gebiete nördlich des siebenten Grades nördlicher Breite umfaßt.

An der Spitze der drei Kolonien steht je ein Untergouverneur.

Auch die Kongobesitzungen sind wie Westafrika in stiller Eroberung allmählich erworben worden. Sie sind aber erheblich jüngeren Datums wie Westafrika. Lange Zeit besaß Frankreich lediglich einige Niederlassungen an der Küste; ein größeres Interesse brachte man erst diesen Territorien entgegen, als die Association internationale africaine belge sich gründete, aus der später der Kongostaat hervorging, und die Befürchtung nahe lag, daß dieser sich in ganz Zentralafrika festsetzen würde. Besonders war es de Brazza, der seinen Namen für immer mit der Gewinnung der Kolonie verknüpft hat. Eine wirkliche Verwaltung findet allerdings auch heute nur in einem kleinen Teile der Kolonie statt.

5. Die französische Somaliküste. Sie liegt allein außerhalb des großen afrikanischen Reiches, an der Ostküste des Kontinents. Sie wird begrenzt im Südosten von der britischen Somaliküste[1]), im Nordwesten von der italienischen Kolonie Erythräa[2]), im Inneren durch Interessengebiete des Kaisers Menelik von Äthiopien[3]). Die Anfänge dieser Kolonie gehen auf das Jahr 1862 zurück, wo der Hafen von Obok auf Grund einer Zession des Sultans von Tadjourah in Besitz genommen wurde. Die tatsächliche Besitznahme erfolgte erst im Jahre 1883.

III. Die Besitzungen im indischen Ozean. Dazu gehört

1. die Insel Reunion. Sie ist für die Verwaltung in zwei Arrondissements eingeteilt. Auch sie stammt noch aus dem ancien régime. Nachdem die Insel bereits im Jahre 1638 in Besitz genommen worden war, nahm sie erst eine größere Bedeutung an, als die berühmte Kompagnie von Ostindien ins Leben ge-

---

[1]) Grenzvertrag vom 8. Februar 1888 (angef. bei Pelet S. 33).
[2]) Grenzvertrag vom 24. Januar 1900 (angef. bei Pelet S. 33).
[3]) Vertrag vom 20. März 1897 (angef. bei Pelet S. 33).

rufen wurde. Auch ihre Geschichte gibt Kunde von den englisch-französischen Kämpfen. Im Jahre 1810 wurde Reunion zusammen mit Mauritius, das gleichfalls ursprünglich der ostindischen Kompagnie gehört hatte, in Besitz genommen. Im Pariser Frieden von 1814 kehrte nur Reunion unter die französische Herrschaft zurück; Mauritius blieb britisch.

2. Madagaskar. Die Insel, die mit einem Flächeninhalt von etwa 590000 Quadratkilometer die viertgrößte Insel der Erde ist, bildet mit den ihr vorgelagerten Küsteninseln, wie Sainte-Marie, Nossy-Be eine Kolonie, an deren Spitze ein Generalgouverneur steht. Diesem wurde durch das Dekret vom 9. April 1908 auch der Gouverneur von Mayotte und Dependenzien unterstellt.

Die Beziehungen Frankreichs zu Madagaskar sind schon alt. Zum ersten Male landeten im Jahre 1527 französische Kaufleute aus Dieppe auf der Insel und gründeten Niederlassungen. Es blieb aber bei Kolonisationsversuchen. Auch die ostindische Kompagnie, bei deren Gründung gerade die Kolonisierung Madagaskars ins Auge gefaßt worden war, konnte keinen Fuß fassen; nachdem sie in den Kämpfen mit den Eingeborenen mehrere Niederlagen erlitten hatte, gab sie die Kolonisation auf und beschränkte sich darauf, einige Handelsbeziehungen aufrecht zu erhalten. Erst im 19. Jahrhundert erlangte Frankreich nach und nach einen entscheidenden Einfluß. Zunächst setzte sich Frankreich an einigen Punkten an der Küste fest. So stammt schon der Besitz von Sainte-Marie aus dem Jahre 1829. Im Jahre 1840 zedierte darauf die Königin der Sakalaves an Frankreich ihre Souveränitätsrechte über die Inseln Nossi-Be und Nossi-Comba sowie die Westküste. Im Jahre 1885 wurde mit der Königin des Hovastaates, dem der größte Teil der Insel untertan war, ein Protektoratsvertrag abgeschlossen. Im Jahre 1896 erfolgte die Erklärung Madagaskars zur französischen Kolonie.

Mayotte und Dependenzien besteht aus den Inseln Mayotte, der Großen-Comore, Anjouan, Moheli und den Glorreichen-Inseln. Mayotte wurde im Jahre 1841 erworben. Mit den Sultanaten auf der Großen-Comore, Moheli und Anjouan wurden im Jahre 1886 Protektoratsverträge abgeschlossen. Die Glorreichen-Inseln wurden im Jahre 1892 okkupiert.

3. Die Inseln Kerguelen, Amsterdam und Saint-Paul. Sie wurden in den Jahren 1892 und 1893 in Besitz genommen; sie sind völlig unbewohnt.

IV. Die Besitzungen in Asien.

1. Französisch-Indien, das sich aus fünf Enklaven Britisch-Indiens zusammensetzt; es sind die „établissements" Chandernagor, Yanaon, Pondichery, Karikal und Mahe. Chandernagor liegt am Hougly oberhalb Kalkutta, die anderen an der Küste und zwar Yanaon, Pondichery und Karikal auf der Ostseite, Mahe auf der Westseite. Alle haben einen geringen Umfang. Pondichery ist am größten, es hat einen Umfang von 291 Quadratkilometer, das kleinste, Chandernagor deren etwa 10.

Auch diese Territorien stammen bereits aus der ersten Kolonisationsepoche Frankreichs, wo sie Handelsniederlassungen der ostindischen Kompagnie waren.

2. Indochina. Es umfaßt die östliche Hälfte von Hinterindien und wird im Norden von China, im Westen daran anschließend von Britisch-Birma und weiter von Siam begrenzt, im Süden und Osten vom chinesischen Meere bespült. Wie Westafrika und die Kongobesitzungen setzt es sich aus einer Reihe selbständiger Verwaltungsbezirke zusammen, die in der Hand eines Generalgouverneurs vereinigt sind. Diese sind:

a) Cochinchina, das den südlichen Teil Indochinas bildet. Es wurde von Annam durch den Vertrag vom 5. Juni 1862[1]) im Anschluß an eine gemeinschaftliche französisch-spanische Expedition abgetreten. Cochinchina zerfällt für die Lokalverwaltung in Provinzen.

b) Annam, das sich an der Ostküste Indochinas entlang zieht und im Süden von Cochinchina, im Westen von Laos und im Norden von China begrenzt wird. Es zerfällt heute in Annam im engeren Sinne und Tonkin, von denen jedes einen selbständigen Verwaltungsbezirk bildet. Durch den Vertrag vom 15. März 1874 stellte sich der König von Annam unter das französische Protektorat.

c) Cambodja. Es stößt im Westen an Siam, im Norden an Laos, im Osten an Cochinchina. Durch den Vertrag vom 23. März 1907[2]) mit Siam wurde es durch die Abtretung der

---

[1]) Abgedr. bei de Clercq VIII, S. 414.

[2]) Abgedr. im Recueil 1907, S. 330.

Provinzen Battambang, Siemreap und Sisophon an Frankreich bedeutend vergrößert. Auch Cambodja ist Protektoratsland; das Protektoratsverhältnis begann mit dem Vertrage vom 11. August 1863, durch den Frankreich seine Ansprüche auf das Land besonders Siam gegenüber zur Geltung brachte.

d) Laos; es nimmt das ganze Innere Indochinas ein. Laos ist der jüngste Bestandteil Indochinas. Nach mannigfachen Schwierigkeiten mit Siam verzichtete endlich dieses in dem Vertrage vom 3. Oktober 1893[1]) auf das Land. Der Mekong sollte fortan die Grenze zwischen beiden Ländern bilden. Durch die Verträge vom 13. Februar 1904[2]) und vom 23. März 1907[3]) wurde die Grenze an einzelnen Stellen darüber hinaus vorgeschoben, indem Siam an Frankreich auf dem rechten Ufer auch noch das Gebiet des Königreichs Luang-Prabang abtrat und eine Reihe von Ortschaften am rechten Ufer des Mekong für die Dauer von 30 Jahren verpachtete. Der Norden von Laos, auf den sich die siamesischen Ansprüche nicht erstreckten, wurde durch den Vertrag vom 15. Januar 1896 mit England zur französischen Interessensphäre erklärt[4]).

e) Das Territorium von Kouang-tscheou-ouan an der chinesischen Küste untersteht in derselben Weise wie Mauretanien der direkten Verwaltung des Generalgouverneurs. Es wurde durch den Vertrag vom 9./10. April 1898[5]) mit China an Frankreich auf 99 Jahre verpachtet.

V. Die Besitzungen in der Südsee.

1. Neukaledonien. Die Kolonie besteht aus der Insel gleichen Namens und einigen kleineren, ihr vorgelagerten Inseln und Inselgruppen, insbesondere den Loyalty-Inseln, der Wallis-Insel, der Pin-Insel und einigen anderen. Die Kolonie dient vor allem als Strafkolonie. Sie zerfällt in drei Kreise. Sie wurde im Jahre 1854 in Besitz genommen[6]).

---

[1]) Abgedr. bei de Clercq XX, S. 67.

[2]) Abgedr. im Recueil 1906, S. 56.

[3]) Bereits oben S. 11 Anm. 2 angeführt.

[4]) Abgedr. bei de Reinach S. 37ff.; als Grenze der beiderseitigen Interessensphären wurde der Mekong vereinbart.

[5]) Abgedr. bei de Clercq XXI, S. 254.

[6]) Eine eingehende Darstellung der Beziehungen der Kolonialmächte zu der Insel mit ihrer Entdeckung durch Cook sowie der Okkupation durch Frankreich enthält Bernard S. 305ff.

2. Die Südseeniederlassungen. Die Kolonie besteht aus einer großen Zahl kleinerer Archipele, vor allem aus Tahiti und Moorea und einigen vorgelagerten Inselgruppen, sodann aus dem Archipel der Inseln unter dem Winde, den Archipelen Tuamotu, Gambier, Marquises sowie den Inseln Tubai, Raivavae, Rapa, Rurutu und Rimatara. Der Sitz des Gouverneurs ist auf Tahiti. Die einzelnen Inselgruppen sind zu verschiedenen Zeiten in Besitz genommen worden: am ältesten ist Tahiti, wo im Jahre 1842 ein Protektoratsvertrag abgeschlossen wurde, die jüngsten sind Rapa, Rurutu und Rimatara, die erst aus dem Jahre 1901 stammen.

3. Die Neu-Hebriden. Der Archipel nimmt insofern eine besondere Stellung innerhalb des französischen Kolonialreiches ein, als die Französische Republik hier mit Großbritannien sich in die Ausübung der Staatsgewalt teilt. Es ist condominium der beiden Mächte. Die Neu-Hebriden waren an sich, insbesondere wegen der Nähe Neukaledoniens dazu prädestiniert, eine französische Besitzung zu werden. Dagegen sträubten sich aber die britischen Kolonien Australiens. So kam es zu der Konvention vom 16. November 1887, durch die eine Marinekommission zum Schutze der beiderseitigen Staatsangehörigen und ihrer Interessen eingesetzt wurde. Nach vielen Schwierigkeiten, die der Eifersucht der beiden Mächte um die ausschlaggebende Stellung auf dem Archipel entsprangen, kam endlich die Deklaration vom 8. April 1904[1]) zustande, in der die beiden Mächte übereinkamen, ein Abkommen zwecks Aufrichtung einer Gerichtsbarkeit auf den Neu-Hebriden vorzubereiten. Dies wurde am 20. Oktober 1906 ratifiziert[2]). Danach sind die beiden Mächte durch je einen Repräsentanten vertreten, die die Staatsgewalt gemeinsam ausüben.

---

[1]) Abgedr. bei de Clercq XXII, S. 525.
[2]) Abgedr. im Recueil 1907, S. 161.

Erstes Kapitel.

Die Gebietshoheit Frankreichs in seinen kolonialen Besitzungen.

Einleitung.

I. Zum Begriff des Staates gehört ein Gebiet, wo er seine Herrschaft entfaltet. Es bildet seinen räumlichen Machtbereich, innerhalb dessen alle Menschen seinem Willen unterworfen sind. Die so alle Bewohner eines Territoriums ergreifende Staatsgewalt wird als Gebietshoheit bezeichnet[1]).

Die Frage nach der Gebietshoheit in einem Territorium ist juristisch von großer Bedeutung und zwar sowohl für das Völkerrecht als auch für das Landesrecht desjenigen Staates, dessen Staatsgewalt sich hier äußert. Besonders gilt das im Völkerrecht, wo sich an den Begriff der Gebietshoheit zahlreiche Konsequenzen knüpfen; jeder Staat ist vor allem berechtigt, Eingriffe fremder Staaten auf ein seiner Gebietshoheit unterliegendes Territorium zurückzuweisen. Aber auch im Landesrecht hat die Frage nach der Gebietshoheit ein juristisches Interesse, indem mit der Aufrichtung der Gebietshoheit ein Territorium in eine staatsrechtliche Beziehung zu dem Staate tritt, unter dessen Herrschaft er gelangt. Das bedeutet zunächst negativ, daß von nun an keine Rechtsbefugnisse oder -Pflichten in diesem Territorium denkbar sind, die nicht ausdrücklich oder wenigstens stillschweigend vom Staate anerkannt oder übertragen wurden; positiv bedeutet es sodann, daß grundsätzlich die gesamte Rechtsordnung, die im Stammlande gilt, sich auch auf dieses Territorium ohne weiteres ausbreitet, so daß es also dem

[1]) Vgl. über die Literatur der „Gebietshoheit" die Zusammenstellung bei Ullmann S. 297, Anm. 1; dazu Zitelmann I, S. 90 ff.

Stammlande prinzipiell rechtlich gleichgestellt wird; insbesondere werden die Bewohner dieses Gebietes durch die Aufrichtung der Gebietshoheit grundsätzlich Staatsangehörige, deren Rechtsbeziehungen zum Staate auch bei Verlassen des Gebietes nicht ohne weiteres erlöschen, und die sogar in fremdem Lande nach der Rechtsordnung ihrer Heimat zum Teil beurteilt werden.

Während in der Theorie des Völkerrechtes die Frage nach der Gebietshoheit die ihr zukommende Beachtung findet, ist das in gleicher Weise nicht für die staatsrechtliche Wissenschaft der Fall. Die Frage wird zu wenig praktisch, da ein Zweifel an der Gebietshoheit für die europäischen Territorien kaum auftauchen kann. Ganz anders liegen aber die Verhältnisse in den Kolonien. Von gleichmäßiger, intensiver Verwaltung herab bis zu völligem Verzicht auf Betätigung irgend welcher Art bei blos formaler Aufrichtung der Herrschaft kann man hier die verschiedensten Schattierungen staatlicher Herrschaft unterscheiden. Der Grund liegt zunächst in der niedrigen Kulturstufe der Eingeborenen und ihrer wirtschaftlichen Ohnmacht und der oft unbedeutenden Zahl europäischer Ansiedler, zum Teil darin, daß der kolonisierende Staat aus politischer Klugheit nicht sogleich seine Staatsgewalt in vollem Umfange zur Geltung bringt, sondern regelmäßig zunächst versucht, durch Abschluß von Verträgen im Lande Einfluß zu gewinnen, aus dem dann allmählich die Souveränität emporwachsen kann. Diesen besonderen Verhältnissen hat aber die Wissenschaft des Kolonialrechtes Rechnung zu tragen.

II. Aus dem Begriff der Gebietshoheit als staatlicher Herrschaft ergibt sich, daß die Frage nach der Gebietshoheit an sich keine Rechtsfrage ist, mögen auch die Formen, in denen diese zum Ausdruck kommt, rechtliche sein[1]). Die Entscheidung dieser Frage ist an sich lediglich davon abhängig, ob eine solche Herrschaft tatsächlich ausgeübt wird.

Es wäre aber möglich, daß die positive Rechtsordnung die Rechtsfolgen, die an sich bei der Aufrichtung der Gebietshoheit eintreten, an einen gewissen anderen Tatbestand knüpft. Das ist im Völkerrecht der Fall.

---

[1]) Vgl. dazu vor allem Zorn in Hirths Annalen 1889, S. 345 ff.

Erwerb und Verlust des subjektiven Rechtes, das die Staaten an den ihrer Gebietshoheit unterliegenden Territorien haben, ist nicht an das tatsächliche Vorhandensein der Gebietshoheit geknüpft; das wäre schon deshalb gar nicht möglich, weil es, wie unten noch näher auszuführen sein wird, manchmal sehr schwierig sein kann zu bestimmen, ob nun Gebietshoheit vorliegt oder nicht, während die Staaten in ihren Beziehungen unter sich klare, einfache Vorschriften brauchen, um den Umfang des Territoriums des einzelnen Staates jederzeit sofort bestimmen zu können. So kommt es, daß die formellen Erwerbsgründe der Gebietshoheit im Völkerrecht mit den Voraussetzungen der natürlichen Gebietshoheit nicht zusammenfallen[1]).

Das Landesrecht der Kolonialstaaten, insbesondere das französische Recht, besitzt aber keine besonderen Tatbestände, an die es die Rechtsfolgen der Aufrichtung der Gebietshoheit unabhängig von ihrem wirklichen Bestehen knüpft; es besteht also zwischen der völkerrechtlichen und der natürlichen Gebietshoheit, die zugleich die staatsrechtlich relevante ist, ein Konflikt. Das Resultat der Untersuchung muß demnach verschieden sein, je nachdem die staatsrechtliche oder die völkerrechtliche Gebietshoheit zur Frage steht. Ein treffendes Beispiel dafür bietet ein englischer Prozeß, der sog. Frankonia-Fall, der seinerzeit großes Aufsehen erregte[2]). Der Kapitän des deutschen Dampfers Frankonia hatte innerhalb der Dreimeilenzone an der englischen Küste ein Schiff angerannt, wobei ein Passagier ums Leben kam. Er wurde wegen fahrlässiger Tötung vor ein englisches Gericht gestellt, schließlich aber in letzter Instanz wegen Unzuständigkeit der englischen Gerichte freigesprochen. Die Anklage war davon ausgegangen, daß das Küstenmeer innerhalb der Dreimeilenzone gemäß dem bekannten Satze des Völkerrechtes als britisches Staatsgebiet zu gelten habe, während das Gericht entschied, daß dieser

---

[1]) Es ist daher nicht richtig, wenn Heimburger S. 87 meint, die völkerrechtliche Gebietshoheit erstrecke sich auf sämtliche der Souveränität eines Staates unterworfenen Gebiete und es komme nur darauf an, ob das Verhältnis eines bestimmten Gebietes zu dem Staate wirklich staatsrechtlicher Natur sei.

[2]) Vgl. dazu Triepel S. 151 ff.

Satz zwar positives Völkerrecht sei, daß aber kein Parlamentsakt das Küstenmeer dem britischen Staatsgebiet staatsrechtlich einverleibt habe.

Nun ist es aber häufig, daß völkerrechtliche Sätze zugleich auch Normen des Landesrechtes sind, was, da das Völkerrecht hauptsächlich auf gewohnheitsmäßiger Übung der einzelnen Staaten beruht, an sich das regelmäßige sein müßte[1]). Dieses Prinzip wird ausdrücklich in England anerkannt, wo es in dem Rechtsgrundsatz: „international law ist part of the law of the land" zum Ausdruck kommt[2]). Es wäre deshalb möglich, daß auch die Sätze des Völkerrechtes über Erwerb und Verlust der Gebietshoheit zugleich landesrechtliche Normen wären. Daß aber selbst in England trotz jenes ausdrücklich ausgesprochenen Grundsatzes die Völkerrechtssätze über Erwerb und Verlust der Gebietshoheit jedenfalls nicht zweifellos auch englisches Landesrecht sind, beweist jene Entscheidung in dem Frankonia-Fall.

Ein allgemeines Prinzip, wonach diese völkerrechtlichen Vorschriften zugleich einen Bestandteil des französischen Rechtes bilden, läßt sich nicht nachweisen. Allerdings wird auch der umgekehrte Grundsatz nicht ausdrücklich bezeugt; soweit sich aber die Schriftsteller des Staatsrechtes mit dieser Frage beschäftigen, unterscheiden sie ausdrücklich die staatsrechtliche und die völkerrechtliche Seite der Frage[3]). Man muß demnach annehmen, daß dieser Dualismus hier nicht beseitigt ist; die Gebietshoheit Frankreichs in seinen kolonialen Besitzungen muß demnach völkerrechtlich wie staatsrechtlich untersucht werden[4]).

---

[1]) Vgl. dagegen insbes. Jellinek, Gesetz und Verordnung, S 348.

[2]) Vgl. Phillimore I, S. 78.

[3]) Vgl. Esmein S. 580 ff. sowie Lebon S. 46, der diesen Gegensatz wenigstens für andere Rechtsgebiete scharf hervorhebt.

[4]) Dieser Gegensatz zwischen völkerrechtlicher und staatsrechtlicher Gebietshoheit wird in der Literatur nicht genügend beachtet. Das gilt vor allem von der französischen, wo die Schriftsteller des Kolonialrechtes dieser Frage überhaupt nicht nähertreten. In der deutschen kolonialrechtlichen Literatur spielt zwar die staats- und völkerrechtliche Stellung der Schutzgebiete eine große Rolle, ohne daß aber jener Gegensatz genügend erörtert würde. Die meisten Schriftsteller begnügen sich damit, die völkerrechtliche Gebietshoheit der Schutzgebiete festzustellen, während

Diese Untersuchung hat sich für die staatsrechtliche Seite der Frage darauf zu erstrecken, welches der Umfang der tatsächlichen Herrschaftsausübung in den einzelnen Territorien ist, und ob diese den Merkmalen des Begriffes der Gebietshoheit entspricht, während für die völkerrechtliche Seite die Art der Aufrichtung der Herrschaft und ihr Verhältnis zu den formalen Bedingungen des Erwerbs der Gebietshoheit geprüft werden muß.

---

sie die staatsrechtliche Seite der Frage nicht berühren. Vgl. z. B. v. Stengel S. 19 ff., Florack S. 10 ff., v. Poser und Groß-Nädlitz S. 24 ff. und S. 39 ff., der aber die Souveränität des Reiches in Kiautschou mit staatsrechtlichen Gründen zu beweisen sucht. Andere Autoren, so vor allem Laband II, S. 272 ff. und Köbner, Kolonialrecht S. 1082 ff. erkennen den besonderen Begriff der staatsrechtlichen Gebietshoheit an, sie gehen aber über die sich aufdrängende Frage, ob und wo diese in den Schutzgebieten vorhanden ist, mit kurzen Worten hinweg; so sagt Laband zum Beweise seiner Behauptung, daß das Recht des Reiches an den Schutzgebieten den Charakter der Staatsgewalt habe: „Das Reich übt auch tatsächlich in allen Schutzgebieten eine staatliche Herrschaft in den Formen der Gesetzgebung, Verwaltung und Rechtspflege aus und erstreckt dieselbe auf die Rechtsordnung, Wohlfahrtspflege und den Schutz des Gebietes gegen andere Mächte." Andererseits stellt Köbner S 1089 „als Ergebnis der geschichtlichen Entwicklung" fest, daß „überall in den deutschen Schutzgebieten das Territorialprinzip durchgedrungen sei," daß überall die ausschließliche Gebietshoheit des Reiches bestehe. Völlig klar erkannt ist dagegen in der englischen Literatur das Wesen der staatsrechtlichen Gebietshoheit und ihre Bedeutung. Vgl. die Ausführungen Ilberts S. 462 ff. Nachdem er zunächst die völkerrechtliche Gebietshoheit Großbritanniens in den indischen Eingeborenen-Staaten erörtert hat, fährt er fort: The view taken by municipal law is widely different. For the purposes of that law a territory must be either British or foreign, that is to say, not British, and a sharp line must be drawn between the two. In some cases it may be a difficult operation to draw this line, but it must be drawn by the courts and by the executive authorities as best as they can. To allow the existence of a penumbra between British and non-British territory would cause endless confusion. The judicial and executive authorities must be in a position to say whether, for purposes of municipal law, a particular territory is within or without ‚Her Majesty's dominions' or ‚British India'. And the legislative authorities must be in a position to determine whether the legislation for such a territory is to be carried out through the ordinary legislative organs, or through the machinery recognized and supported by the Foreign Jurisdiction Acts. Again, important questions of status may turn on the question whether the territory in which a man is born is British territory or not.

Erster Abschnitt.

Die Aufrichtung der französischen Staatsgewalt.

I. In gewissen Gebieten, die politisch zum französischen Kolonialreich gehören, verzichtet Frankreich auf jede Tätigkeit. Hierzu zählen vor allem die Interessensphären, d. h. solche Gebiete, die ihm durch internationale Verträge zur künftigen Besitznahme vorbehalten worden sind. Die gleiche Stellung nehmen solche Gebiete ein, die Bestandteile eines kolonialen Verwaltungsbezirkes sind, ohne daß aber vorläufig eine staatliche Betätigung irgend welcher Art in ihnen stattfände[1]).

II. In anderen Territorien hat wenigstens in formaler Weise die Aufrichtung der Souveränität stattgefunden, ohne daß aber der symbolischen die tatsächliche gefolgt wäre. So wurden die Inseln Amsterdam, Kerguelen und Saint-Paul durch Aufhissen einer Flagge, Salutschießen und durch Aufnahme eines Protokolls zu französischen Besitzungen erklärt[2]); eine Verwaltungsorganisation fehlt jedoch auf ihnen.

III. In allen übrigen Territorien innerhalb des französischen Kolonialreiches findet eine Herrschaftsausübung in mehr oder weniger umfangreichem Maße statt.

Die Einführung dieser Staatsgewalt geschah vor allem in der Weise, daß Frankreich durch Abschluß von Verträgen, soweit dies möglich war, einen gewissen Einfluß in einem bestimmten Territorium zu erwerben suchte, auf Grund dessen die Aufrichtung der Gebietshoheit allmählich erfolgte[3]).

---

[1]) Vgl. z. B. die arrêtés vom 20. Juli und 31. August 1904, die Oubanghui-Chari in drei „régions" einteilten.

[2]) Abgedr. bei de Clercq XIX, S. 530.

[3]) Nicht immer ist freilich die Vertragspolitik bei der kolonialen Expansion befolgt worden. Dem ancien régime galt sie nichts; damals, wo nach einem Worte von Auguste Cochin (angeführt von Leroy-Beaulieu I, S. 158) die Ausrottung der Eingeborenen stets die erste Tat der Kolonisation war, wurden die Kolonien fast stets in kriegerischer Eroberung gewonnen. Daß übrigens auch im 19. Jahrhundert die Vertragspolitik nicht immer befolgt wurde, beweist am besten Algier, wo die Versäumung des richtigen Augenblickes und eine überstürzte Kapitulation die friedliche Gewinnung des Landes durch Aufrichtung eines Protektorates verhindert haben.

A. Die mittelbare Aufrichtung der Staatsgewalt.

1. Die Verträge.

I. 1. Der Vertrag tritt uns in der ersten Hälfte des 19. Jahrhunderts fast ausschließlich als Handelsvertrag entgegen. Nach dem Revolutionszeitalter waren die Kräfte der Nation erschöpft; man verzichtete auf territoriale Ausdehnung und begnügte sich vorläufig damit, überseeische Länder, insbesondere die Küsten Afrikas dem französischen Handel zu erschließen. Hierbei spielten die Verträge eine große Rolle.

Inhalt dieser Verträge bildete in den meisten Fällen das Versprechen der eingeborenen Häuptlinge, ihr Land dem Handel zu öffnen, Kaufleuten und Missionaren Aufenthalt und Niederlassung zu gestatten, sie und ihre Habe zu schützen. Oft ist bestimmt, daß Rechtsstreitigkeiten zwischen Europäern und Eingeborenen vor dem Befehlshaber des benachbarten französischen Militärpostens geschlichtet werden sollen. Regelmäßiger Bestandteil dieser Verträge war vor allem die Abtretung eines Gebietsstückes zur Gründung französischer Ansiedlungen für die Faktoreien der Kaufleute. Häufig enthalten die Verträge lediglich die Abtretung eines Territoriums zur Gründung französischer Handelsniederlassungen. Besitzungen dieser Art waren die französischen Niederlassungen am Gabon, die durch solche Verträge aus den Jahren 1839 und 1843 erworben worden waren. Dazu gehören ferner die Ansiedlungen von Groß-Bassam, Assinie und Dabou an der Küste der heutigen Côte d'Ivoire, sowie an der Küste von Dahomey Kotonou und Weydah, die bis zum Ende der siebziger Jahre die einzigen Besitzungen Frankreichs am Meerbusen von Guinea waren. Alle diese Leistungen erhielt Frankreich aber regelmäßig nur für gewisse Gegenleistungen, die hauptsächlich in Geldgeschenken bestanden. Wo man mit wilden und trotzigen Stämmen zu tun hatte, verpflichtete sich die französische Regierung durch Verträge ohne weiteres zu solchen Geschenken, die manchmal geradezu den Charakter eines Tributes annahmen, ohne daß die Häuptlinge sich ihrerseits zu bestimmten Leistungen verpflichteten [1].

---

[1]) Verträge dieser Art waren z. B. der Vertrag mit dem Könige Soliman am Rio-Grande (Guinea) vom 22. Mai 1845 (de Clercq V, S. 275), mit den

Als in der Mitte des Jahrhunderts etwa der koloniale Expansionstrieb in Frankreich sich aufs neue zu beleben anfing, trat auch der Vertrag im Dienste dieser Expansion in ein neues Stadium der Entwicklung. Das begann in Senegal. Man begnügte sich nicht mehr, in den Verträgen die Öffnung des Landes für den französischen Kaufmann zu stipulieren, sondern ging vielmehr einen Schritt weiter und stellte den eingeborenen Häuptling oder Sultan unter das französische Protektorat. Indem Frankreich so als der mächtigere Freund auftritt, der dem schwächeren seine Hilfe gewährt, wird damit zugleich auch ein gewisser Einfluß auf die Geschicke des Landes möglich gemacht. In diesen Verträgen, die sich im übrigen von den Handelsverträgen der ersten Epoche kaum unterscheiden, wird nun auch oft, entsprechend ihrem Charakter, das Maß des politischen Einflusses vereinbart, das Frankreich zustehen soll. Dort, wo die Macht oder das Selbstbewußtsein der eingeborenen Sultane zunächst eine direkte Einmischung in die inneren Verhältnisse des Landes ohne Aufwendung erheblicher Machtmittel nicht gestattete, oder wo diese sich wegen der noch zu geringen französischen Interessen ohnehin nicht lohnte, verpflichtete sich Frankreich, auf jede Einmischung in die inneren Angelegenheiten zu verzichten. In den meisten Verträgen wurde dagegen eine gewisse Einwirkungsbefugnis ausdrücklich stipuliert. So behielt sich Frankreich in dem Vertrage vom 6. Januar 1886[1]) mit dem Sultan der Großen-Comore eine ausschlaggebende Stellung aus, in dem Vertrage vom 21. April 1886 mit dem Sultan von Anjouan wurde es berechtigt, den Nachfolger des regierenden Fürsten zu bestimmen, falls bei dessen Ableben ein Thron-

---

Häuptlingen von Groß-Lahou usw. (Côte d'Ivoire) vom 10. Juli 1845 (de Clercq V, S. 318), mit dem Könige von Groß-Bassam (Côte d'Ivoire) vom 7. März 1844 (de Clercq V, S. 162), mit dem Häuptling der Nalous (Guinea) vom 27. Mai 1845 (de Clercq V, S. 277), mit den Häuptlingen der Landoumans (Guinea) vom 10. Januar 1842 (de Clercq IV, S. 610), mit dem Könige der Braknas (Mauretanien) vom 25. Juni 1821 (de Clercq III, S. 273), mit den Dakhelifas (Senegal) vom 28. April 1829 (de Clercq III, S. 540), mit dem Könige der Dowiches (Mauretanien) vom 7. Februar 1821 (de Clercq III, S. 248) und andere mehr.

[1]) Abgedr. bei Rouard de Card S. 165.

folger nicht bestimmt sein sollte[1]). Die gleiche Bestimmung findet sich in dem Vertrage mit Moheli vom 26. April 1886[2]). In manchen Verträgen ist das Maß der Einwirkungsbefugnis geradezu in das Belieben der französischen Regierung gestellt[3]).

Freilich wurde diese Politik, die immer die Rolle des Beschützers auch den kleinsten Stämmen gegenüber annahm, durchaus nicht stets befolgt. Man ging auch schroffer vor; in zahlreichen Verträgen unterstellten sich die eingeborenen Stämme der afrikanischen Kolonien der französischen Souveränität[4]), ohne daß dies einen besonderen politischen Zweck gehabt hätte; sehr oft hatte diese Besonderheit lediglich in der Geschmacksrichtung oder dem Charakter der beteiligten französischen Beamten ihren Grund. Auch in diesen Fällen wurde tatsächlich von vornherein an der Machtstellung der eingeborenen Gewalthaber nicht gerührt; sie waren nach dem Sinne des Vertrages lediglich verpflichtet, sich allen Anordnungen der französischen Regierung zu unterwerfen.

In dieser Periode wird es nun auch Bedürfnis, dort, wo noch aus der ersten Epoche her Freundschafts- und Handelsverträge die Beziehungen zu den Häuptlingen regelten, der französischen Regierung einen wirklichen Einfluß auf die inneren Angelegenheiten des Landes zu verschaffen. Gleiches gilt mit dem Wachsen der französischen Interessen für solche Territorien, wo zunächst ein Protektorat bestanden hatte, auf Grund dessen Frankreich aber nur geringe Befugnisse eingeräumt waren. Dann erfolgte der Abschluß eines neuen Vertrages[5]), der dem französischen Staate die Möglichkeit umfassenden Eingreifens in die inneren Verhältnisse gab. Für die bereits

---

[1]) Abgedr. bei Rouard de Card S. 166.

[2]) Abgedr. bei Rouard de Card S. 168.

[3]) Vgl. z. B. den Vertrag mit dem Könige von Bafing (Obersenegal- und Nigerkolonie) vom 14. Dezember 1882 (bei de Clercq XV, S. 685).

[4]) Vgl. z. B. die Verträge mit den Häuptlingen von Dabou, Toupa, Bouboury, Ebrie (Côte d'Ivoire) aus dem Dezember 1886 (bei de Clercq XVII, S. 297 ff.).

[5]) Freilich meistens nur dann, wenn die einseitige Ausdehnung der französischen Herrschaft ohne den Abschluß eines solchen Vertrages auf Widerstand gestoßen wäre. War ein solcher nicht zu befürchten, so setzte in diesem Falle die legislative Entwicklung ein. Vgl. darüber unten S. 29 ff.

oben erwähnte Große-Comore geschah das durch den Vertrag vom 6. Januar 1892[1]). Auf Grund dieses Vertrages mußte künftighin jedes Gesetz des Sultans von dem französischen Residenten gegengezeichnet werden, dem auch seine Ausführung oblag; ihm wurde zugleich die Polizeigewalt übertragen. Die gesamte Finanzverwaltung ging auf einen französischen Beamten über, der mit der Erhebung der Steuern und der Bewirkung der Ausgaben betraut wurde. Gleiche Bestimmungen enthielt der Vertrag vom 8. Januar 1892 mit dem Sultan von Anjouan[2]). Das war freilich auch der Punkt, wo es am leichtesten zu Verwicklungen kommen konnte. Denn regelmäßig pflegte der Vertrag, der die Beziehungen Frankreichs zu dem eingeborenen Gemeinwesen eröffnete, sich nur in den Grenzen zu halten, in denen ein freiwilliger Vertragsschluß möglich war. Ein Protektoratsvertrag, durch den etwa sich Frankreich ausdrücklich verpflichtete, sich jeder Einmischung zu enthalten, verletzte auch das Selbstbewußtsein eines mächtigen Häuptlings noch nicht. Erst wenn die französische Regierung versuchte, einen entscheidenden Einfluß, etwa durch Einsetzung eines Residenten, geltend zu machen, war bei selbständigen und lebenskräftigen Staaten oder Stämmen eine Weigerung zu befürchten. Dann wurde es notwendig, mit Waffengewalt diesen Widerstand zu brechen. So war z. B. mit dem Könige von Fouta-Djallon in Guinea am 5. Juli 1881 ein Protektoratsvertrag geschlossen worden[3]), der nicht nur Frankreich jede Einmischung untersagte, sondern auch den französischen Kaufleuten nur gegen Entrichtung einer hohen Steuer den Handelsbetrieb im Lande gestattete. Außerdem zahlte Frankreich an die beiden Almany, die Könige, die alle zwei Jahre sich in ihrer Würde abwechselten, ein Jahresgehalt. Steuern und Jahresgehalt wurden zwar durch einen Vertrag vom 30. März 1888[4]) abgeschafft; das Verbot der Einmischung in die inneren Angelegenheiten des Landes blieb aber ausdrücklich in Kraft. Im Jahre 1895 sollte der französische Einfluß endlich effektiv werden, der König weigerte sich indes,

---

[1]) Abgedr bei Rouard de Card S. 171.

[2]) Abgedr. bei Rouard de Card S. 174.

[3]) Abgedr bei Rouard de Card S. 205ff.

[4]) Abgedr bei Rouard de Card S. 207ff.

den ihm vorgelegten Entwurf eines neuen Protektoratsvertrages zu unterzeichnen. Es kam zum offenen Konflikt: das Heer des Almany wurde geschlagen; er selbst kam im Kampfe um. Auf Betreiben des französischen Befehlshabers wurde nun ein franzosenfreundlicher König eingesetzt, der den neuen Protektoratsvertrag unterzeichnete, auf Grund dessen Frankreich eine militärische Besatzung ins Land legte und dem regierenden Almany einen Residenten zur Seite stellte[1]).

Nicht immer ging die vertragliche Entwicklung so schnell vor sich; wo die französiche Regierung etwa wegen der geringen Interessen nicht die nötige Energie entfaltete, hat dieser Prozeß ziemlich lange gedauert. Das gilt z. B. von den trotzigen Stämmen auf dem rechten Ufer des Senegal, den Trarzas, den Braknas und anderen, deren Beziehungen zu Frankreich über fünfzig Jahre auf Freundschafts- und Handelsverträgen beruhten, und die sich erst im Jahre 1903 zu Protektoratsverträgen verstanden[2]).

1. Die Verträge mit den großen Protektoratsländern insbesondere.

α) Cambodja. In dem Vertrage vom 11. August 1863[3]), der die vertraglichen Beziehungen mit Cambodja eröffnete, versprach Frankreich seinen Schutz gegen innere und äußere Feinde. Ein Einfluß auf die inneren Angelegenheiten des Landes wurde der französischen Regierung nicht gewährt. Um das Land endgültig dem französischen Staate zu erschließen, wurde am 17. Juni 1884 ein neuer Vertrag geschlossen[4]), in dem sich der König von Cambodja verpflichtete, „alle Reformen einführen zu wollen, die die französische Regierung zur Erfüllung ihres Protektorates für erforderlich erachten würde“. Außerdem wurde die Lokalverwaltung der Kontrolle französischer Residenten unterstellt; gewisse Verwaltungszweige, wie das Zoll- und Steuerwesen und sonstige, die eine einheitliche Leitung oder europäische

---

[1]) Eine eingehende, freilich tendenziös die Verdienste des Verfassers hervorhebende Darstellung der Eroberung des Landes enthält das Werk des Comte de Sanderval.

[2]) Vgl. die Quinzaine coloniale 1904, S. 194.

[3]) Abgedr. bei de Clercq VIII, S. 608.

[4]) Abgedr. bei de Clercq XIV, S. 383.

Beamte erforderten, gingen ganz auf französische Behörden über.

β) Annam. Der Vertrag vom 15. März 1874 legte, wenn auch bereits früher Handelsverträge abgeschlossen waren[1]), den Grund zu der heutigen Stellung Frankreichs in Annam. In diesem Vertrage[2]) erklärte Frankreich, jederzeit auf Verlangen Annams seine Unterstützung zur Verfügung stellen zu wollen, während der König von Annam versprach, seine auswärtige Politik derjenigen Frankreichs anzupassen und in seinen diplomatischen Beziehungen keine Änderungen eintreten zu lassen; Handelsverträge waren jedoch von dieser Verpflichtung ausdrücklich ausgenommen. Endlich erhielt Frankreich das Recht, einen Residenten nach Hue zu entsenden, der über die gewissenhafte Ausführung des Vertrages wachen sollte. In der Folge suchte die annamitische Regierung mehr und mehr, sich der immer fühlbarer werdenden Beeinflussung des französischen Residenten zu entziehen[3]). Sie näherte sich China und suchte, das Tributverhältnis, das in alten Zeiten einmal bestanden hatte, wieder aufzufrischen. Da gab die Ermordung eines französischen Offiziers in Tonkin die erwünschte Gelegenheit, aufs neue einschreiten zu können und den französischen Einfluß endgültig einzuführen. Es wurde eine Expedition nach Tonkin entsandt, die die Ruhe wieder herstellen sollte. Nachdem auch Hue bombardiert worden war, kam der Vertrag vom 6. Juni 1884 zustande[4]), in dem Annam das französische Protektorat ausdrücklich anerkannte. Der König verlor die Leitung der auswärtigen Angelegenheiten, die nunmehr auf den französischen Residenten übergingen. In Tonkin wurde, wie in Cambodja, die Lokalverwaltung unter die Aufsicht französischer Beamten gestellt; in dem übrigen Gebiet erhielt Frankreich dieses Recht nicht. Jedoch gingen für ganz Annam gewisse Verwaltungszweige, wie die Zollverwaltung und andere, die einer einheitlichen Leitung oder wissenschaftlich gebildeter Ingenieure bedürfen, wie in Cambodja in französische Hände über.

---

[1]) Vgl. darüber Girault I, S. 248 ff.
[2]) Abgedr. bei de Clercq XI, S. 144.
[3]) Girault I, S. 304.
[4]) Abgedr. bei de Clercq XIV, S. 374.

γ) Madagaskar. In dem Vertrage vom 17. Dezember 1885[1]) mit dem Hovastaate, durch den das französische Protektorat aufgerichtet wurde, übernahm Frankreich die Vertretung des Königreiches im internationalen Verkehr. Eine Einmischung in die innere Angelegenheiten war ausdrücklich untersagt. Jedoch wurden die französischen Staatsangehörigen der französischen Konsulargerichtsbarkeit unterstellt. Da der neu ernannte Generalresident angewiesen wurde[2]), auf die Leitung der Regierung einen gewissen Einfluß zu gewinnen, und andererseits der Vertrag bei der Hovaregierung die strikteste Auslegung erfuhr, so konnten Konflikte nicht ausbleiben. Sie spitzten sich von Jahr zu Jahr mehr zu, so daß endlich die französische Regierung, um einem allgemeinen Aufstande zuvorzukommen, der Königin einen neuen Vertrag vorschlug, wonach diese auf jeden unmittelbaren diplomatischen Verkehr verzichtete und der französischen Regierung gestattete, eine beliebig große Truppenmacht ins Land zu legen. Dieser Vorschlag wurde abgelehnt; so mußte der Krieg entscheiden. Nach heftiger Gegenwehr verstand sich die Königin am 1. Oktober 1895 zu einem neuen Vertrage[3]), in dem sie das französische Protektorat „mit allen seinen Konsequenzen" anerkannte; der Generalresident erhielt einen direkten Einfluß auf die innere Verwaltung des Landes und die Königin verpflichtete sich insbesondere, „alle Reformen einzuführen, die Frankreich im Interesse seines Protektorates für erforderlich halten würde". Da die öffentliche Meinung in Frankreich aber mit diesem Resultat recht unzufrieden war, so kam es zu der Deklaration vom 18. Januar 1896[4]), in der die Königin Kenntnis von der Besetzung Madagaskars durch die französischen Truppen nimmt und erklärt, gewisse Bedingungen anzunehmen, die nun im wesentlichen diejenigen waren, die der Vertrag vom 1. Oktober 1895 bereits enthielt. Der Unterschied war lediglich der, daß in dieser einseitigen Erklärung die Unterwerfung des Hovastaates unter die französische Herrschaft nachdrücklicher zum Ausdruck kam. Dieser Rechtszustand

---

[1]) Abgedr. bei de Clercq XV, S. 922.
[2]) Vgl. zum folgenden You S. 88 ff.
[3]) Abgedr. bei Rouard de Card S. 180.
[4]) Abgedr. bei de Clercq XX, S. 358.

währte aber nur ein halbes Jahr. Schwierigkeiten mit den Mächten, die an den mit der Hovaregierung geschlossenen Verträgen fest hielten, weil die eingeborene Staatsgewalt noch nicht erloschen sei, insbesondere aber auch ein Aufstand, der plötzlich auf der ganzen Insel aufloderte, führten zur Annektion: durch Gesetz vom 6. August 1896 wurde Madagaskar zur französischen Kolonie erklärt.

δ) Tunis. In dem Vertrage von Bardo vom 12. Mai 1881[1]), räumte der Bey der französischen Regierung ein Besatzungsrecht in allen Punkten ein, wo die französische Regierung dies zur Sicherung der algerischen Grenze und der Küste für erforderlich halten sollte; sodann versprach er, keinen Vertrag ohne die Genehmigung der französischen Regierung abzuschließen. Dem gegenüber verpflichtete sich die französische Regierung, dem Bey ihre ständige Unterstützung gegen alle Gefahren zuteil werden zu lassen, die seine Person und sein Land gefährden könnten. In der Folge war das Ziel der französischen Regierung. sich endgültig den entscheidenden Einfluß zu sichern. Im Gegensatz zu Annam und Madagaskar gelang das hier ohne Schwierigkeiten. Bereits in dem Vertrage von Marsa vom 8. Juni 1883[2]) verpflichtete sich der Bey, „alle Reformen einzuführen, die die französische Regierung für nützlich erachte“.

II. Während die bisher besprochenen Verträge nur dazu bestimmt waren, Frankreich in den Staatswesen und Stämmen, die es in seinen Kolonisationsgebieten vorfand, Zutritt und Einfluß zu verschaffen, sollten zahlreiche andere Verträge zunächst lediglich fremde Kolonialmächte, die gleichfalls in einem bestimmten Gebiete festen Fuß fassen wollten, auf Grund des durch den Vertrag erlangten Titels ausschließen, um es einer späteren eigenen Besitznahme vorzubehalten.

Ihre Bedeutung hatten diese Verträge vor allem in dem Wettkampf der Nationen um den Besitz Afrikas, der besonders in den achtziger Jahren des letzten Jahrhunderts heftig entbrannte[3]). de Brazza ist auf diese Weise zum Begründer der Besitzungen am Kongo geworden, daß er systematisch den Abschluß

---

[1]) Abgedr. bei de Clercq XIII, S. 25.

[2]) Abgedr. bei de Clercq XIV, 214.

[3]) Vgl. zum folgenden Rouard de Card S. 85ff.

solcher Verträge veranlaßte. Er organisierte einen Stab von Forschern, die auf Expeditionen in das zum großen Teil noch gänzlich unerforschte Hinterland allenthalben Verträge mit den eingeborenen Gewalten abschlossen. Er selbst hatte damit bereits im Jahre 1879 im Auftrage der Regierung einen Anfang gemacht. Damals schloß er insbesondere den höchst wichtigen Zessionsvertrag mit dem Könige der Batekes, Makoko, am Ufer des Kongo[1]), wodurch Frankreich sich einen Anspruch auf den schiffbaren Teil des Kongo, insbesondere gegenüber der Association internationale africaine belge, dem späteren Kongostaat zu verschaffen suchte.

Lediglich diesen Zweck hatte auch die politische Mission Bingers, der von der Regierung im Jahre 1886 beauftragt wurde „de relier nos établissements du Soudan français au golfe de Guinée". Bereits vorher hatte ein anderer französischer Offizier, Treich-Laplène, den gleichen Auftrag für das eigentliche Hinterland der Elfenbeinküste erhalten. Diese Maßregeln richteten sich vor allem gegen die Ausdehnungsbestrebungen Großbritanniens und des Deutschen Reiches.

Die Form, in der diese Verträge abgeschlossen wurden, war verschieden. Sie richteten sich oft nur nach dem persönlichen Geschmack der beteiligten französischen Beamten und ihrer Meinung über die Kraft der einzelnen Vertragsformen. Zum Teil waren es Zessionsverträge, wie der bereits erwähnte Vertrag mit Makoko, zum Teil auch Souveränitätsverträge, besonders bevorzugt war aber der Protektoratsvertrag.

Als dann die Berliner Kongokonferenz den Protektoratsvertrag als völkerrechtlich wirksames Ausschlußmittel anderer Staaten ausdrücklich anerkannt hatte[2]), war es selbstverständlich, daß in Zukunft nur mehr diese Vertragsform in Anwendung kam, in deren Text oft noch die Unterwerfungserklärung des eingeborenen Häuptlings unter die französische Souveränität oder Souzeränität aufgenommen wurde. Diese Form haben vor allem die Verträge[3]), die von Foureau, Dolisie, Cholet und anderen Forschern, die zum Stabe de Brazzas gehörten, ab-

---

[1]) Abgedr. im Annuaire du Congo 1907, S. 241. Makoko trat in diesem Vertrage ein Stück seines Gebietes an Frankreich ab.

[2]) Vgl. unten S. 58.

[3]) Vgl. diese bei de Clercq XVII, XVIII, XIX.

geschlossen wurden. Nur vereinzelt findet sich die Form eines bloßen Handels- oder Freundschaftsvertrages, und zwar dann, wenn die eingeborenen Gewalthaber sich zu einem Protektoratsvertrag nicht verstehen wollten. Regelmäßig wurde aber in diesen Fällen wenigstens die Abrede aufgenommen, daß der Sultan zum Abschluß eines Vertrages mit anderen Mächten die Genehmigung der französischen Regierung einzuholen habe.

Auch diese Verträge waren, wenigstens mittelbar, dazu bestimmt, Frankreich in den eingeborenen Staatswesen und Stämmen Zutritt und Einfluß zu verschaffen. Allerdings sind viele von ihnen zu dieser Funktion nur in unvollkommener Weise im stande, da die Gemeinschaften, mit denen sie abgeschlossen wurden, zum großen Teil, und zwar besonders in den heutigen Kongobesitzungen, so unentwickelt sind und eine so geringe natürliche Kraft und Widerstandsfähigkeit haben, daß der Vertrag in seiner Funktion als Einführungsmittel der französischen Staatsgewalt nur eine geringe Bedeutung hat: reine Einflußverträge wären mit diesen Gemeinschaften kaum abgeschlossen worden.

2. Die legislative Entwicklung[1]).

I. Der Vertrag ist aber stets nur die Einleitung zu einer größeren Entwicklung gewesen, deren Ziel die Souveränität des französischen Staates in dem Gebiete seines Vertragsgegners war. Dieser weitere Abschnitt in dem Prozesse der allmählichen Aufrichtung der Staatsgewalt entwickelt sich fürderhin nur mehr einseitig, entweder durch die Legislative Frankreichs, indem dieses, allmählich über den Rahmen des Vertrages hinausgreifend, sich Befugnisse aneignet, die nach dem Vertrage bei dem eingeborenen Herrscher geblieben waren, oder aber durch die Gesetzgebung der eingeborenen Staatsgewalt selbst, die unter dem Drucke des Einflusses der französischen Regierung dieser immer mehr Befugnisse einräumt, oder ihr wenigstens Handhaben bietet, durch die Frankreich nach und nach sich in dem eingeborenen Staatswesen

---

[1]) Eine Darstellung der legislativen Entwicklung der Verträge fehlt in der französischen Literatur völlig Die Schrift von Petit ist ganz unzureichend.

festsetzen kann[1]). Ob nach dem Inhalte des Vertrages eine solche Entwicklung zulässig war, kam nicht in Betracht. Voraussetzung war lediglich, daß der eingeborene Fürst sich diese allmähliche Herausdrängung gefallen ließ. Die legislative Entwicklung setzte deshalb immer erst dann ein, wenn jener sich mit der Tatsache der französischen Oberherrschaft stillschweigend oder ausdrücklich abgefunden hatte; der Widerstand des Fürsten, der sich seine Selbständigkeit wahren wollte, mußte vorher in irgend einer Weise gebrochen sein. War aber das einmal geschehen, hatte er, manchmal angesichts der drohenden Mündungen der Kanonen, den Protektoratsvertrag unterzeichnet, der der französischen Regierung den entscheidenden Einfluß im Lande sicherte, so war regelmäßig auch für die Zukunft sein Widerstand nicht mehr zu befürchten; und das um so weniger als die französische Regierung stets peinlich bemüht gewesen ist, wenigstens in den größeren Protektoratsländern den Schein der alten Herrlichkeit aufrecht zu erhalten. Titel, Hofstaat, Ehrenbezeugungen verblieben dem Fürsten auch in der Zukunft; als z. B. König Sisowath von Cambodja im Jahre 1906 seine Reise nach Frankreich machte, wurde er empfangen, als wenn es sich um einen souveränen Herrscher gehandelt hätte[2]).

Der Weg, den diese legislative Entwicklung genommen hat, war natürlich für die einzelnen Länder sehr verschieden. Während die eingeborenen Gewalten in kleinen Stämmen und Staatswesen einfach in dem Maße, wie sich die französische

---

[1]) Ausnahmsweise ist die Aufrichtung der französischen Staatsgewalt auf Grund der abgeschlossenen Verträge nicht allmählich, sondern durch formelle Annektion erfolgt. Das gilt vor allem von dem Hovastaat auf Madagaskar, dessen Annektion bereits oben geschildert wurde, sodann von Tahiti, mit dem zunächst am 25. März 1843 und sodann am 5. August 1847 Protektoratsverträge geschlossen worden waren (abgedr. bei de Clercq V, S. 7 und S. 525). Vgl. auch das Dekret vom 13. Februar 1904, durch das eine Reihe von Protektoratsländern in Senegal der direkten Verwaltung unterstellt wurden. Es waren dies unter anderem . . . 3° la banlieue de Dakar, jusqu'à une ligne droite conventionnelle coupant transversalement la presqu'île du Cap-Vert dans sa partie la plus étroite; 4° une bande de terrain d'un kilomètre d'étendue de chaque côté de l'axe de la voie du chemin de fer de Dakar à Saint Louis . . . usw.

[2]) Vgl. Girault I, S. 468.

Staatsgewalt ausdehnte, zurückgedrängt wurden, finden wir die legislative Entwicklung in den größeren Staaten zum Teil in einer bewunderungswürdig anschmiegsamen, Empfindlichkeiten möglichst schonenden Gestaltung.

II. Vor allem gilt das von Tunis. Die legislative Entwicklung setzte hier damit ein, den entscheidenden Einfluß auf die Entschlüsse des Bey zu gewinnen. Zunächst wurde durch die Dekrete[1]) vom 9. Juni 1881 und vom 22. April 1882 der französische Ministerresident in Tunis zur „Vertretung Frankreichs in der Erfüllung der in dem Vertrage von Bardo übernommenen Verpflichtungen bevollmächtigt". Aber erst, als der Vertrag von Marsa der Französischen Republik ein erweitertes Eingriffsrecht gestattet hatte, erfolgte die entscheidende Wendung, indem dem Residenten durch das Dekret vom 10. November 1884 die Befugnis delegiert wurde, „im Namen der französischen Regierung die Promulgation und die Ausführung aller Dekrete Seiner Hoheit des Bey zu approbieren"[2]), wodurch sämtliche Staatsakte des Bey von der Zustimmung des französischen Residenten abhängig gemacht wurden[3]). Noch weiter ging das Dekret vom 23. Juni 1885, welches bestimmte, daß „dem Generalresidenten[4]) die Befehlshaber der Marine und Landtruppen sowie alle Verwaltungszweige, Europäer wie Eingeborene betreffend, unterstellt" seien. Damit nahm die Französische Republik für ihren Generalresidenten die höchste Gewalt im Lande in Anspruch, wenn das auch, wie der Rapport zu diesem Dekrete beweist, in der Hauptsache nur

[1]) Für Tunis hat man diese Dekrete, die vom Präsidenten der Französischen Republik erlassen werden, von den gleichfalls als „Dekrete" bezeichneten Rechtssätzen des Bey von Tunis zu unterscheiden. In der folgenden Darstellung werden die Dekrete des Bey stets ausdrücklich als solche bezeichnet.

[2]) Die Fassung des Dekretes läßt die Annahme zu, als ob die Befugnis der Gegenzeichnung bereits durch die Verträge dem Präsidenten der Republik eingeräumt worden wäre. Dem war aber nicht so. Es liegt die Vermutung nahe, daß dieser Anschein jedoch gegenüber der tunesischen Regierung erweckt werden sollte.

[3]) Der erste Schritt dazu bildete die durch das Dekret vom 4. Februar 1883 übertragene Befugnis des Generalsekretärs, alle Dekrete des Bey zu promulgieren und zu publizieren; vgl. unten S. 34.

[4]) Dieser Titel wurde dem Residenten zugleich verliehen.

bei Konflikten zwischen französischen und tunesischen Behörden fühlbar werden sollte. Trotzdem hat diese Befugnis in der Praxis dazu geführt, daß der Generalresident auch sonst eine allgemeine oberste Befehlsgewalt ausübt. Freilich tritt das nur in Einzelfällen in die Erscheinung. So hat der Generalresident des öfteren selbständig Rechtsvorschriften erlassen, obgleich dem Bey theoretisch auch heute noch allein die gesetzgebende Gewalt zusteht[1]).

Komplizierter war die legislative Entwicklung, deren Gegenstand das allmähliche Eindringen des französischen Staates in die Zentralverwaltung von Tunis bildete. Bei der Aufrichtung des Protektorates fand Frankreich einen Premierminister vor, von dem eine Reihe von Unterministern ressortierten: der Kriegsminister, der Marineminister, der Minister der auswärtigen Angelegenheiten, der Minister des Inneren, der in der französischen Gesetzessprache in der Folge als ministre d'Etat bezeichnet wurde, und der Obermustechar, der heute ministre de la plume heißt. Die beiden letzteren standen an der Spitze der Ouzara, einer obersten Verwaltungs- und Gerichtsbehörde, und zwar jeder selbständig für sein Ressort. Am 4. Februar 1883 erging nun ein Dekret des Bey[2]), wonach ein „Generalsekretariat der tunesischen Regierung" errichtet wurde; die Befugnisse dieser neuen Behörde waren insbesondere die „direction" des Bureaupersonals der Zentralverwaltung, die Vorlage aller von den verschiedenen Zentralbehörden zur Unterschrift vorbereiteten Schriftstücke an den Premierminister und ihre Absendung. Diese Befugnisse

---

[1]) Vgl. z. B. arrêté vom 4. Februar 1889 betr. die Bildung einer Kommission für die Einrichtung eines metereologischen Wetterdienstes; arrêté vom 1. Oktober 1890 betr. die Deklarationspflicht der Winzer; arrêté vom 19. März 1892 betr die Errichtung einer Handelskammer u. a. m.

[2]) Art. 1: Il est institué un Secrétariat général du gouvernement. Art. 2: Ses attributions sont: 1. Direction du personnel des bureaux de l'administration centrale; . . . 3. Centralisation de la correspondance adressée au gouvernement; 4. Remise au Premier Ministre de la correspondance préparée par les divers services publics; son envoi aux destinataires, 5. Présentation et promulgation des lois, décrets et règlements. Die Zentralisation der gesamten für die Zentralverwaltung bestimmten Schriftstücke wurde durch ein Dekret des Bey vom 24. Oktober 1888 im Interesse eines schnelleren Geschäftsganges wieder aufgehoben.

wurden durch das Dekret des Bey vom 12. August 1894 modifiziert und erweitert[1]). Danach sind alle Beamten der Zentralverwaltung der direkten und unmittelbaren Kontrolle des Generalsekretärs unterstellt, der sie ernennt und befördert und die Disziplinargewalt über sie ausübt. Nur die Abteilungschefs und die Scheiks werden durch Dekret ernannt und befördert, und ihre disziplinarische Absetzung ist gleichfalls nur im Wege des Dekretes möglich.

Diese Nebeneinanderstellung sich widersprechender Befugnisse scheint an sich völlig sinnlos: der Generalsekretär scheint gleichzeitig Minister und Unterstaatssekretär des Premierministers, zu gleicher Zeit diesem unter- und nebengeordnet zu sein. Aber dieses Gewirre sich äußerlich widersprechender Befugnisse verschwindet und das Bild einer wunderfein ersonnenen Verwaltungsorganisation erscheint, wenn man die Stellung des Generalsekretärs von dem Standpunkte aus betrachtet, daß er dazu bestimmt war, der nach Macht ringenden französischen Staatsgewalt Eingang in die tunesische Zentralverwaltung zu verschaffen. Dann ist aber selbstverständlich, daß das „Generalsekretariat der tunesischen Regierung“ eine französische Behörde ist, deren Repräsentant seine Stellung im französischen Interesse nach den Weisungen der französischen Regierung versieht. Allerdings wurde das Generalsekretariat als tunesische Behörde dem Anscheine nach eingeführt; es war aber schon auffallend, daß kein Dekret über die Ernennung des Generalsekretärs im Gegensatz zu allen anderen Behörden, die seit der Aufrichtung des französischen Protektorates in Tunis neu eingeführt worden sind, eine Bestimmung enthielt: In Wirklichkeit wird der Generalsekretär vom Präsidenten der Republik ernannt,

---

[1]) Art 1: Le personnel des bureaux de l'administration générale et du Secrétariat général est placé sous le contrôle direct et immédiat du Secrétaire général de notre Gouvernement par nous délégué á cet effet. Ces bureaux comprennent: Les divers services du Secrétariat général et les archives du Gouvernement; Les bureaux de le comptabilité; Le ministère d'Etat; Le bureau des communes; La section des affaires civiles; La section des affaires pénales; La section d'instruction pénale. (Diese drei Sektionen wurden durch das Dekret des Bey vom 13. Januar 1896 und das arrêté vom 4. Juli 1896 zu einer „direction des services judiciaires du Gouvernement tunisien“ vereinigt.)

ohne daß dies freilich in eine allgemeine Vorschrift gekleidet worden wäre.

Durch die dem Generalsekretär übertragenen Befugnisse wurde Frankreich in den Stand gesetzt, allmählich die ganze Regierungsgewalt, wenigstens materiell, in seiner Hand zu vereinigen. Dadurch, daß der Generalsekretär, ganz abgesehen von dem Rechte, alle Entwürfe von Dekreten und Reglements zu präsentieren und zu promulgieren, die gesamte von den Bureaus der Zentralverwaltung vorbereitete Korrespondenz dem Premierminister vorzulegen und für ihre Absendung zu sorgen hatte, erhielt er einen rechtlich gewährleisteten Einblick in die gesamte Regierung, andererseits wurde er auf Grund der Befugnisse gegenüber den Beamten der Zentralverwaltung, durch welche deren persönliches Schicksal in seine Hand gelegt wurde, ihr eigentlicher Vorgesetzter, dessen Befehlen sie naturgemäß auch auf anderen Gebieten als dem ihres Beamtenverhältnisses Folge leisten werden. Durch die Kombination dieser beiden Befugnisse aber wurde er in den Stand gesetzt, materiell in die Zentralverwaltung dadurch einzugreifen, daß er, vermöge seiner Kenntnis über die laufenden Geschäfte, den ihm untergebenen Beamten Anweisungen über die Art ihrer Erledigung erteilte. Denn wenn er nach dem Wortlaut des Dekretes auch hierzu *nicht berechtigt* wurde, so war dem Generalsekretär doch wenigstens die *tatsächliche* Möglichkeit dazu in die Hand gegeben. Umgekehrt ist der Premierminister, wenn er auch noch theoretisch an der Spitze der gesamten Verwaltung steht, nicht imstande, seinen Willen im Widerspruch zu dem des Generalsekretärs durchzusetzen, da ihm jegliche Macht genommen ist, seinem Willen durch disziplinarische Maßnahmen Geltung zu verschaffen. Es entsteht also eine Konkurrenz zwischen Premierminister und dem Generalsekretär, bei der jenem die formelle Rechtsordnung, diesem die materielle Macht und vor allem das moralische Übergewicht zur Seite steht. Trotz dieses moralischen Übergewichtes des Generalsekretärs hätte aber jene Konkurrenz zu unliebsamen und unnötigen Konflikten Veranlassung geben können, wenn der Premierminister auch in der Zukunft noch eine direkte Beziehung mit den Zentralverwaltungsbehörden unterhielt. Das wurde aber dadurch ausgeschlossen, daß der Generalsekretär die gesamte Korrespondenz dem Premierminister vorzulegen hat.

Damit war der Premierminister aus der eigentlichen Zentralregierung herausgedrängt; er verlor jeden Zusammenhang mit den Regierungsgeschäften. Alle Entscheidungen, die der Premierminister zu treffen hatte, wurden ihm von nun an vom Generalsekretär völlig vorbereitet zur Unterschrift vorgelegt, der seinerseits die Zentralbehörden über die Art der Bearbeitung der Geschäfte instruierte, und so kam es, daß schließlich die Unterschrift des Premierministers zu einer leeren Form herabsank. Auf diese Weise ist der Generalsekretär zum Haupt der Zentralregierung geworden, wenn auch dem Premierminister der äußere Schein dieser Stellung verblieben ist. Auch heute noch wird daran streng festgehalten. So wird z. B. noch in den Dekreten des Bey regelmäßig der Premierminister mit der Ausführung der erlassenen Vorschriften beauftragt[1]). In Wirklichkeit beschränkt sich seine Tätigkeit dabei lediglich auf die Unterzeichnung dieser Ausführungsbestimmungen, die materiell vom Generalsekretär unter der Oberleitung des Generalresidenten erlassen werden.

Aber auch rein formell sind dem Premierminister seine früheren Befugnisse nicht in ihrem ganzen Umfange gelassen worden. Von den Ministerien, die ihm bei der Aufrichtung des französischen Protektorates unterstanden, ist einzig und allein noch der ministre de la plume übrig geblieben. Alle anderen sind entweder, wie der Marineminister, überhaupt weggefallen oder haben selbständigen Zentralbehörden Platz gemacht, die nicht mehr wie die früheren dem Premierminister unterstehen. Dazu gehört z. B. der Finanzdirektor, der durch das Dekret vom 2. Oktober 1884 geschaffen wurde, ferner die Direktoren der öffentlichen Arbeiten, des Unterrichtes und einige andere. Im Gegensatz zum Generalsekretär sind sie aber wenigstens theoretisch tunesische Behörden, was insbesondere dadurch zum Ausdruck kommt, daß sie durch ein Dekret des Bey, allerdings auf Vorschlag des Generalresidenten, ernannt werden[2]). Praktisch sind aber auch sie fran-

---

[1]) Vgl. z. B. das Dekret des Bey vom 6. August 1905.

[2]) Vgl. z. B. das Dekret des Bey vom 2. Oktober 1884 betr. die Errichtung einer Finanzdirektion sowie das Dekret des Bey vom

zösische Beamte, die als solche zugleich den Anordnungen der übergeordneten französischen Behörden, insbesondere dem Generalresidenten Gehorsam schulden.

Wie man in Tunis bemüht gewesen ist, bei der legislativen Entwicklung möglichst die tunesischen Behörden, die sich bei der Aufrichtung des französischen Protektorates vorfanden, äußerlich bestehen zu lassen, geht auch aus der heutigen Stellung des ministre de la plume hervor, der, wie oben erwähnt wurde, ursprünglich an der Spitze einer Abteilung der Ouzara stand. Durch die legislative Entwicklung geriet er materiell unter den Generalsekretär. Es hätte nun nahe gelegen, ihn entweder ganz fallen zu lassen oder ihn wenigstens ohne weiteres unter den Befehl des Generalsekretärs zu stellen. Beides ist nicht geschehen. Vielmehr sind auch seine Befugnisse formell aufrecht erhalten worden, so daß seine Tätigkeit sich darauf beschränkt, wie der Premierminister das zu unterzeichnen, was der Generalsekretär ihnen vorlegt.

Die legislative Entwicklung hat sich aber nicht mit einer Reformierung der Zentralbehörden begnügen lassen. Auch die Lokalverwaltung ist davon ergriffen worden. Die Provinzialbehörden werden durch die sog. Zivilkontrolleure beaufsichtigt, durch deren Hände z. B. die gesamte einlaufende und abgehende Korrespondenz geht, und denen „durch besondere Delegation der tunesischen Regierung“ gewisse Befugnisse, insbesondere die „hohe Polizei“ in ihrem Bezirke übertragen ist[1]).

Wenn die legislative Entwicklung in den Protektoratsländern Indochinas nicht diese feine, vorsichtige, wenn auch komplizierte Form angenommen hat, so lag das weniger an der geringeren Machtstellung dieser Staaten im Vergleich zu Tunis, als an der besonderen Verwaltungsorganisation, die Indochina erhalten hat. Dem Generalgouverneur, der an der Spitze der Kolonie steht, ist, ohne daß er an bestimmte Vorschriften gebunden wäre, das freie Verfügungsrecht über die Institutionen der ihm unterstellten Protektoratsländer über-

---

17. April 1897 betr. die Errichtung einer Direktion der öffentlichen Sicherheit.

[1]) Vgl. das Zirkular des Generalresidenten vom 22. Juli 1887.

tragen[1]). Es ist erklärlich, wenn der Generalgouverneur im Bewußtsein dieser überragenden Stellung ihnen gegenüber auch als absoluter Herr auftritt. Das muß noch um so schärfer dann zum Ausdruck kommen, wenn, wie dies seit der Ernennung Doumers zum Generalgouverneur geschah, die unbedingte Zentralisation der gesamten Verwaltung zum Prinzip erhoben wird[2]).

So erklärt es sich, wenn in den Protektoratsländern Indochinas die legislative Entwicklung in schroffem Gegensatz zu Tunis wenigstens zum Teil den Charakter einer Usurpierung einzelner Befugnisse hat.

Das gilt zunächst von Annam und Cambodja. Die Zuständigkeit der französischen Gerichte wurde im Laufe der Zeit auch auf die Eingeborenen ausgedehnt; insbesondere wurden diese wie in anderen Kolonien einer besonderen Disziplinarstrafgesetzgebung unterstellt[3]). Ferner wurde z. B eine Reihe direkter Steuern vom Generalgouverneur neu eingeführt und insbesondere auch auf die Eingeborenen in Anwendung gebracht, obwohl der Vertrag von Hue der französischen Regierung lediglich die Einführung der in Cochinchina geltenden indirekten Steuern gestattet hatte[4]). Besonders bedeutungsvoll war sodann vor allem das Dekret vom 31. Juli 1898, das die eingeborene Finanzverwaltung, die bis dahin neben der französischen bestanden hatte, völlig beseitigte. Fortan gab es nur mehr ein Budget, und zwar das französische, das sämtliche Einnahmen und Ausgaben der Länder Indochinas enthält[5]). Durch die arrêtés des Generalgouverneurs vom 26. August 1899 und 8. Juni 1900 wurde dem neu errichteten Protektoratsrat[6]) in beiden Ländern die Beratung des jährlichen Haushaltsetats Cambodjas und Annams übertragen, der durch arrêté des Generalgouverneurs festgestellt und durch Dekret

[1]) Vgl. darüber unten S. 155.

[2]) Vgl. Girault I, S. 458 und unten S. 155.

[3]) Vgl. darüber im einzelnen Dislère I, S. 656 ff.

[4]) Vgl. darüber Girault II, S. 270 ff.

[5]) Vgl. darüber Girault II, S. 256 ff.

[6]) Bereits vorher hatte ein Protektoratsrat in Annam auf Grund des Dekretes vom 21. September 1894 bestanden, dessen gutachtliche Äußerung sich aber nur auf das Budget der französischen Verwaltung bezog.

endgültig genehmigt wird. Eine Konsequenz der so geschaffenen Rechtslage bildete das Dekret vom 22. Dezember 1899, welches alle herrenlosen Gebiete Indochinas zur französischen Nationaldomäne erklärte[1]).

Innerhalb des sich so allmählich einschränkenden Rahmens der Herrscherrechte der eingeborenen Gewalthaber fand nun gleichzeitig eine legislative Entwicklung in Form einer Deformierung der bestehenden staatlichen Organisation wie in Tunis statt. Zunächst, und zwar ein ganzes Jahrzehnt lang, beschränkte sie sich freilich auf die Gegenzeichnung der legislativen Akte des Königs[2]). Abgesehen davon begnügte man sich mit dem moralischen Übergewicht der französischen Residenten, was in Annam noch dadurch besonders erleichtert war, daß auf Betreiben der französischen Regierung im Jahre

---

[1]) Auch die Übertragung der drei Städte Hanoi, Haiphon und Tourane durch die Ordonnanz vom 3. Oktober 1888 bildete einen Teil dieser legislativen Entwicklung. Durch den Vertrag von Hue war die Frage der Grenze der offenen Häfen und die Überlassung von Grund und Boden (concession) in diesen Häfen an Frankreich einer späteren Vereinbarung vorbehalten worden. Auf Grund dieser Bestimmung erging die oben angeführte Ordonnanz, welche sich nicht damit begnügte, nach dem Wortlaut des Vertrages gewisse Grundstücke in diesen Städten an Frankreich zu überlassen, sondern die gleich ihr gesamtes Gebiet als „concession" übertrug. Über die Bedeutung dieser Konzession siehe unten S. 69, Anm. 3.

[2]) Charakteristisch für Indochina ist, daß diese Gegenzeichnung nicht auf einer allgemeinen Rechtsvorschrift, sondern lediglich auf tatsächlicher Übung beruht. Ursprünglich hatte das Dekret vom 27. Januar 1886 dem Generalresidenten in Annam die Befugnis der Gegenzeichnung der Regierungsakte des Königs für solche Fälle erteilt, wenn der betreffende Gesetzgebungsakt dazu bestimmt war, von französischen Gerichten angewendet zu werden. In Cambodja hatte der Resident dieses Recht nicht. Mit der Errichtung des Generalgouvernements von Indochina, insbesondere durch das Dekret vom 21. März 1891, fielen die Befugnisse, die bis dahin dem Residenten zugestanden hatten, grundsätzlich dem Generalgouverneur zu, unter anderen also natürlich auch das Recht der Gegenzeichnung. Von jetzt an werden, soweit das festgestellt werden konnte, alle Regierungsakte der Könige von Annam und Cambodja vom Generalgouverneur gegengezeichnet; eine Beschränkung auf gewisse Gesetze, wie sie das Dekret vom 27. Januar 1886 kannte, legt der Generalgouverneur sich nicht auf. Wenn man einerseits diese bloß tatsächliche Herrschaftausübung schon im Interesse der Klarheit über den Umfang der französischen Herrschaft bedauern muß, so ist es doch auf der anderen Seite völlig verständlich, daß beim Generalgouverneur keine

1889 ein Kind auf den Thron gelangte[1]); damit wurde aber eine Regentschaft notwendig, die nun wieder dank des französischen Einflusses franzosenfreundlichen Männern übertragen wurde.

Erst im Jahre 1897 setzte die legislative Entwicklung in beiden Ländern energisch ein. In Cambodja erging die Königliche Ordonnanz vom 11. Juli 1897, welche dem französischen Oberresidenten den Vorsitz im Ministerrat übertrug. Dieser setzte sich aus den verschiedenen Ministern zusammen und war das eigentliche Regierungskollegium, wo die Entscheidungen über die wichtigeren Geschäfte der Zentralverwaltung getroffen wurden, die dann dem Könige zur Genehmigung vorgelegt wurden. Von jetzt an bedarf jeder Beschluß des Staatsministeriums der Zustimmung des Oberresidenten, der persönlich die Beschlüsse dem Könige vorlegt. Auf diese Weise konnte also fürderhin nie mehr ein Vorschlag dem Könige unterbreitet werden, der nicht die Zustimmung des Oberresidenten gefunden hatte. Die Ministerien blieben bestehen, jedoch wurden ihnen Delegierte des Oberresidenten beigegeben, welche die ordnungsmäßige Erledigung der Geschäfte zu überwachen haben.

Ganz ähnlich war die Deformierung der Zentralregierung in Annam auf Grund der Königlichen Ordonnanz vom 27. September 1897. Dem Staatsministerium in Cambodja entsprach hier der Comat, der sich aus den Vorständen der einzelnen Ministerien zusammensetzte. Auch im Comat wurde Vorsitzender der Oberresident, dessen Stimme wie in Kambodja stets entscheidend ist. Die Beschlüsse des Comat werden ebenfalls vom Oberresidenten dem Könige vorgelegt, falls sie einer Entscheidung des Königs bedürfen, was für die laufende Verwaltung nicht erforderlich ist. Die Ministerien wurden neu organisiert. Während sie bis dahin je ein Kollegium von drei Mitgliedern bildeten und eine gewisse Selbständigkeit dem Comat gegenüber einnahmen, insofern gewisse Geschäfte von ihnen selbständig erledigt wurden, tritt nunmehr an die Spitze jedes Ministeriums ein einziger Beamter, der für seine Amts-

Neigung vorhanden war, seine Tätigkeit an Normen zu binden; sie hätten für ihn doch nicht bestanden, da jedes neue arrêté jedes ältere ohne weiteres abgeändert hätte.

[1]) Rambaud S. 519, Anm. 1.

führung dem Comat verantwortlich ist. Daneben werden auch hier Delegierte des Oberresidenten den verschiedenen Ministerien, insbesondere dem Finanzminister zugeteilt.

Tonkin, obwohl ursprünglich Bestandteil von Annam, hat doch eine völlig selbständige legislative Entwicklung durchgemacht. Durch die Verschiedenheit der Befugnisse, die der französischen Regierung hier durch den Vertrag von Hue eingeräumt worden waren, wurde es möglich, auch eine weit energischere legislative Entwicklung eintreten zu lassen, die mit derjenigen Annams nur in der ersten Zeit Berührungspunkte hatte.

Die erste Etappe in dieser Entwicklung war die Königliche Ordonnanz vom 3. Juni 1886, wodurch die Verwaltung von Tonkin von der Annams ganz abgetrennt und an ihre Spitze ein Vizekönig, der kinh-luoc, gestellt wurde. In der Folge bestand nun die legislative Entwicklung im wesentlichen in der allmählichen Zurückdrängung desselben zugunsten der französischen Verwaltungsbehörden. Sie war eine rein usurpatorische, bei der auch auf die Aufstellung allgemeiner Vorschriften für die Beziehungen des französischen Residenten zu den eingeborenen Gewalten völlig verzichtet wurde. Je nach dem Maße der persönlichen Kräfte, die sich in dem kinh-luoc und dem französischen Repräsentanten gegenüberstanden, nahm die legislative Entwicklung in der Folge einen mehr oder weniger energischen Charakter an. Es ist ganz interessant zu beobachten, wie die französische Staatsgewalt auf diese Weise allmählich sich durchzusetzen verstand, manchmal aber auch wieder für den Augenblick zurückweichen mußte, wenn sie zu rasch und zu weit vorgegangen war[1]). Sehr bald schon erlangt der Oberresident das Recht der Gegenzeichnung zu den Regierungshandlungen des kinh-luoc, ja bald erläßt er selbst an Stelle des Vizekönigs gesetzliche Bestimmungen[2]). Zum

---

[1]) So hatte der Oberresident durch ein Zirkular im Jahre 1888 die Ernennung und Absetzung sämtlicher eingeborenen Beamten für sich in Anspruch genommen; durch Zirkular vom 24. Oktober 1888 zeigte er darauf den Residenten an, daß er diese Befugnis „vorläufig wieder“ dem kinh-luoc überlassen habe.

[2]) So z. B. das arrêté vom 24. Juli 1889, wodurch die eingeborenen Behörden neu organisiert wurden, sowie das arrêté vom 15. August 1890

Teil werden diese arrêtés allerdings vom kinh-luoc mitunterzeichnet[1]).

Durch die Zentralisation der gesamten Verwaltung von Indochina in der Person des Generalgouverneurs, die mit dem Dekret vom 21. März 1891 beginnt, wird die legislative Entwicklung in Tonkin infolge des Eingreifens des Generalgouverneurs noch beschleunigt. Wie überall, so tritt auch hier der Generalgouverneur als unbedingter Herr auf, dem alles zur Verfügung steht. In der Folge wird das arrêté des Generalgouverneurs alleinige Gesetzgebungsquelle. Daß der kinh-luoc solche arrêtés mitunterzeichnete, kam überhaupt nicht mehr vor. Mehr und mehr wurde er eine dem Generalgouverneur untergeordnete Behörde, die in derselben Weise wie der Oberresident seinen Anweisungen Folge zu leisten hatte. Charakteristisch dafür ist z. B. das arrêté vom 24. Juli 1892, wodurch Gebrauch und Verschleiß des gerade eingeführten Stempelpapiers näher bestimmt wurde und in dem Oberresident von Tonkin und kinh-luoc zusammen mit der Ausführung des arrêtés beauftragt wurden.

Die Königliche Ordonnanz vom 26. Juli 1897 beseitigte endlich den kinh-luoc; sie trug damit nur den Tatsachen Rechnung, da der kinh-luoc jede Bedeutung verloren hatte. Seine Befugnisse wurden dem Oberresidenten „delegiert“[2]).

Unterdes hatte sich die französische Staatsgewalt auch in die Lokalverwaltung eingedrängt. Während nach dem Vertrage von Hue die annamitischen Behörden wie bisher, wenn auch unter der Kontrolle französischer Beamten tätig blieben, erlangten diese im Widerspruch damit jedoch bald einen maßgebenden Einfluß auf die materielle Verwaltung. So sollen nach dem Zirkular vom 30. August 1886 die wichtigeren Verwaltungsakte der annamitischen Beamten von den französischen Residenten sanktioniert werden. Und während die Residenten zunächst nur die Möglichkeit hatten, bei Unfähigkeit von Mandarinen dem Oberresidenten zu berichten, damit dieser vom kinh-luoc die Absetzung durchsetzen konnte, erhalten sie schon durch das arrêté vom 21. Juni 1890 das Recht, selbst ungeeignete Beamte abzusetzen.

---

[1]) Vgl. z. B. die arrêtés vom 21. Juni und 15. Juli 1890.

[2]) Vgl. dazu unten S. 71.

III. In ähnlicher Weise hat sich die legislative Entwicklung auch in den kleineren Protektoratsländern vollzogen. Freilich tritt hier naturgemäß noch besonders in die Erscheinung, daß der Inhalt des Vertrages für die Art der legislativen Entwicklung völlig belanglos ist, wenn die politischen Verhältnisse nicht eine größere Rücksicht auf die eingeborenen Gewalten verlangen. Das bunte Rechtsbild, das jede einzelne Kolonie durch die mannigfach gefaßten Verträge zunächst darbietet, verschwindet so allmählich, um infolge der legislativen Entwicklung einer einheitlichen Ordnung Platz zu machen.

Die Somaliküste bietet dafür ein treffendes Beispiel.

Hier waren mit einer Reihe eingeborener Gewalthaber Verträge verschiedenen Inhalts abgeschlossen worden[1]. Der Vertrag vom 26. März 1885 mit den Häuptlingen der Issas-Somalis enthielt neben der Versicherung gegenseitiger Freundschaft die Annahme des französischen Protektorates. Den gleichen Inhalt hatte das Abkommen vom 21. September 1884 mit dem Sultan von Tadjourah, jedoch enthielt dieses noch die Zusicherung der französischen Regierung, nichts an der bestehenden Gesetzgebung ändern zu wollen. Der Vertrag vom 9. April 1894 mit dem Sultan von Gobad bildete dagegen einen reinen Freundschafts- und Handelsvertrag, in dem der Französischen Republik nur ganz bestimmte Befugnisse, wie die Anlage von Straßen und ähnliche eingeräumt wurden. Trotz des grundsätzlichen Unterschiedes der einzelnen Verträge war die legislative Entwicklung gleichwohl eine völlig einheitliche. Während das Dekret vom 4. September 1894 die Gerichtsbarkeit nur für Europäer und die ihnen gleichgestellten (assimilés) organisierte, und zwar, wie es in dem Rapport zu diesem Dekret heißt, weil die den Eingeborenen gegenüber eingegangenen Verpflichtungen die Einsetzung von Gerichten mit allgemeiner Zuständigkeit nicht gestatteten, wurden durch das Dekret vom 19. Dezember 1900 auch die Eingeborenen sämtlich den französischen Gerichten unterstellt. Auch sonst war die legislative Entwicklung völlig einheitlich: Durch das Dekret vom 6. Juli 1899 wurde die Schürfung nach Metallen oder Kohlen und deren Ausbeutung einheitlichen Regeln unter-

---

[1]) Abgedr. bei Rouard de Card S. 162 ff.

stellt; nach dem Dekret vom 5. September 1899 ist die Perlfischerei an der Küste nur auf Grund eines Erlaubnisscheines gestattet, der nur an Staatsangehörige (citoyens und sujets) ausgestellt wird; nach dem arrêté vom 29. Dezember 1899 endlich werden die herrenlosen Ländereien der gesamten Kolonie unter bestimmten Bedingungen an Kolonisten verliehen usw.

Die Form, die die legislative Entwicklung in diesen kleinen Protektoratsländern oder -stämmen annahm, war also eine bloße Zurückdrängung der eingeborenen Gewalten. Als typisches Beispiel kann dafür noch besonders Moheli und die Große-Comore gelten. Der durch die Verträge vom 6. bzw. 8. Januar 1892 geschaffene Rechtszustand, wonach ein französischer Resident alle Regierungshandlungen des Sultans gegenzeichnete und ihre Ausführung zu bewirken hatte, während die Finanzverwaltung ganz in die Hände eines französischen Beamten überging, verschwand allmählich. Das Dekret vom 6. Juli 1897 entzog den Sultanen auf beiden Inseln die Sanktion des Budgets, das ihnen vertragsmäßig geblieben war; in Zukunft wird es vom Residenten aufgestellt und unterliegt der Genehmigung des Ministers. Die gesetzgebende Gewalt der Sultane wurde dadurch ausgeschaltet, daß heute alle legislativen Akte regelmäßig vom Präsidenten der Republik durch Dekret erlassen werden. Die gleiche Tendenz macht sich in der Gerichtsbarkeit der Sultane über die Eingeborenen bemerklich, die auf Grund der Verträge in Kraft geblieben war. Das Dekret vom 7. Juli 1901 unterwarf die Eingeborenen einer besonderen Disziplinarstrafgesetzgebung, das Dekret vom 5. November 1904 unterstellte sie dann auch für das gemeine Strafrecht den französischen Gerichten. Damit war die eingeborene Gerichtsbarkeit auf die zivilen Rechtsstreitigkeiten beschränkt. Auch sonst kam die französische Gesetzgebung mit den zunehmenden Interessen immer mehr zur Geltung[1]).

Aber nicht immer bestand die legislative Entwicklung in den kleinen Protektoratsländern in der bloßen Zurückdrängung

---

[1]) Vgl. z. B. die Dekrete vom 5. Juli 1901, betr. die Ermächtigung des Gouverneurs zur Ausschreibung von Steuern, vom 1. Februar 1902, betr. die Auswanderungsbeschränkung der Eingeborenen; vom 1. November 1902, betr. die Einführung einer Verbrauchssteuer u. a. m.

der eingeborenen Gewalthaber. Auch hier stellte sie in manchen Fällen eine bloße Deformierung der eingeborenen Organisation dar, indem dem französischen Residenten ein gewisses Einwirkungsrecht auf die Befugnisse der eingeborenen Fürsten eingeräumt wurde. Ein Beispiel dieser Art bietet das Königreich Porto-Novo in Dahomey, wo dem Könige auch heute noch die Gerichtsbarkeit über seine Untertanen zusteht. Jedoch ist der Resident gemäß dem arrêté vom 30. August 1902 in bestimmter Weise daran beteiligt: er muß bei allen Gerichtsverhandlungen anwesend sein; er hat staatsanwaltschaftliche Befugnisse, indem er die Anklage erhebt und die mündliche Verhandlung vorbereitet; ihm steht die Sitzungspolizei und die Disziplinargewalt über die Beisitzer des Gerichtes zu.

In anderen Fällen ging man noch weiter und übertrug den eingeborenen Gewalttaten sogar bestimmte positive Befugnisse, so daß sie geradezu als französische Beamte erscheinen. So blieben auf Grund des Dekretes vom 10. November 1903 in Westafrika die eingeborenen Dorfgerichte mit fester, genau bestimmter Zuständigkeit bestehen; so erheben z. B. die Dorfältesten in Dahomey auf Grund des arrêté vom 23. Dezember 1905 unter der Aufsicht der französischen Beamten die Kopfsteuer von den Eingeborenen u. a. m.

B. Die unmittelbare Aufrichtung der Staatsgewalt.

Neben dem allmählichen Vordringen der Staatsgewalt, wie es bisher geschildert worden ist, findet sich in großem Maße auch eine unmittelbare Aufrichtung der Herrschaft[1]). Unter diesen Territorien hat man aber wieder zu unterscheiden, ob in ihnen eine vollkommene staatliche Betätigung stattfindet, d. h. ob die Staatsgewalt ihre Wirksamkeit hier so weit ausübt, als dies im Rahmen einer geordneten, modernen Staatsverwaltung erforderlich ist, oder ob sie sich lediglich auf gewisse einzelne Maßnahmen beschränkt.

Zu den Kolonien, wo eine vollkommene staatliche Ver-

---

[1]) Auch diese ist häufig im Wege des Vertrages erfolgt. Dazu gehört vor allem Cochinchina, das von Annam abgetreten wurde.

waltung stattfindet, gehören insbesondere die Antillen, Guyana, soweit es in Kommunen eingeteilt ist, St. Pierre und Miquelon, Reunion und Algier im engeren Sinne. In allen diesen Gebieten ist die Verwaltung eine gleichmäßig intensive, die sich, besonders auf den Antillen, auf Reunion und in Guyana eng an das mutterländische Vorbild anschließt.

Im Gegensatz hierzu hat aber Frankreich in vielen Territorien nur in beschränkter Weise seine Herrschaft aufgerichtet. So ist z. B. die Gerichtsbarkeit in den afrikanischen Kolonien über Europäer nicht auf das Gebiet der eigentlichen Verwaltung beschränkt, sondern erstreckt sich auch auf solche Gebiete, wo im übrigen eine faktische Herrschaft noch gar nicht geltend gemacht wird. Nach dem arrêté vom 23. Mai 1903 umfaßt der Bezirk des Gerichtes erster Instanz von Libreville die régions von Côte Nord, Cap-Lopez, Fernan-Vaz, Ogoue, Mayumba und Loango, obgleich nur ein kleiner Teil dieser Gebiete im übrigen eine Verwaltungsorganisation aufweist oder in Vertragsverhältnis zu der Französischen Republik steht; eine ähnlich umfassende Zuständigkeit hat der Gerichtshof erster Instanz von Brazzaville erhalten; schließlich erkennt der Kriminalhof in Libreville über alle Verbrechen, die innerhalb der Kongobesitzungen begangen worden sind, wenn Europäer oder „assimilés“ als Täter in Betracht kommen oder das Opfer eines Deliktes sind. Daneben sind diese Gebiete Gegenstand der staatlichen Beherrschung insoweit, als alle herrenlosen Gebiete zu staatlicher Domäne erklärt sind. Die Aneignung solcher Territorien ist demnach ohne besondere Verleihung unzulässig und der unbefugte Besitzer könnte mit Gewalt seines Besitzes entsetzt werden. (Dekret vom 28. März 1899.)

Eine noch geringere Herrschaftsausübung findet im Hinterlande von Guyana statt, wo das herrenlose Gebiet lediglich zur Domäne erklärt worden ist. (Ordonnanz vom 17. August 1825.)

Die einseitig okkupatorische Aufrichtung der Staatsgewalt bedeutet durchaus nicht, daß nun die Ureinwohner ohne Rücksicht auf ihre eigenen Organisationen der französischen Verwaltung gleichmäßig unterstellt wurden. Vielmehr kann man auch hier beobachten, daß die eingeborenen Organisationen nach Möglichkeit aufrecht erhalten werden.

Ein charakteristisches Beispiel bietet dafür Neu-Kaledonien, wo die Autonomie der eingeborenen Stämme durch das arrêté vom 24. Dezember 1867 ausdrücklich anerkannt wurde. Im Laufe der Zeit hat diese allerdings gewisse Einschränkungen erfahren. Nach der Entscheidung des Gouverneurs vom 9. August 1898 steht an der Spitze jedes Stammes ein Häuptling, eine gewisse Anzahl von solchen Stämmen unterstehen wieder Oberhäuptlingen, die wie jene vom Gouverneur ernannt werden. Nach dem arrêté vom 20. Mai 1898 üben die Administratoren die Aufsicht über die Stämme, ohne sich aber in ihre Angelegenheiten einzumischen. Sie haben jedoch eine Disziplinarstrafgewalt über die Eingeborenen und wachen darüber, daß die Häuptlinge ihr Amt mit Gerechtigkeit versehen. Seit einem arrêté vom 22. November 1900 sind die Eingeborenen einer Kopfsteuer unterworfen.

Auch in Laos sind die eingeborenen Institutionen aufrecht erhalten worden[1]). Das Land zerfällt in eine Anzahl größerer und kleinerer Staaten, die sog. „muongs"; das Königreich Luang-Prabang ist unter ihnen das größte. Diese haben, vor allem Luang-Prabang, eine durchgebildete Organisation, an der die französische Regierung nicht gerührt hat. In Luang-Prabang wird nur die Strafgerichtsbarkeit durch die französischen Behörden vollzogen und in Zivilsachen ist gegen die Entscheidungen der eingeborenen Gerichte die Berufung an die französischen zulässig. In den kleineren „muongs" werden die vier obersten Gewalthaber durch allgemeine Volkswahl erkoren und, nachdem sie die Billigung des französischen Oberresidenten gefunden haben, von diesem ernannt. Die Mandarinen niederen Standes werden durch die Chefs der Provinzen ernannt.

Dort, wo selbständige politische Gemeinschaften nicht vorhanden sind, ist es natürlich nicht möglich, die Eingeborenen sich selbst zu überlassen. In diesen Fällen muß also notwendigerweise eine direkte Verwaltung stattfinden. Diese sucht man manchmal durch künstliche Aufrichtung eingeborener Gewalten zu vermeiden, die dann, wenigstens äußerlich, eine ähnliche Stellung wie die eingeborenen Sultane in den kleinen Protektoratsländern einnehmen. Ein treffendes Beispiel dafür bietet das

[1]) Vgl. zum folgenden de Reinach S. 176 ff.

Königreich Dahomey[1]). Der König von Dahomey, Behanzin Ahy-Djere, der sich verschiedener räuberischer Einfälle in französisches Gebiet hatte zuschulden kommen lassen, war durch ein französisches Expeditionskorps geschlagen worden und wurde 1892 seines Thrones für verlustig erklärt. Durch eine Proklamation vom 5. Januar 1894 wurde darauf das Land in zwei Fürstentümer geteilt. Auf Betreiben der französischen Regierung wählten die Großen des Landes zwei Könige, die darauf von der französischen Regierung bestätigt wurden und sich unter das französische Protektorat stellten[2]) [3]).

---

[1]) Vgl. dazu Rouard de Card S. 92 ff.

[2]) Vgl. darüber Rouard de Card S. 101 ff. Ein ähnlicher Prozeß hat sich in noch größerem Maßstabe in Senegal im letzten Jahrzehnt des 19. Jahrhunderts abgespielt. Durch die sog. Desannektionsarrêtés wurden hier eine Reihe von Provinzen, die bis dahin der direkten Verwaltung durch französische Beamte unterstellt waren, dem „régime de protectorat" unterstellt. Zu diesen gehört z. B. die Landschaft Dimar, die durch das arrêté vom 15. Januar 1890 desannektiert wurde. Auf Grund des arrêté vom 13. April 1891, das das arrêté vom Vorjahre abänderte, steht an der Spitze des Dimar ein eingeborener Würdenträger, der vom Gouverneur ernannt ist und die besondere Aufgabe hat, d'assurer le développement et l'exercise de l'influence et de l'autorité française. Als Einkommen erhält er einen gewissen Prozentsatz des Steuerertrages. Er hat die Strafgerichtsbarkeit über das ganze Land, während er in Zivilsachen nur den zuständigen Kadi bei einem Rechtsstreit zwischen Angehörigen mehrerer Dörfer bestimmt. Er ernennt ferner die Unterhäuptlinge; jedoch bedarf die Ernennung der Bestätigung durch den Gouverneur. — Einen ähnlichen Charakter haben die sog. „protectorats intérieurs" auf Madagaskar; vgl. dazu You S. 248 ff.

[3]) In vielen Fällen ist die Aufrichtung der Herrschaft auf einseitig okkupatorischem Wege nur deshalb eine beschränkte, weil in dem Territorium grundsätzlich die indirekte Aufrichtung der Herrschaft im Wege des Vertrages stattfindet, die aber wegen der persönlichen Herrschgewalt der Stammeshäuptlinge nur die Stammesgenossen, nicht aber die Fremden berührt. Regelmäßig ist die Rechtslage dann zunächst die, daß die Beziehungen zu den Stämmen auf den abgeschlossenen Verträgen beruhen, während die Fremden der französischen Gerichtsbarkeit unterstellt werden. Mit dem Fortschreiten der legislativen Entwicklung vermengt sich aber nach und nach beides, und die legislative Entwicklung stellt sich dann in weitem Umfange zugleich auch als die fortschreitende, einseitig okkupatorische Aufrichtung der Staatsgewalt dar, soweit nämlich die Fremden in Betracht kommen.

Zweiter Abschnitt.

Die völkerrechtliche Gebietshoheit.

I. 1. Zur Beantwortung der Frage, ob Frankreich in seinen Kolonien die völkerrechtliche Gebietshoheit hat, muß zunächst festgestellt werden, unter welchen Bedingungen diese überhaupt erworben wird. Das Völkerrecht unterscheidet hierfür zwischen herrenlosem und staatlichem Gebiet. Während zum Erwerbe staatlichen Gebietes stets gewisse Formen zu beobachten sind, ist zur völkerrechtlichen Gültigkeit des Erwerbes herrenloser Territorien die Ausübung einer gewissen tatsächlichen Herrschaft ausreichend. Darüber aber, welche Territorien nun als Staatsgebiet und welche als herrenlos anzusehen sind, gehen die Meinungen weit auseinander, so daß es zunächst erforderlich ist, über diese Frage Klarheit zu gewinnen.

a) Wie im Zivilrecht diejenigen Sachen herrenlos sind, welche nicht Eigentum eines Rechtssubjektes bilden, so ist auch im Völkerrecht als herrenlos nur das Gebiet anzusehen, welches nicht der Gebietshoheit eines völkerrechtlichen Subjektes unterliegt.

b) Man könnte annehmen, daß das Völkerrecht nur die Mitglieder der völkerrechtlichen Gemeinschaft[1]) als Rechtssubjekte anerkenne, daß nur sie als Träger von Rechten und Pflichten anzusehen seien und daß nur ihnen ein völkerrechtlich anerkanntes Recht an ihrem Territorium zusteht, während als herrenlos jedes Gebiet zu betrachten wäre, das nicht einem der Mitglieder der Völkergemeinschaft angehört. Das wäre, ins Zivilrecht übersetzt, der Standpunkt des ältesten römischen Rechts und überhaupt aller unentwickelten Rechtssysteme, die nur den Rechtsgenossen als Rechtspersönlichkeit anerkennen. Diese Ansicht wird von v. Martitz vertreten, der auf dem Lausanner Kongreß des Institut de droit international im Jahre 1887 als herrenlos alle Territorien bezeichnete, die nicht der Souveränität oder dem Protektorat eines der Glieder

---

[1]) Vgl. über diesen Begriff vor allem v. Holtzendorff S. 11.

der Völkergemeinschaft unterstehen[1]). Dieser Auffassung steht vor allem entgegen, daß eine Reihe von Staaten wie z. B. Siam und Persien zwar nicht der Gemeinschaft der Völker angehören, aber doch in einem beschränkten, hauptsächlich nur von den Gliedern der Völkergenossenschaft gepflegten Verkehr stehen und insofern als Rechtssubjekte des Völkerrechts anerkannt sind, als die mit ihnen geschlossenen Verträge allgemein als rechtsgültig angesehen werden. Die Anerkennung der völkerrechtlichen Rechtspersönlichkeit geht demnach über den Kreis der Glieder der Völkergemeinschaft hinaus. Wo aber ist die Grenze? Wird jedes politische Gemeinwesen, mag es sich um ein Staatswesen oder einen Stamm handeln, das in Berührung mit den Gliedern der Völkergemeinschaft kommt, wie der Mensch, der das Gebiet eines modernen Kulturstaates betritt, ohne weiteres als Rechtspersönlichkeit behandelt? Das ist zu verneinen[2]).

Das Wesen des Völkerrechtes besteht darin, daß es den einzelnen Staaten wechselseitig gewisse Verpflichtungen auferlegt. Diese beziehen sich, abgesehen von den Verpflichtungen, die sich aus der gegenseitigen Anerkennung der Terri-

---

[1]) Vgl. den Bericht und die dem Kongreß vorgeschlagene Begriffsbestimmung des herrenlosen Gebietes in der Revue de droit international XIX, 1887, S. 371 ff.

[2]) Unrichtig deshalb z. B. die von v. Holtzendorff II, S. 256, Anm. 1 angeführten, Heilborn, Protektorat S. 25, v. Stengel S. 8. Diese Ansicht wird zum Teil, so von Despagnet S. 244, Engelhardt a. a O. S. 578 und Salomon S. 210 begründet mit dem Hinweis auf die Reden und Erklärungen der Vertreter der einzelnen Staaten auf der Berliner Kongokonferenz von 1884 und 1885. Nun haben allerdings eine Reihe von Delegierten ihre Sympathien für die Negerstämme in Afrika, zum Teil in beredten Worten, zum Ausdruck gebracht; aber dabei ist es auch geblieben. Denn als der Delegierte der Vereinigten Staaten von Nordamerika, Kasson, anregte, die Gültigkeit der Besitznahme von Gebieten in Afrika sollte in allen Fällen von der Zustimmung der Eingeborenen abhängig gemacht werden, da fand man, daß diese Erklärung zu delikate Fragen berühre, als daß die Konferenz zu ihr Stellung nehmen könnte. Man begnügte sich mit der Aufnahme dieser Erklärung ins Protokoll Eine Darstellung dieser Vorgänge enthält insbesondere Salomon S. 210 ff., v. Martens a. a. O. S. 113ff. und S. 244 ff. Vgl. auch den Bericht des französischen Bevollmächtigten, Engelhardt, über die Arbeiten der Konferenz an den französischen Minister der auswärtigen Angelegenheiten, (abgedruckt bei de Clercq XIV, S. 465), Westlake S. 138ff. und v. Martitz a. a. O. S. 17, Anm. 55.

torialhoheit ergeben, im Zeitalter des Weltverkehrs und der Weltwirtschaft vornehmlich auf die fremden Staatsangehörigen, welche im Inlande ihren Geschäften nachgehen oder hier wenigstens Interessen haben und ohne den Schutz völkerrechtlicher Normen der staatlichen Willkür preis gegeben wären. So erwächst den einzelnen Mitgliedern der völkerrechtlichen Gemeinschaft wechselseitig, und zwar zunächst negativ, der Anspruch auf Unterlassung aller Schädlichkeiten gegenüber ihren Staatsangehörigen, positiv aber ein Anspruch auf Schutz gegenüber Angriffen jeder Art[1]). Es ist nun ein positiver, allgemein anerkannter Satz des Völkerrechts, daß die Staaten ein Recht zur Selbsthilfe haben, wenn von anderen Staaten gegen diese Pflichten verstoßen wird. Verfehlungen dieser Art sind nun am wenigsten von den großen Kulturstaaten zu befürchten, diese mehren sich aber in kleineren Staatswesen, wo entweder eine lockere Organisation besteht, oder wo die geringe sittliche oder kulturelle Entwicklung des Volkes Verstöße gegen die völkerrechtlichen Verpflichtungen leichter eintreten läßt. Es ist nun klar, daß man, auf diesem Wege von den höchststehenden Staaten zu den weniger entwickelten Gemeinschaften hinuntersteigend, einmal zu einer Kategorie von politischen Gemeinschaften kommen wird, wo eine so unentwickelte Organisation, eine so geringe Autorität der Zentralgewalt und so geringe Machtmittel vorhanden sind, daß die großen Kulturstaaten überhaupt nicht aufhören können, unter dem Hinweis auf die Vollmacht jenes völkerrechtlichen Satzes den Schutz ihrer Angehörigen, die in diesen Gemeinwesen sich aufhalten, selbst in die Hand zu nehmen und durchzusetzen[2]).

---

[1]) Diese Verpflichtungen nehmen auf Grund spezieller Abmachungen im einzelnen besondere Formen an; z. B. Schutz des Urheberrechtes, Unterdrückung des Mädchenhandels usw.

[2]) Dieses Recht, den Schutz der eigenen Staatsangehörigen in solchen Gebieten zu übernehmen, bedeutet aber nicht, daß die Staaten dazu auch völkerrechtlich verpflichtet sind. Die Mehrzahl der Staaten verzichtet, insbesondere wegen der finanziellen Belastung des Budgets, auf diesen permanenten Schutz ihrer Angehörigen. Nur Großbritannien, das eine ausgebildete Organisation einer „extraterritorial jurisdiction in barbarous countries" besitzt, nimmt dieses Recht in Anspruch. Vgl. z. B. die Pacific Islanders Protection Act von 1875, in Hall S. 230 ff. Auch das

Zu diesen Gemeinschaften sind vor allem die Stämme zu rechnen, die ihrer ganzen Organisation nach nicht darauf eingerichtet sind, jene völkerrechtlichen Pflichten zu erfüllen, da die Herrschaft des Stammeshäuptlings sich begrifflich nur auf die Angehörigen des Stammes erstreckt. Aber auch da, wo durch Blutsbrüderschaft und andere Mittel, die das Recht dieser Stämme kennt, Fremde der Herrschaftsgewalt und damit dem Schutze des Häuptlings rechtlich unterstellt werden können[1]), ist doch die eingeborene Herrschaft so schwach, daß andere Staaten es nicht einmal unternehmen könnten, in diesen Gebieten eine Konsulargerichtsbarkeit einzurichten und diese dem Schutze der Häuptlinge zu unterstellen. Aus diesem Grunde können auch eingeborene Staatswesen, wo die Herrschaftsgewalt des Königs oder Sultans also territorialen Charakter hat, unter diese Kategorie fallen. Der Schwäche der eingeborenen Herrschaftsgewalt müßte es gleichgeachtet werden, wenn die Kulturentwicklung in einem Staatswesen so gering ist, daß ihm das Verständnis für den internationalen Verkehr und die dabei zu übernehmenden Pflichten völlig abgeht. Die Tatsache einer von der abendländischen verschiedenen Kultur ist freilich nicht entscheidend; falsch wäre es deshalb, lediglich die abendländische Kultur und Gesittung als Maßstab dafür anzulegen, ob ein Gemeinwesen zur Erfüllung der völkerrechtlichen Pflichten imstande ist. Staaten wie Tunis, Annam und Cambodja waren trotz der teilweise bestehenden großen Besonderheiten ihrer Kultur unbedingt als befähigt dazu anzuerkennen. Gleiches gilt aber auch von dem ehemaligen Königreich Dahomey, obwohl hier noch fast bis zuletzt Menschenopfer den Göttern dargebracht wurden[2]).

Solche Gemeinschaften, die zur Erfüllung der Pflichten, welche das Völkerrecht auferlegt, nicht imstande sind, können aber nicht Rechtssubjekte im Sinne des Völkerrechtes sein. Das wäre ein Widerspruch in sich selbst[3]). Rechts-

ehemalige Gebiet der British East Africa Company, das heutige Britisch-Ostafrika, gehörte dazu; dasselbe gilt von den ehemaligen „Nyassa districts“, dem heutigen Britisch-Zentralafrika; vgl. Hall S. 213, Anm. 1.

[1]) Vgl. dazu Post I, S. 448 ff.

[2]) Über die Organisation des Königreiches Dahomey vgl. Foà S. 365.

[3]) Gleichgültig ist, ob etwa äußere Gründe die Aufnahme eines wirklichen Verkehrs hindern. Anderer Ansicht ist z. B. Lawrence S. 59, der aus-

persönlichkeit bedeutet auch im Völkerrecht, Träger von Rechten und Pflichten sein. Eine der grundlegenden Rechte der Subjekte des Völkerrechts ist das Recht auf Unabhängigkeit, auf Integrität; wo aber diese Anerkennung rechtlich negiert ist, wo die Staaten berechtigt sind, diese Integrität dauernd zu verletzen, da wäre die Behauptung eines solchen Rechtes sinnlos. Auf der anderen Seite ist es aber auch unmöglich, solche Gemeinwesen als Träger völkerrechtlicher Pflichten anzusehen. Der Satz: ultra posse nemo tenetur hat auch hier seine Berechtigung. Man kann vernünftigerweise Gemeinschaften keine Pflichten zuerkennen, die zu ihrer Erfüllung gar nicht imstande sind[1]).

---

führt: . . . a civilized and independent community, settled upon a tract of land, may be so small that it would be absurd to clothe it with the rights and obligations given by the law of nations to Sovereign States. Als Beispiel führt er die — heute britische — Insel Pitcairn an; sie ist ein kleines Felseneiland in der Südsee, die von Abkömmlingen der Bounty-Aufrührer, die sich hier im Jahre 1790 niederließen, bewohnt ist und trotz der geringen Zahl der Bewohner und des geringen Umfanges der Insel eine staatliche Gemeinschaft mit entwickelter Organisation bildete. Lawrence will nun dieser den Charakter der völkerrechtlichen Persönlichkeit nicht zuerkennen, weil it is so small, so remote, and so unimportant, that it remains unnoticed by civilized states, except for an occasional visit from one of their ships. Man nehme aber einmal an, daß auf dieser Insel plötzlich Gold- oder Diamantenlager gefunden worden wären. Die Abgeschlossenheit der Insel hätte Ströme von Abenteurern nicht abgehalten, hierher zu eilen, um nach den Schätzen zu graben, und gar bald hätte die Insel eine gewisse Bedeutung gewonnen. Nach der Ansicht von Lawrence müßte man annehmen, daß diese Gemeinschaft durch ihre plötzlich erlangte Bedeutung und ihren tatsächlichen Eintritt in den Weltverkehr zur völkerrechtlichen Persönlichkeit geworden wäre.

[1]) Auch in der Literatur wird anerkannt, daß die Fähigkeit, die Pflichten des völkerrechtlichen Verkehres zu erfüllen, ein notwendiges Merkmal für den Begriff des völkerrechtlichen Subjektes ist, ohne daraus aber die Folgerungen zu ziehen. Vgl. v. Holtzendorff II, S. 24: Entscheidend ist (scl. für den Begriff des völkerrechtlichen Subjektes) die vollendete Tatsache eines in sich selbst vollkommen begründeten Staatswesens, dessen in den Völkerverkehr tatsächlich eintretende Regierungsorgane gewillt und befähigt sind, den bereits bestehenden Rechtspflichten der internationalen Gemeinschaft zu genügen. Ähnlich Heilborn, Protektorat, S. 8ff. und Phillimore I, S. 82 und, etwas weniger klar, Lawrence S. 60. Im Resultat ähnlich wie im Text: Westlake S. 141, der „Government“ als das essentielle Merkmal des völkerrechtlichen Subjektes bezeichnet.

Nur ein kleiner Teil der politischen Gemeinschaften, die Frankreich bei der kolonialen Expansion vorfand, fallen unter diesen Begriff des völkerrechtsfähigen Staates; nur ihr Territorium gilt völkerrechtlich als Staatsgebiet, alle anderen Territorien sind demnach als herrenlos anzusehen [1]).

2. a. Der Erwerb von Staatsgebiet ist nun grundsätzlich an gewisse Formen gebunden, die erfüllt werden müssen, damit der Erwerb als rechtmäßiger angesehen werden kann.

Eine dieser Formen ist der Zessionsvertrag: er ist dasjenige Rechtsgeschäft, durch welches ein Staat die Gebietshoheit über einen Teil seines Gebietes auf einen anderen überträgt. Auf diesem Titel beruht heute der Besitz von Cochinchina, der Inseln St. Barthélemy und Los [2]).

Nach manchen Verträgen kann es aber zweifelhaft sein, ob wirklich die Abtretung der Gebietshoheit über ein Territorium oder lediglich geringere Rechte, wie insbesondere privatrechtliche Befugnisse, übertragen wurden. Das gilt insbesondere für die Territorien, die dem französischen Staat zur „Pacht" überlassen worden sind. Kein Zweifel über die Natur des völkerrechtlichen Geschäftes kann bestehen bezüglich des Vertrages vom 14. Juni 1896 mit Großbritannien, auf dem der Besitz der beiden Enklaven in Nigeria beruht. Es handelt sich um nichts anderes als eine wirkliche Pacht im privatrechtlichen Sinne, und zwar in Form der englischen lease. Alle die Kautelen, die sich Großbritannien vorbehielt, sollten lediglich verhüten, das Pachtrecht nicht allmählich in eine Gebietshoheit auswachsen zu lassen. Dementsprechend ist denn auch dem Generalgouverneur von Westafrika durch das Dekret vom 30. Juni 1903 für diese Gebiete nur die Befugnis der Geschäftsführung (gestion) und der Verwertung

[1]) Welche Territorien nun im einzelnen der einen und der anderen Kategorie angehören, kann hier nicht näher erörtert werden; auch für das folgende können nur die Grundsätze festgestellt werden.

[2]) Allerdings beruht auch der Besitz der Kolonien des ancien régime, wie Antillen, Reunion, Indien usw., juristisch auf einem Vertrage, nämlich dem Pariser Friedensvertrage von 1814, die damals Frankreich von seinen verschiedenen Gegnern zurückgegeben wurden. Aber hier hatte es sich nur um eine kriegerische Besetzung gehandelt, so daß von einer echten Zession dieser Kolonien keine Rede sein konnte.

übertragen worden. Den nämlichen Charakter hat auch das Abkommen vom 23. März 1907 zwischen der französischen Regierung und Siam, das Frankreich eine Reihe von Gebieten auf dem rechten Ufer des Mekong zur Pacht überließ; auch hier unterliegt es keinem Zweifel, daß es sich lediglich um ein privatrechtliches Pachtgeschäft, gleichfalls in dem Gewande der lease, handelt, wenn Siam auch nicht die gleichen Garantien wie Großbritannien zugestanden wurden.

Anders verhält es sich mit Kouang-tscheou-ouan, das durch das Abkommen vom 9./10. April 1898 von China für 99 Jahre der Französischen Republik verpachtet wurde. Die Verschiedenheit des Inhalts dieses Vertrages mit den mit Großbritannien und Siam abgeschlossenen Verträgen fällt sogleich auf. Während die Benutzung dieser Territorien ausdrücklich auf Handelszwecke beschränkt wird, so daß insbesondere auch die Gesetzgebung bzw. die Gerichtsbarkeit des verpachteten Staates ausdrücklich in Kraft bleibt, ist davon in dem Vertrage mit China keine Rede. Zwar wird auch hier als Zweck der Verpachtung die Anlage einer französischen Kohlen- und Flottenstation bezeichnet. Es ist aber stillschweigend vorausgesetzt, daß die gesamte Staatsgewalt auf die Französische Republik übergehen soll, ohne daß sich China die formelle Souveränität über Kouang-tscheou-ouan vorbehalten oder daß Frankreich gewisse Verpflichtungen bezüglich dieses Gebietes oder seiner Bewohner übernommen hätte[1]). Es handelt sich hier lediglich um ein verschleiertes Abtretungsgeschäft, das nur aus Rücksicht für die chinesische Eitelkeit nicht ausdrücklich als Zession bezeichnet wurde.

Der Zession als Erwerbstitel für Teile eines fremden Staatsgebietes entspricht die einseitige Unterwerfungserklärung eines Staates als Titel für den Erwerb eines ganzen staatlichen Territoriums. Auf diese Weise wurde Tahiti durch die Deklaration des Königs Pomare V. vom 29. Juni 1880 erworben, desgleichen das Gebiet des Hova-

[1]) Im Gegensatz dazu betont der Vertrag vom 6. März 1898 zwischen dem Deutschen Reiche und China bez. der Verpachtung Kiautschous die Fortdauer der Souveränität Chinas weit mehr (vgl. den Vertrag bei Zorn, Kolonialgesetzgebung, S. 48).

staates auf Madagaskar auf Grund der Unterwerfungserklärung der Königin vom 18. Januar 1896.

Die Mehrzahl der völkerrechtssfähigen Staatswesen sind bei der kolonialen Expansion aber nicht durch eine ausdrückliche Unterwerfungserklärung einverleibt, sondern allmählich auf Grund eines Protektoratsvertrages und der darauf folgenden legislativen Entwicklung aufgesogen worden. Da der Protektoratsvertrag selbst die Rechtspersönlichkeit des Unterstaates in ihrem Wesen nicht berührt, so ist die Unterwerfung dieser Staatswesen lediglich das Werk der legislativen Entwicklung; diesen Prozeß als eine „stillschweigend" erklärte Unterwerfungserklärung aufzufassen, ist nicht möglich, da von freiwilliger Unterwerfung aller dieser Staatswesen ernsthaft keine Rede sein kann. Trotzdem ist es die Praxis, nicht nur Frankreichs, sondern aller kolonisierenden Staaten, durch Aufrichtung eines solchen Protektorates sich allmählich zum Herrn des Landes zu machen. Aus dieser allgemeinen Praxis, der auch in der Literatur kein Widerstand entgegengesetzt wird, insofern überwiegend anerkannt wird, daß das Protektoratsverhältnis überhaupt keine selbständige Bedeutung habe, sondern lediglich dazu diene, entweder die völlige Unterwerfung oder die volle Selbständigkeit eines Staates vorzubereiten[1]), geht ohne weiteres hervor, daß es sich dabei nicht um ein völkerrechtswidriges Verhalten handeln kann. Andererseits widerspricht diese Art der allmählichen Unterwerfung unbedingt dem absoluten Rechtsprinzip des Völkerrechtes, daß alle Staaten ein Recht auf Unabhängigkeit haben und rechtsgültig nur durch freiwillige Unterwerfung zum Bestandteil eines anderen Staates werden können. Da also dieses Verfahren weder rechtsgültig noch rechtswidrig ist, so bleibt nichts anderes übrig als anzunehmen, daß es sich hierbei um eine Lücke des Völkerrechts handelt, die infolge des großen Interesses, das die Staaten an dieser bequemen Form der Erweiterung ihres Gebietes haben, vorläufig kaum ausgefüllt werden wird. Das Völkerrecht ist bei dieser Art des Erwerbes fremden Staatsgebietes nur insoweit beteiligt, als es das Ergebnis dieses allmählichen Unterwerfungs-

---

[1]) Vgl. z. B. Despagnet S. 403; a. M. Heilborn, Protektorat, S. 34 ff.

prozesses in derselben Weise wie die kriegerische Eroberung stillschweigend anerkennt. Da nun der französische Staat, wie unten noch näher auseinanderzusetzen sein wird, in Annam und Cambodja, dagegen nicht in Tunis die Gebietshoheit tatsächlich aufgerichtet hat, so ist damit auch völkerrechtlich die Gebietshoheit Frankreichs insoweit anerkannt[1][2].

b. In den meisten Fällen handelte es sich bei der Aufrichtung des französischen Kolonialreiches um herrenlose Gebiete. In diesen wurde die völkerrechtliche Gebietshoheit zunächst auf Grund eines Protektoratsvertrages mit den eingeborenen Stämmen und Staaten erworben. Das bedarf eines näheren Nachweises.

Der Erwerbstitel des Protektoratsvertrages hat sich aus der Praxis der Kolonialstaaten bei dem Erwerbe überseeischer Besitzungen im Laufe des 19. Jahrhunderts allmählich entwickelt. Obwohl nach den allgemeinen Regeln des Völkerrechtes ursprünglich solche Territorien durch einfache Besitznahme erworben wurden, ist nämlich fast regelmäßig die Herrschaft, wie die obige Darstellung der Aufrichtung der französischen Souveränität ergab, durch Abschluß von Verträgen eingeführt und vorbereitet worden. Diese Verträge waren, da sie mit politischen Gemeinschaften eingegangen wurden, die nicht Subjekte des Völkerrechtes waren, unwirksam, wenn auch Frankreich moralisch zu ihrer Erfüllung verpflichtet war. Daß trotzdem diese Verträge abgeschlossen wurden, hatte zunächst in der einfachen Erwägung seinen Grund, daß friedliche Verständigung stets besser wie Gewalt ist[3]; insofern kann man sie als die Besitzergreifung unterstützende Tatsachen bezeichnen[4]. Dann kam man durch den Abschluß von Verträgen aber auch den Forderungen der Völkermoral entgegen, der die Anschauung von der Rechtlosigkeit der schwarzen Stämme unerträglich war. Der

---

[1]) Ausnahmsweise ist also in diesem Falle die Beantwortung der völkerrechtlichen Gebietshoheit von der Frage nach der staatsrechtlichen Gebietshoheit abhängig.

[2]) Die Souveränitätsrechte, welche China über Annam und die Türkei über Tunis bei der Aufrichtung des französischen Protektorates geltend machte, verloren durch den Verzicht Chinas und der Türkei auf ihre Ansprüche jede Bedeutung. Vgl. darüber Despagnet S. 188 ff. und 200 ff.

[3]) Vgl. dazu Westlake S. 143.

[4]) v. Stengel, angef. bei v. Poser und Groß-Nädlitz S. 8.

Hauptgrund war aber, daß der Abschluß eines Vertrages, vor allem in der Form der Unterwerfung oder einer Gebietsabtretung von seiten der eingeborenen Gewalthaber oder der Übernahme des Schutzes von seiten Frankreichs, einen, wenn auch nur tatsächlich wirkenden Titel auf ein Gebiet verlieh, und in der Praxis der Staaten regelmäßig als andere Staaten von diesem Territorium ausschließend angesehen wurde, sei es, weil Verträge mit diesen politischen Gemeinschaften fälschlich als rechtsgültig angesehen wurden, sei es, weil die Rücksicht auf die im internationalen Verkehr geschuldete gegenseitige Achtung oder die in dieser Gestalt wieder lebendig gewordene Vorstellung von dem uraltem Titel der ersten Entdeckung[1]) wirksam waren. War aber der Abschluß eines Vertrages einmal, wenn auch nur tatsächlich, imstande, andere Staaten von einem bestimmten Territorium auszuschließen, so konnte durch den Abschluß von Verträgen die Belastung des Budgets für die koloniale Expansion bedeutend vermindert werden: da in vielen Fällen lediglich die Ausschließung anderer Staaten bezweckt war, wurde eine tatsächliche Besitzergreifung unnötig.

Unter den Verträgen, welche mit den Eingeborenen abgeschlossen wurden, schien der Protektoratsvertrag besonders beliebt zu sein. Das ist recht verständlich, da keine andere Vertragsform, wenn man Verträge überhaupt als wirksam ansah, dem Zweck, dem er zu dienen bestimmt war, so zu entsprechen schien. Nach den Lehren der Theorie verliert durch den Abschluß eines Protektoratsvertrages der Staat, der sich unter den Schutz eines anderen begibt, seine Vertragsfähigkeit, oder er bedarf doch wenigstens zum ferneren Abschluß von Verträgen der Zustimmung des Oberstaates. Damit schien aber alles, was man für den Augenblick wollte, erreicht. Denn durch den Verlust der Vertragsfähigkeit war allen anderen Staaten die Möglichkeit genommen, in vertragliche Beziehungen mit diesem Stamme zu treten; und gegen eine gewaltsame Eroberung schützte der Oberstaat auf Grund seines Schutzversprechens selbst. Der Staat hatte damit ein ausschließliches Recht auf dieses Land allen anderen Staaten gegenüber erlangt; in jedem Augenblick konnte er es nach

[1]) Vgl. dazu Westlake S. 155 ff.

Belieben seinem Reiche einverleiben, ohne daß die anderen Staaten berechtigt waren, bis dahin die Entfaltung irgend welcher Machtmittel zu verlangen. So entstand allmählich, mit rückwirkender Kraft, die Rechtsüberzeugung von der Fähigkeit des Protektoratsvertrages, den Erwerb der völkerrechtlichen Gebietshoheit zu bewirken. Auf der Berliner Kongokonferenz erhielt dieser neue Erwerbstitel seine Bestätigung[1]. Neben dem Abschluß eines Protektoratsvertrages ist jedoch Notifikation desselben an die Signatarmächte erforderlich[2][3]. Einer tatsächlichen Besitznahme bedarf es nicht[4].

Soweit ein Protektoratsvertrag mit den eingeborenen Gewalthabern nicht abgeschlossen ist, wurde die völkerrechtliche Gebietshoheit nur durch die tatsächliche Inbesitznahme aufgerichtet. Hierfür genügt schon die Entfaltung einer beliebigen Art der Beherrschung, wenn nur der Wille klar zum Ausdruck kommt, daß die Gebietshoheit aufgerichtet werden soll. Die Erfordernisse, die an das Maß der Herrschaft gestellt werden, sind recht gering. Es wird schon als ausreichend angesehen, wenn eine militärische Bedeckung bei der aufgepflanzten Flagge zurückbleibt. Wo freilich auch dieses Minimum einer staatlichen Herrschaft nicht vorhanden ist, kann von einer völkerrechtlichen Gebietshoheit keine Rede sein; die Inseln Amsterdam und Kerguelen im Indischen Ozean, wo

---

[1]) Art. 34 und 35 der Konferenzakte

[2]) Die Art. 34 und 35 sollten nur für die afrikanische Küste in Geltung treten. Doch muß man nach den Ausführungen im Text annehmen, daß der Abschluß eines Protektoratsvertrages auch darüber hinaus den Erwerb der Gebietshoheit vermittelt.

[3]) Als völkerrechtliches Erwerbsmittel der Gebietshoheit ist der Abschluß eines Protektoratsvertrages auch von Rivier S. 106 ff. und Heimburger S. 26 anerkannt, der mit Recht den technischen Wert dieses neuen Erwerbsmittels niedrig einschätzt. Vgl. auch Despagnet S. 221 ff., Ullmann S. 105 ff., Heilborn, Völkerrecht, S. 1017.

[4]) A. A. Despagnet S. 229, der für die Gültigkeit des Protektoratsvertrages une prise de possession suffisante sous la forme d'établissement de l'autorité verlangt. Seine Ansicht entspringt dem Bestreben, dem Wortlaute der Art. 34 und 35 der Akte, die auf der Konferenz durch das gemeinsame Vorgehen Großbritaniens und des Deutschen Reiches unter dem Widerstreben Frankreichs ihre Fassung erhalten hatten, eine dem ursprünglichen Standpunkt Frankreichs entsprechende Interpretation zu geben.

man sich mit einer bloßen Flaggenhissung begnügt hat, sind völkerrechtlich demnach nicht französisches Territorium.

II. Einer besonderen Betrachtung bedürfen die Verträge, durch die Frankreich mit anderen Mächten die gegenseitigen Interessensphären abgrenzte. Während die Zessionsverträge die Abtretung eines bestimmten Gebietes zum Gegenstande haben, das schon unter der Staatsgewalt eines anderen Staates stand, enthalten die Verträge über die Abgrenzung von Interessensphären nur den Verzicht des einen Kontrahenten auf Erweiterung seiner Territorialhoheit auf ein bestimmtes Gebiet zugunsten seines Vertragsgegners. Diese Verträge haben also lediglich den Charakter eines völkerrechtlichen Obligationsgeschäftes, das nur die Kontrahenten verpflichtet, für dritte Unbeteiligte dagegen nicht verbindlich ist. Die anderen Staaten sind rechtlich durch solche Verträge durchaus nicht gehindert, ihrerseits in fremden Intereressensphären die Gebietshoheit aufzurichten[1]).

Wenn demnach der Vertrag über die Abgrenzung von Interessensphären an sich auch kein völkerrechtlicher Erwerbsgrund ist, so könnte doch die Gebietshoheit auf Grund einer nachträglichen Anerkennung durch sämtliche Glieder der Völkergemeinschaft etwa durch Notifikation des Vertrages erworben werden. Eine solche Notifikation ist aber in Frankreich nicht üblich.

Der französische Staat hat also die völkerrechtliche Gebietshoheit in seinen Interessensphären noch nicht. Das gilt auch dann, wenn eine Interessensphäre bereits Bestandteil einer Kolonie ist. Die Gebietshoheit muß vielmehr hier nach allgemeinen Grundsätzen erworben werden[2]).

---

[1]) Ebenso: Laband II, S 270 ff, v. Stengel S. 4 ff, v Poser und Groß-Nädlitz S 39 ff, Gareis S 3 ff, Hauschild S. 24, Jenkyns S. 1, Ilbert S. 431, Anmerkung 1, Hall S 228 ff. Westlake S. 187 ff.; Zorn, Staatsrecht I, S. 566 ff vertritt den Standpunkt, daß auch die Interessensphäre bereits der Souveränität des Staates unterworfen sei Ihm schließt sich an Florack S 7 ff. mit etwas anderer Begründung.

[2]) Obgleich die Interessensphären in keiner dinglichen Beziehung zu dem Staate stehen, sind sie bisweilen in der diplomatischen Praxis behandelt worden, als wenn sie bereits Staatsgebiet wären So verpachtete Großbritannien durch die Vereinbarung vom 12. Mai 1894 an den Kongostaat ein Territorium, das durch einen Vertrag mit dem Deutschen Reich

Dritter Abschnitt.

Die staatsrechtliche Gebietshoheit.

I. Nach den Ausführungen der Einleitung zu diesem Kapitel untersteht ein Territorium staatsrechtlich der Gebietshoheit eines Staates, wenn dieser hier eine gewisse vollkommene Herrschaft ausübt. Diese Herrschaft ist aber, obwohl sie an sich lediglich tatsächlicher Natur ist, doch an gewisse Rechtsformen gebunden, die beobachtet werden müssen. Welches diese Formen sind, lehrt das allgemeine französische Staatsrecht; an dieser Stelle kann nicht auf sie eingegangen werden. Nur eine Besonderheit muß hier im Interesse der Klarheit der folgenden Ausführungen des näheren erörtert werden: sie betrifft die staatsrechtliche Gültigkeit der legislativen Entwicklung auf Grund der mit den Eingeborenen abgeschlossenen Verträge.

Durch einen Vertrag[1]) verpflichtet sich der Staat zu einer bestimmten Leistung, mag diese nun in positivem Handeln oder Unterlassen oder in der Anerkennung einer Rechtswirkung bestehen. Nach französischem Recht hängt die Gültigkeit des Vertrages von der Ratifikation ab, die nach Art. 8 Abs. 1 des Verfassungsgesetzes vom 16./18. Juli 1875 dem Präsidenten der Republik obliegt. Die Wirkung des so geschlossenen Vertrages ist aber nur völkerrechtlicher Natur, d. h.

---

und Italien als Interessensphäre bezeichnet worden war Mit Recht hätten Italien und das Reich gegen diese Pacht (lease) Widerspruch erheben können, denn alles was England auf Grund jenes Vertrages mit Deutschland und Italien an Rechten bezüglich dieses Gebietes besaß, war ein persönlicher Anspruch gegen die beiden Mächte auf Enthaltung in diesen Territorien; eine „Verpachtung" dieses Anspruches an den Kongostaat war aber unzulässig, denn er hat den Charakter einer höchstpersönlichen Forderung, die nicht ohne weiteres übertragen werden kann, ein Staat A, der zugunsten des Staates B die Verpflichtung völliger Enthaltung jeder staatlichen Tätigkeit auf einem bestimmten Gebiete übernommen hat, kann nicht gezwungen werden, nun auf dem Umwege einer Pacht den Staat C zum Nachbarn zu erhalten, der ihm weit weniger angenehm ist. Vgl. Westlake S. 188 ff.

[1]) Vgl. über die juristische Natur des Staatsvertrages vor allem Laband II, S. 114 ff.

der Staat als völkerrechtliches Subjekt verpflichtet sich, den damit übernommenen Verpflichtungen zu entsprechen; jedoch sind dem Staate gegenüber daraus weder die einzelnen Organe, noch seine Angehörigen zum Gehorsam verpflichtet. Der Befehl an Behörden und Untertanen ergeht erst durch die Umsetzung jener völkerrechtlichen Verpflichtung in eine staatsrechtliche Norm, indem der Staat in einer Rechtsvorschrift erklärt, sich den Abmachungen des Vertrages entsprechend verhalten zu wollen, wodurch Organe und Staatsangehörige angewiesen werden, sich nach den Anweisungen des Vertrages zu richten[1]). Für das Staatsrecht kommt demnach allein die umgesetzte Vertragsbestimmung in Betracht. Erst hierdurch entsteht eine staatsrechtliche Norm. Daraus ergibt sich zugleich die bedeutsame Folgerung, daß es gleichgültig ist, ob der Vertrag an sich wirksam war oder nicht, ob er mit einem nicht völkerrechtsfähigen Negerstamm oder mit einer Großmacht abgeschlossen wurde. Staatsrechtlich ist ihre Qualität die gleiche.

Als staatsrechtliche Form der umgesetzten und staatsrechtlich wirksam gewordenen Vertragsbestimmung kommt also allein diejenige Form staatlicher Willensäußerung in Betracht, in der die Umsetzung erfolgt ist. Nach französischem Staatsrecht erfolgt sie durch Dekret. Durch Dekret also, nicht aber etwa im Wege eines arrêté des Gouverneurs kann die legislative Weiterentwicklung einer auf vertraglicher Grundlage beruhenden Beziehung zwischen Frankreich und einem eingeborenen Gewalthaber erfolgen. Wenn z. B. auf Grund des Vertrages von 1892 dem Sultan der Großen-Comore die gesetzgebende Gewalt belassen wurde, in Wirklichkeit aber die Gesetzgebung allmählich in die Hände des Präsidenten der Republik dadurch überging, daß dieser einfach durch Dekrete die erforderlichen Vorschriften erließ, so sind diese Rechtsnormen, obgleich sie dem Vertrage widersprechen, gültig, weil

---

[1]) Vgl. Esmein S. 579 und Pierre S. 494; die Notwendigkeit, die Bestimmungen der Staatsverträge zu ihrer staatsrechtlichen Gültigkeit noch besonders umzusetzen, ergibt sich für diese Schriftsteller daraus, daß jede Rechtsnorm, um verbindlich zu sein, publiziert werden muß.

sie in einer der Umsetzungsform des Vertrages ebenbürtigen Form ergingen.

Nach dem Art. 8 des Verfassungsgesetzes vom 16./18. Juli 1875 werden aber gewisse Verträge erst gültig, wenn sie durch die Kammern in der Form eines Gesetzes genehmigt worden sind. Dadurch wird das Parlament jedoch lediglich an dem völkerrechtlichen Abschluß des Vertrages beteiligt, an der Umsetzung in die staatsrechtlich gültige Norm erhält es dagegen keinen Anteil[1]. An sich hätte deshalb auch in diesem Falle die umgesetzte Norm nur die Wirkung eines Dekretes, nicht die eines Gesetzes, wenn auch ein Gesetz bei der Entstehung, wenigstens mittelbar, im Spiele ist. Trotzdem muß man annehmen, daß das Parlament dem Sinne jener Verfassungsbestimmung nach auch bei der legislativen Entwicklung auf Grund einer unter seiner Mitwirkung zustande gekommenen Verpflichtung beteiligt sein muß, da das Parlament, wenn es dem Abschlusse eines Vertrages seine Zustimmung erteilt hat, damit den Willen kundgibt, daß die staatlichen Organe nunmehr den Vertragspflichten entsprechend die getroffenen Vereinbarungen auch erfüllen[2]. Die legislative Entwicklung solcher Verträge hätte also im Wege des Gesetzes zu erfolgen.

In vielen Fällen sind aber die Bestimmungen, die im Laufe der legislativen Entwicklung ergehen, nichts anderes wie Ausführungsbestimmungen des abgeschlossenen Vertrages. Beim Abschluß dieser Verträge wird naturgemäß mit einer weiteren Entwicklung gerechnet, so daß jene absichtlich in einer unbestimmten Form abgefaßt sind, um die legislative Entwicklung aus den Abmachungen des Vertrages rechtfertigen zu können. Wenn nun das Gesetz, welches den Abschluß des Vertrages genehmigt, dem Präsidenten der Republik die Ausführung des Vertrages durch Dekret überträgt, so liegt in dieser Delegation zugleich die Befugnis, Vorschriften zu erlassen, die sich als Weiterbildung der vertraglichen Ab-

---

[1]) Das ergibt sich ohne weiteres aus der Fassung des Art. 8 des Verfassungsgesetzes vom 16./18. Juli 1875. Dem entspricht auch die Praxis; vgl. die Formel des Promulgationsdekretes für den Fall, daß das Parlament bei dem Zustandekommen des Vertrages beteiligt ist, bei Pierre S. 495, Anm. 1. Gleicher Ansicht Pierre S. 494 sowie Lebon S. 46.

[2]) Die französische Literatur schweigt darüber.

machungen darstellen[1]). Wenn z. B. der Präsident der Republik dem Residenten in Tunis in dem Dekrete vom 4. Oktober 1884 die Vollmacht „delegiert“, die gesetzgeberischen Akte des Bey gegenzuzeichnen, so lag darin die Anmaßung einer Befugnis, die in dem Vertrage von Marsa zunächst keine Stütze fand, die aber als Konsequenz des französischen Protektorates als Ausführungsbestimmung des Vertrages betrachtet werden konnte[2]).

II. 1. Seit den Untersuchungen Gerbers über das Wesen der Staatsgewalt[3]) gilt für die überwiegende Meinung in der Literatur die Herrschaft als ein wesentliches Merkmal des Staates. Indem nun das Staatsgebiet „Schauplatz dieser Herrschaft“[3a]) ist, wächst damit zugleich auch dem Begriff des Staatsgebietes selbst das Merkmal der Ausübung herrschaftlicher Tätigkeit an: kein Territorium kann auf die Bezeichnung „Staatsgebiet“ Anspruch machen, wo eine Herrschaftsausübung nicht stattfindet[4]).

2. a. Herrschen ist befehlen; befehlen kann man aber nur über Menschen[5]); Herrschaft über ein Gebiet als solches ist un-

---

[1]) Vgl. die Eingangsworte des Dekretes: Considérant que l'art. 1 de la convention (de Marsa) donne au Gouvernement français la faculté de provoquer dans la Régence les réformes administratives nécessaires pour la bonne organisation du pays. Vgl. dazu oben S. 27 (der Inhalt des Vertrages).

[2]) Wenn dagegen der durch Gesetz ratifizierte Vertrag die Kompetenzen der französischen Regierung bestimmt umschreibt, so ist die legislative Entwicklung nur in der Form eines Gesetzes möglich. Eine gewisse Bedeutung hat dies in Indochina erlangt, wo die Gültigkeit der vom Generalgouverneur erlassenen Steuern und Abgaben in Annam, Tonkin und Cambodja aus diesem Grunde recht zweifelhaft sein kann, da jener die Ermächtigung hierzu nicht auf ein Gesetz stützen könnte. Vgl. hierzu de Lavigne-Sainte-Suzanne a. a. O., der allerdings anderer Ansicht ist.

[3]) A. a. O. S. 2ff. [3a]) Zitelmann I, S. 91.

[4]) Schon aus diesem Grunde ist das Territorium der beiden französischen Enklaven in Nigeria nicht französisches Staatsgebiet, weil jede Herrschaftsausübung fehlt. Das gleiche gilt von Laos in der ersten Zeit nach dem Vertrage vom 3. Oktober 1893, wo die französische Regierung sich mit staatlichen Handelsagenturen, „simples agents d'information“, wie de Reinach S. 271 ff. ihre Stellung kennzeichnet, in den Hauptorten des Landes, wie Luang-Prabang, Outhene und Bassac begnügte.

[5]) Jellinek, Staatslehre, S. 386.

möglich[1]), sie ist notwendig an das Vorhandensein menschlicher Wesen geknüpft. Doch ist damit nicht gesagt, daß ein unbewohntes Land überhaupt nicht Staatsgebiet sein könnte. Voraussetzung ist nur, daß auf Grund der Verwaltungsorganisation eine, wenn auch nur latent wirkende Staatsgewalt besteht, die sogleich ihre Funktionen beginnt, wenn Menschen das Territorium betreten. Eine solche latente Herrschaft ist dann bereits vorhanden, wenn das Gebiet Bestandteil eines Verwaltungsbezirkes ist, mögen sich auch auf dem Gebiete selbst keine Herrschaftsanstalten befinden. Die Inseln Kerguelen und Amsterdam im Indischen Ozean z. B. gehören deshalb nicht zum Staatsgebiet, da sie von jeder Organisation der benachbarten französischen Kolonien ausgeschlossen sind[2]).

Die Herrschaft wäre aber hohl und wesenlos, wenn diejenigen, an die der Befehl gerichtet ist, ihm nicht Folge leisten würden; dem Herrschenden muß also ein Gehorchender gegenüberstehen. Dieses Herrschaftsverhältnis wird aber nicht durch jeden Ungehorsam des Unterworfenen aufgehoben; notwendig ist jedoch, daß gewisse Garantien vorhanden sind, auf daß der Befehl des Herrschenden durchgesetzt werden kann, wenn der Unterworfene versuchen sollte, sich ihm zu entziehen. Zu diesen Garantien gehört vor allem der Zwang, der zur Durchsetzung des Gebotenen eintritt. Wenn daher in einer Kolonie eine Polizeiverordnung erlassen wird, wonach die Eingeborenen keine Feuerwaffen tragen dürfen oder zu Abgaben verpflichtet werden, so kann von einer herrschenden Tätigkeit nur dort die Rede sein, wo diese

---

[1]) Das ist wenigstens die überwiegende Meinung heute: vgl. die Literatur bei Laband I, S. 174, Anm. 3.

[2]) Eine privatrechtliche Benutzung des Grund und Bodens, mag sie z B. auch in der Anlegung von Forts bestehen, genügt dagegen nicht; so auch Jellinek Staatslehre S. 388, Anm. 2. Für den Fall, daß diese eine Besatzung erhalten, vgl. unten S. 66, Anm 1 Eine Reihe von Schriftstellern nehmen zum Beweise der Theorie vom Gebiet als Objekt eines staatsrechtlichen Sachenrechtes absolut die Möglichkeit einer Gebietshoheit an unbewohnten Territorien an, in welchen Fällen dies möglich sei, wird jedoch nicht erörtert. Vgl. z. B Laband I, S. 173; Zitelmann I, S. 92; Heimburger S 26 ff

Vorschriften auch wirklich befolgt und eventuell durchgesetzt werden[1]).

Der Begriff der staatlichen Herrschaft setzt aber weiter voraus, daß die Befehlstätigkeit eine kontinuierliche sei. Es genügt nicht, daß hier und da eine befehlende Tätigkeit ausgeübt wird, die sich nur stoßweise, in einzelnen Zwischenräumen äußert, ohne daß alle diese einzelnen Aktionen eine innere Einheit bilden. Wenn gelegentlich ein Stamm im Hinterlande einer Kolonie zur Leistung von Steuern herangezogen wird, oder wenn der Administrator auf seinen periodischen Rundreisen bei dem Besuche entlegener Stämme die Gerichtsbarkeit während seiner Anwesenheit ausübt, so hat eine solche gelegentliche Tätigkeit nicht den Charakter staatlicher Herrschaft.

Nicht notwendig ist es aber für den Begriff der Gebietshoheit, daß sämtliche Herrschaftsäußerungen von dem Herrschenden selbst ausgehen. Es widerspricht nicht dem Wesen des Herrschaftsverhältnisses. wenn er anderen Gewalten, sei es nun, daß sie in dem Territorium selbst oder außerhalb ihren Sitz haben, gewisse Befugnisse der Ausübung nach überläßt Das Herrschaftsverhältnis wird dadurch nicht berührt. Denn indem die Unterworfenen den Anordnungen solcher beliehenen Herrschaftsträger folgen, erfüllen sie damit in letzter Linie nur den Willen des Herrschenden, der durch jene repräsentiert wird.

b. Zum Begriff der Gebietshoheit gehört nun, daß diese Herrschaft territorialen Charakter hat. Das bedeutet p o s i t i v, daß sie sich gegenüber allen Bewohnern eines Territoriums, entweder unmittelbar oder wenigstens mittelbar durch das Medium beliehener Herrschaftsträger, betätigt. Sie unterscheidet

[1]) So wird z. B die Kopfsteuer in den Kongobesitzungen, die auf Grund des arrêté vom 11. Dezember 1902 für den gesamten Umfang der Kolonie eingeführt wurde, regelmäßig nur in nächster Nähe der französischen Posten erhoben; vgl. darüber Dislère I, S. 808. — In gleicher Weise gelten die Ausführungen des Textes natürlich z. B. auch für das Hinterland von Guyana oder der afrikanischen Kolonien, soweit hier der herrenlose Grund und Boden zu staatlicher Domäne erklärt wurde, oder soweit das Hinterland einem Jurisdiktionsbezirk angehört, ohne daß jedoch Einrichtungen zum Schutze der Staatsdomäne gegen unberechtigte Besitznahme vorhanden wären oder eine Jurisdiktion, wegen der weiten Entfernung vom Sitze des Gerichtes, tatsächlich stattfände.

sich dadurch einerseits von der Stammesherrschaft, die nur bezüglich der Angehörigen des Stammes in die Erscheinung tritt[1]); andererseits von dem staatenstaatlichen Herrschaftsverhältnis, bei dem der Herrschende lediglich einem anderen, selbständigen Herrschaftsträger Befehle bezüglich der Ausübung der diesem zustehenden Herrschaft erteilt[2]).

Zum Charakter der Gebietshoheit gehört negativ, daß sie grundsätzlich keine andere, von ihr unabhängige Herrschgewalt neben sich duldet. Soweit neben dem Inhaber der Gebietshoheit noch andere Herrschaftsträger vorhanden sind, können sie nur den Charakter beliehener Herrschaftsträger haben.

Die häufigsten Formen, in denen solche überlassene Herrschgewalt in die Erscheinung tritt, sind, soweit es sich um auswärtige Mächte handelt, die Konsularbefugnisse, soweit niedere Gewalten innerhalb des Territoriums selbst in Frage kommen, die Selbstverwaltung und die Autonomie[3]).

Ob es im einzelnen Falle entliehene[4]) oder eigene Herrschgewalt ist, die in den Kolonien von den besonderen Herrschaftsträgern neben den Organen des französischen Staates ausgeübt wird, ergibt sich auf Grund der tatsächlichen Verteilung des imperiums zwischen beiden aus der Willensrichtung Frank-

[1]) Aus diesem Grunde können auch die Forts und Stationen, die im Inneren der Kolonien zum Schutze des Handels gegen die Angriffe der noch nicht unterworfenen Stämme angelegt sind, nicht als Staatsgebiet betrachtet werden Denn die Herrschaft, die hier wirksam ist, beschränkt sich auf die französische Besatzung Fremde unterliegen also grundsätzlich der Militärstrafgerichtsbarkeit, die für die Militärpersonen hier besteht, nicht. Allerdings erkennt die Praxis von diesem Grundsatze gewisse Ausnahmen an; vgl die Entsch. des Kassationshofes vom 24 August 1865 (Sirey 1865, I, S 466).

[2]) Vgl. dazu Jellinek, Staatenverbindungen S. 137ff

[3]) Allerdings können auch die Inhaber der Selbstverwaltung und der Autonomie selbständige Herrschaftsträger sein, sofern sie ihre Befugnisse als eigene, nicht als abgeleitete ausüben; vgl. Jellinek, Gesetz und Verordnung, S. 201 sowie unten S 69 Häufig liegt dies vor, wenn Gewalthaber, die ursprünglich die Herrn des Landes waren, von neuen Herrschaftsfaktoren auf gewisse Befugnisse zurückgedrängt werden; vgl. Jellinek a. O S. 204 Diese sind dann souverän, haben aber keine Gebietshoheit.

[4]) Die natürlich, wenn es sich um niedere Gewalten innerhalb der Kolonie handelt. nicht an die Formen der Autonomie und der Selbstverwaltung gebunden ist, sondern die verschiedenartigsten Schattierungen zwischen diesen beiden Formen annehmen kann.

reichs und jener Herrschaftsträger bezüglich ihres Verhältnisses zueinander: Liegt Gebietshoheit vor. so muß dem Herrscherwillen Frankreichs der Wille der anderen Herrschaftsträger, Unterworfene mit lediglich beliehenen Befugnissen, wenigstens innerhalb dieses Gebietes[1]), zu sein[2]), gegenüberstehen[3]).

Auf den Neu-Hebriden, wo Frankreich seine Herrschaft mit Großbritannien teilt, kann demnach von Gebietshoheit keine Rede sein, mag auch die französische Herrschaft insofern territorialen Charakter haben, als sie sich auf sämtliche Bewohner des Archipels erstreckt.

Daß man ferner z. B. von einer Autonomie der Stämme[4]) in den Hochtälern des Gebirges von Laos nicht sprechen kann, die noch völlig unabhängig sind und sich jeder Unterwerfung bisher widersetzt haben, ist völlig klar. Zu dem gleichen Resultat gelangt man für die Territorien der Mahafaly und Sakalava auf Madagaskar[5]) oder das Hinterland der Kongo-

---

[1]) In dieser Beschränkung gilt das für auswärtige Mächte, die hier eine Wirksamkeit äußern.

[2]) Für die Frage, ob ein Herrschaftsverhältnis vorliegt, genügt es regelmäßig, den Herrscherwillen festzustellen, ohne daß es nötig wäre, auf der anderen Seite nach dem Unterwerfungswillen zu forschen, der sich entsprechend seinem passiven Charakter ohne weiteres ergibt, falls nicht besondere Umstände, wie z B. ein Aufstand, das Gegenteil bezeugen

[3]) Vgl. die Ausführungen von Henry Maine in seinen Minutes über die Stellung von Kathiawar, S 37 (angeführt von Ilbert a. a. O. S. 460): The mode or degree in which sovereignty is distributed between the British Governement and any given Native State is always a question of fact, which has to be separately decided in each case, and to which no general rule apply. . . . I consider that the distribution of the sovereignty can only be collected from the de facto relations of these States with the British Government, from the course of action which has been followed by this Government towards them Though we have to interpret this evidence ourselves, it is in itself perfectly legitimate

[4]) Z. B die Cedangs und die Sandeten vom Stamme der Djaraïs in Unter-Laos; vgl. darüber de Reinach S. 105 ff Gleiches gilt von solchen Stämmen vom Volke der Djaraïs, die den gelegentlichen Anordnungen der französischen Beamten, z. B. bei der Straßenunterhaltung Folge leisten, im übrigen aber selbständig sind, insbesondere keine Abgaben zahlen; de Reinach S. 106.

[5]) Vgl. darüber You S. 16ff Die Tätigkeit des französischen Staates bei den Sakalava beschränkt sich auf Maßnahmen zur Verhütung von

besitzungen, wo Frankreich sich mit gewissen polizeilichen Anordnungen begnügt. Es wäre eine künstliche und den tatsächlichen Verhältnissen widersprechende Konstruktion, wollte man hier eine französische Gebietshoheit annehmen. Denn der französische Staat verzichtet nur deshalb auf eine positive Verwaltung diesen Stämmen gegenüber, weil die französischen Interessen *vorläufig* noch keine intensive Tätigkeit erfordern. Die höchste Herrschaft wird also noch gar nicht in Anspruch genommen. Unzweifelhaft sind jedoch die Kanakenstämme auf Neukaledonien der Französischen Republik unterworfen, da hier die äußeren Merkmale einer Herrschaft, wie sie sich z. B. in dem Rechte der Einsetzung der Häuptlinge und der Überwachung ihrer Tätigkeit äußert, unzweifelhaft vorliegen[1]).

Auf der anderen Seite bietet jedoch das französische Kolonialreich auch einige Beispiele dafür, daß zwar der Staat die Souveränität[2]) hat, jedoch keine Gebietshoheit besitzt, weil die untergeordneten Herrschaftsträger *eigene* Befehlsgewalt besitzen. Daß den eingeborenen Stämmen auf Neukaledonien eine solche „eigene" Befehlsgewalt nicht zukommt, braucht keiner besonderen Erörterung. Dagegen wird man sie der Republik M'zab im südlichen Algier wenigstens bis zum Jahre 1882, wo sie der algerischen Verwaltungsorganisation einverleibt wurde, zusprechen müssen. Das gleiche gilt heute noch z. B. von dem Sultanat Senoussi und dem Königreich Baguirmi im

---

Waldbränden, die infolge gewisser Bräuche dieses Stammes oft eintreten, gleiches gilt z. B. von den Tanala.

[1]) Gleiches gilt von den Provinzen Senegals, welche durch die Desannektionsarrêtés dem „régime de protectorat" unterstellt wurden, und zwar haben sie Selbstverwaltung Das gleiche gilt von den protectorats intérieurs auf Madagaskar Vgl. oben S 47 Anm. 2, vgl. dazu auch die Entsch. des Kassationshofes vom 22. Juli 1905 (Recueil 1906, S. 5), wonach die Angehörigen des Cham-Stammes in Cambodja als Eingeborene und nicht als Ausländer anzusehen seien, weil sie „fixés depuis longtemps dans le pays et soumis de fait à l'autorité du roi" seien. Das ist unrichtig, da dieser Stamm wohl als unterworfen angesehen werden kann, ohne daß man ihm aber die Stellung einer *unselbständigen*, autonomen oder mit Selbstverwaltung ausgestatteten, Volksgemeinschaft zusprechen könnte. Vgl. die in der Note zu dieser Entsch in der Tribune 1905, S. 126 angeführte Literatur

[2]) Vgl. über den Begriff der Souveränität Laband I, S. 53 und 58ff

Tschadsee-Militärterritorium [1]). Hier hat also Frankreich keine Gebietshoheit; es ist lediglich souverän.

c. Ein Territorium unterliegt endlich nur dann der Gebietshoheit eines Staates, wenn die hier ausgeübte Herrschaft ihre Begründung lediglich in sich selbst findet: staatliche Herrschaft trägt ihrem Wesen nach ihre Legitimation in sich. Die Herrschaft muß, was sich übrigens mittelbar bereits aus dem vorhergehenden ergibt, eine eigene sein; abgeleitete Befehlsgewalt ist niemals Gebietshoheit, selbst dann, wenn sie die Fülle der Staatsgewalt in einem Territorium mit Ausschluß aller anderen Herrschaftsträger umfaßte [2]).

Die Fälle, in denen dem französischen Staate Herrschaftsbefugnisse zur Leihe überlassen wurden, sind sehr zahlreich. Hierzu gehören alle Verträge, durch die von den eingeborenen Gewalten der französischen Regierung Gerichtsbarkeit, Besatzungsrecht oder andere Verwaltungszweige übertragen wurden, ohne daß in dem Vertrage die Anerkennung der französischen Oberhoheit von den eingeborenen Gewalthabern ausdrücklich anerkannt wurde. Nach dem Sinne dieser Verträge kann es sich nur um geliehene Herrschaftsausübung handeln. Allerdings wäre es nicht unmöglich, daß der Vertrag nur zum Scheine abgeschlossen wäre, daß insbesondere die französische Regierung im Widerspruch mit den Vertragsbestimmungen von vornherein ihre Befugnisse als eigene handhabte. Für eine solche Annahme fehlen aber Anhaltspunkte völlig. Ist der Vertrag einmal zur staatsrechtlichen Norm geworden, so muß diese auch als getreuer Ausdruck staatlicher Willensmeinung angesehen werden und nichts gibt die Berechtigung, dem französischen Staate ein doloses Verhalten zuzutrauen, daß er die Verträge staatsrechtlich anders verstehen will, als dies dem Wortlaut der Verträge entspricht. In der Praxis werden denn auch die Verträge, und zwar ohne Rücksicht auf ihre völkerrechtliche Gültigkeit, stets als wirksam betrachtet [3]).

---

[1]) Vgl. Annuaire du Congo S. 186, 188. Eine ähnliche Stellung scheint auch der Stamm der Ouled Sidi Cheick im südlichen Algier einzunehmen; vgl. darüber Larcher I, S. 55

[2]) Das war z. B die Stellung Österreich - Ungarns in Bosnien. und der Herzegowina vor der Annektionserklärung

[3]) Vgl. z B die Entsch des Appellhofes von Reunion vom 19 Februar 1904 (Tribune 1904, S 302), sowie die Entsch. des Appellhofes von

Wenn demnach auch auf Grund der Verträge, durch die der französische Staat lediglich beliehene Herrschaftsbefugnisse empfing, die Gebietshoheit nicht aufgerichtet wurde, so erhebt sich die Frage, ob nicht auf Grund der legislativen Entwicklung die Herrschaft den Charakter der eigenen Herrschaft angenommen hat. Erforderlich ist nach den obigen Erörterungen, daß der französische Staat auf Grund seiner, im Laufe der legislativen Entwicklung erworbenen, tatsächlichen Befehlsgewalt den obersten Herrscherwillen hat, während die Herrschaftsträger, die ehedem die Herren des Landes waren, soweit sie nicht gänzlich weggefallen sind, wenigstens in die Stellung Unterworfener mit lediglich beliehenen Befugnissen zurückgedrängt sind.

Dort, wo nun die legislative Entwicklung in der völligen Absorbierung des eingeborenen Gewalthabers besteht, wird

---

Westafrika vom 1 März und vom 8. Februar 1907 (Recueil 1907 S. 97 und S 78). Nach der letzteren Entsch ist es sogar für die Gültigkeit der mit dem Damel von Cayor in Senegal abgeschlossenen Verträge gleichgültig, daß sie nicht ratifiziert worden sind. — Die Verträge, auf Grund deren dem französischen Staate Hoheitsrechte übertragen wurden, sind also für die Frage der staatsrechtlichen Gebietshoheit insoweit von Bedeutung, als man aus ihrem Inhalt Schlüsse auf die Willensrichtung der Kontrahenten bezüglich der Stellung ziehen kann, die Frankreich in einem gewissen Territorium auf Grund des Vertrages einnehmen sollte. Manchmal allerdings ist dies wegen des zweideutigen Ausdruckes dieser Verträge sehr schwierig Das gilt z. B von der Stellung der Städte Hanoi, Haiphon und Tourane, die vom Könige von Annam als Konzessionsgebiete an Frankreich überlassen wurden Man muß annehmen, daß es sich um eine verschleierte Abtretung handelte, so daß der Herrscherwille Frankreichs von vornherein vorhanden war In demselben Sinne die Entsch. des Appellhofes Hanoi vom 17. November 1897 (Recueil 1898, S 83), sowie die Entsch des Gerichtes Hanoi vom 24 Dezember 1901 (Tribune 1902, S. 110); vgl. dazu die Note von Penant in der Tribune a. a. O. Heute hat diese Frage allerdings wegen des völligen Unterganges der annamitischen Staatsgewalt ihre praktische Bedeutung verloren. Eine verschleierte Abtretung ist auch die „Pacht" von Kouang-tscheou-ouan, wie dies bereits oben S. 54 ausgeführt wurde Frankreich erwarb also von vornherein nicht nur die völkerrechtliche, sondern auch die staatsrechtliche Gebietshoheit. Die Verträge haben jedoch keine absolute Bedeutung zur Feststellung des Herrscherwillens des französischen Staates, da es immer möglich ist, daß nachträglich nach der einen oder anderen Seite eine Änderung der Willensrichtung bezüglich der durch die Verträge übertragenen Befugnisse eingetreten ist.

die französische Gebietshoheit unzweifelhaft erworben. Das gilt z. B. von Tahiti. Wo dagegen Frankreich die eingeborene Staatsgewalt lediglich aus einem bestimmten Gebiete herausgedrängt hat, braucht französische Gebietshoheit noch nicht notwendig vorhanden zu sein, da der französische Staat lediglich als Beauftragter des auf ein engeres Territorium zurückgedrängten Gewalthabers gelten könnte, also lediglich beliehene Herrschaft in Händen hätte[1]). Die Rolle eines solchen Delegatars hatte Frankreich eine Zeitlang in Tonkin. Lange dauerte freilich dieser Zustand nicht; es erging das Dekret vom 31. Juli 1898, welches die Finanzverwaltung in ganz Indochina zur französischen machte; damit wurde aber indirekt zum Ausdruck gebracht, daß der französische Staat nunmehr das Land als eigenes Gebiet betrachtete, dessen Einnahmen ihm zustehen, der aber auch andererseits für die Ausgaben, die die Verwaltung dieses Territoriums beansprucht, aufzukommen hat. Dem entsprach es, wenn darauf der herrenlose Grund und Boden des Landes zu französischer Domäne erklärt wurde und schließlich der Generalgouverneur die Befugnisse des Generalresidenten in Tonkin in dessen Eigenschaft als Delegatar des Königs von Annam stillschweigend an sich zog. Damit hatte die Befehlsgewalt Frankreichs durch die Änderung seiner Willensrichtung bezüglich seiner Stellung in Tonkin, die in jenen Befugnissen, die es sich anmaßte, zum klaren Ausdruck kam, und durch die stillschweigende Unterwerfung der Bewohner unter seine Herrschaft den Charakter einer Gebietshoheit angenommen. Des Verzichtes Annams auf die ihm zustehende Gebietshoheit bedurfte es nicht.

Aus diesen Ausführungen ergibt sich auch für Annam im engeren Sinne und Cambodja, daß sich der Charakter der beliehenen Herrschaft Frankreichs auf Grund der legislativen Entwicklung, die in großem Umfange die gleiche wie in Tonkin war, gleichfalls verflüchtigt hat. Allerdings ist in diesen beiden Ländern die eingeborene Staatsgewalt noch nicht völlig erloschen. Sie äußert sich noch insoweit, als dem Könige die Unterzeichnung der wichtigsten Gesetzesakte obliegt, die dadurch erst Geltung erlangen. Diese Unterzeichnung der Re-

---

[1]) Vgl. darüber oben S. 66.

gierungsakte durch den König ist aber kein unangetastetes Herrschaftsrecht mehr. Die Tätigkeit des Königs in beiden Ländern ist vielmehr, und zwar schon sehr bald, zu einer rein formalen geworden, da ihm die Möglichkeit der freien Entschließung wegen der drohenden Zwangsmaßregeln bei seiner Weigerung völlig genommen ist. Materiell stehen deshalb auch die dem eingeborenen Fürsten noch vorbehaltenen Befugnisse Frankreich zu[1]).

In den meisten kleineren Territorien, wo auf Grund von Verträgen dem französischen Staat geliehene Herrschaftsbefugnisse zustanden, ist die Entwicklung gleichfalls dahin gegangen, daß die ursprünglichen Gewalthaber nach und nach entweder verschwanden oder wenigstens in die Stellung untergeordneter Gewalten zurückgedrängt worden sind. Wenn auch im Anfang der französische Staat sich auf Grund der vertraglichen Bestimmungen mit der Rolle eines beliehenen Herrschaftsträgers zufrieden gab, so hat er doch überall nach kurzer Zeit diese Rolle mit der des souveränen Herrschers vertauscht; entgegen den Abmachungen der Verträge übt er die Gerichtsbarkeit aus, reißt die Finanzverwaltung an sich, erhebt Steuern und Abgaben, macht Anspruch auf den herrenlosen Grund und Boden, den er zu seiner Domäne erklärt, und beläßt den eingeborenen Gewalten nur einzelne Rechte, die zum Teil, wie die Gerichtsbarkeit des Königs von Porto-Novo oder der Sultane auf den Comoren, Selbstverwaltungsbefugnisse, zum Teil, wie die Gerichtsbarkeit der Dorfältesten auf Grund des Dekretes vom 10. November 1903 in Westafrika, nichts anderes wie Befugnisse französischer Beamten sind.

Trotz längerer legislativer Entwicklung tritt jedoch bisweilen die Gebietshoheit des französischen Staates nicht ein.

---

[1]) Die Königswürde in Annam und Cambodja ist also nichts anderes als ein Schaustück, dessen Aufrechterhaltung für die friedliche Entwicklung der beiden Länder geboten ist, dessen Existenz aber jeder rechtlichen Garantie entbehrt. Ein arrêté des Generalgouverneurs wäre genügend, um die Königswürde abzuschaffen. Charakteristisch ist die Absetzung des Königs Than Thai von Annam im Jahre 1907, der wegen seiner blutigen Exzesse nicht mehr geeignet schien, die königliche Würde zu bekleiden. An seine Stelle wurde sein achtjähriger Sohn Duy Tan zum Könige ausgerufen. Vgl. darüber in der Quinzaine coloniale 1907 die Aufsätze S. 639 ff., 718 und 818 ff.

Das gilt z. B. von Tunis, obwohl Frankreich hier eine absolut ausschlaggebende Stellung hat; das ist jedoch für die Frage, ob es die Gebietshoheit in Tunis habe, noch nicht entscheidend. Zunächst hat die Französische Republik hier im Laufe der legislativen Entwicklung nur geringe materielle Befugnisse an sich gezogen; soweit sie solche für sich beanspruchte, wurde fast stets darauf Wert gelegt, daß die französischen Organe, die mit ihrer Ausübung betraut wurden, lediglich als Delegatare der tunesischen Regierung bezeichnet wurden. Insbesondere ist hier weder die Finanzverwaltung französisch geworden, noch wurde hier im Gegensatz zu allen anderen Kolonien das herrenlose Land der Nationaldomäne Frankreichs einverleibt[1]). Die legislative Entwicklung bestand im übrigen darin, daß Frankreich versuchte, unter grundsätzlicher Aufrechterhaltung der eingeborenen Institutionen, die sogar infolge des französischen Protektorates eine große Entwicklung erfuhren, mittelbar einen entscheidenden Einfluß auf die materielle Verwaltung zu erlangen; die merkwürdige Stellung des Generalsekretärs ist dafür charakteristisch. Es fehlt deshalb für die Gebietshoheit Frankreichs vor allem das Merkmal des eigenen Herrschaftswillens, was nicht nur darin zum Ausdruck kommt, daß alle materiellen Befugnisse Frankreichs in Tunis regelmäßig als „delegierte" bezeichnet werden, sondern auch darin, daß Frankreich im übrigen nur in der Verkleidung tunesischer Behörden seine ausschlaggebende Wirksamkeit äußert[2]).

---

[1]) In weniger wichtigen Materien gestattete man sich allerdings gewisse Ausnahmen. Vgl. z. B. das arrêté des Ministers der öffentlichen Arbeiten vom 4. September 1895, durch welches eine Kontrollverwaltung für die tunesischen Eisenbahnen organisiert wurde.

[2]) Die Praxis der französischen Gerichte ist sich über die Merkmale der Gebietshoheit durchaus nicht im klaren. Sie sucht deshalb die Beantwortung der Frage, ob im einzelnen Falle Gebietshoheit vorliegt, nach Möglichkeit zu umgehen. Vgl. z. B die Entsch. des Kassationshofes vom 24. November 1900 (Recueil 1901, S. 33), wo die Frage zur Erörterung stand, ob die Landschaft Cayor in Senegal französisches Territorium sei, sowie die Entsch. des Kassationshofes vom 15. Mai 1896 (Sirey 1897, I, S. 249), in der die gleiche Frage für Diego Suarez aktuell war. — Größere Staatswesen, mit denen Protektoratsverträge abgeschlossen wurden, betrachtet die Praxis stets als fremde Territorien; das ergibt sich für sie aus dem Wesen des Protektoratsverhältnisses, ohne daß der

legislativen Entwicklung irgendwelche Bedeutung beigemessen wird. Vgl. z. B. die Entsch. des Staatsrates vom 18. Dezember 1891 (Sirey 1893, III, S. 129) bezüglich der Stellung Cambodjas und die Entsch. des Kassationshofes vom 26. Juli 1894 und vom 18. März 1895 (Sirey 1896, I, S. 449) bezüglich der Stellung von Tunis; sie sind im Resultat allerdings richtig, da einerseits Tunis nach den Ausführungen des Textes noch heute als fremdes Gebiet anzusehen ist, während für Cambodja das gleiche wenigstens noch im Jahre 1891 galt. Diese Deduktion wird auch im Resultat unrichtig, soweit in den Protektoratsländern infolge der legislativen Entwicklung die französische Gebietshoheit aufgerichtet ist. Jedoch versteht es die Praxis auf manchmal allerdings recht bedenklichen Gedankengängen, eine den tatsächlichen Verhältnissen entsprechende sinngemäße Entscheidung zu treffen. Charakteristisch ist dafür z. B. die Entsch. des Kassationshofes vom 23. Juli 1902 (Tribune 1903, S. 43) bezüglich der Stellung Annams, das damals nach den Darlegungen des Textes unzweifelhaft schon französisches Staatsgebiet war. Auf Grund eines Vertrages, der zwischen der „annamitischen Regierung", vertreten durch ihren Finanzminister, und einem Architekten mit Genehmigung des Oberresidenten geschlossen worden war, hatte der Architekt auf Schadensersatz wegen Nichterfüllung des Vertrages geklagt. Es erhob sich die Frage, welches Gericht für diesen Rechtsstreit zuständig sei. Der Kassationshof entschied, daß er zur Zuständigkeit des französischen Verwaltungsgerichtes gehöre, (das auf Grund ausdrücklicher Bestimmung nur über Rechtsstreitigkeiten entscheidet, welche sich aus Verträgen zwischen französischen Behörden und Dritten ergeben), obwohl der Gerichtshof davon ausging, daß Annam noch selbständiges Staatswesen sei. Bei diesem Standpunkt war die Entscheidung nach mehr wie einer Richtung bedenklich: Zunächst verstieß sie gegen den von der Praxis festgestellten Grundsatz, daß ein selbständiger Staat für Verbindlichkeiten, die er im öffentlichen Interesse eingeht, nicht der Gerichtsbarkeit eines anderen Staates, selbst wenn er zu diesem in einem Schutzverhältnis steht, unterworfen werden kann. Vgl. z. B. die Entsch. des Appellhofes Paris vom 14. Dezember 1893 (Sirey 1894, II, S. 11). Wenn man jedoch die Zuständigkeit der französischen Gerichte durch die „stillschweigende" Unterwerfung der annamitischen Regierung unter sie in dem vorliegenden Rechtsstreit als vorhanden ansieht, so war es doch völlig unmöglich, die Zuständigkeit des französischen Verwaltungsgerichtshofes anzunehmen, da dieser, wie schon oben bemerkt wurde, gemäß ausdrücklicher Bestimmung lediglich über Rechtsstreitigkeiten zu entscheiden hat, die sich aus Verträgen ergeben, welche von französischen Behörden mit Dritten abgeschlossen wurden, das annamitische Finanzministerium aber nicht als französische Behörde angesehen werden kann. Vgl. auch die Entsch. des Kassationshofes vom 20. Januar 1896 (Sirey 1897, I, S. 33), sowie die Entsch. des Gerichtes Hanoi vom 19. Juli 1904 (Tribune 1905, S. 65).

Zweites Kapitel.

Die staatsrechtliche Stellung der Kolonien.

I. Wie bereits in der Einleitung zum letzten Kapitel auseinandergesetzt wurde, spricht eine Vermutung dafür, daß ein Territorium, welches der Gebietshoheit eines Staates unterstellt wird, staatsrechtlich dem Mutterlande gleich zu achten ist, so daß mangels ausdrücklicher Vorschriften oder besonderer Anhaltspunkte [1]) die Rechtsordnung des Mutterlandes auch hier

[1]) Solche liegen in dem Fall vor, daß der kolonisierende Staat, wie das Deutsche Reich und die Vereinigten Staaten von Nordamerika, eine bundesstaatliche Organisation besitzt. Da sich hier der Staat erhebt auf der Grundlage der Einzelstaaten, so können naturgemäß nur solche Territorien Staatsgebiet sein, die gleichzeitig einem der Gliedstaaten angehören. Da die kolonisierende Zentralgewalt, welche in überseeischen Territorien ihre Gebietshoheit aufrichtet, die neu erworbenen Länder jedoch niemals einem der Einzelstaaten angliedert, so kommt weder den deutschen Schutzgebieten, noch den amerikanischen dependencies der Charakter des Staatsgebietes zu. Nur in dem Punkte stehen sie mit dem Staatsgebiete gleich, daß sie der gleichen Staatsgewalt unterworfen sind, während sie die subjektive Qualität des Mutterlandes nicht teilen. Sie sind Untertanenland, nicht Staatsgebiet. Darüber ist man sich in der deutschen Literatur einig. Vgl. vor allem Laband II, S. 278 und Zorn, Staatsrecht I, S. 578, insbes. Anm. 27. Gleiches gilt für die amerikanische Wissenschaft. So bezeichnet Snow S. 566 auch die dependencies, unter denen vor allem die „Territorien“ in Betracht kommen, als „foreign in a domestic sense, in an international sense not a foreign country“. Das ist also nichts anderes wie die, allerdings unkorrekte, Formulierung der herrschenden Lehre von der Stellung der deutschen Schutzgebiete, die sich bei manchen deutschen Autoren findet. Vgl. dazu Köbner, Kolonialrecht, S. 1090. Die amerikanische Wissenschaft ist aber hierbei nicht stehen geblieben, sondern hat für das Verhältnis des Bundesgebietes zu den dependencies eine etwas künstliche Theorie konstruiert, nach der beide als Glieder einer Föderation mit ungeschriebener Verfassung angesehen werden müssen, deren Prinzipien aber in der Verfassung der Vereinigten Staaten enthalten

ohne weiteres gilt. Die Erweiterung des Herrschaftsgebietes bedeutet also regelmäßig zugleich eine Erweiterung des bestehenden Rechtsgebietes[1]).

Dieser Gedanke hat auch in der französischen Rechtswissenschaft seinen Ausdruck gefunden. Es ist geltendes Rechtsprinzip, daß mit der Aufrichtung der französischen Herrschaft in einem Gebiete, der Aufpflanzung der Flagge, wie das ausgedrückt wird, die gesamte Gesetzgebung des Mutterlandes hier in Kraft tritt, soweit sie den Verhältnissen des neuen Gebietes angemessen ist, ohne daß es einer besonderen Einführung bedürfte[2])[3]).

---

sind. So entschied der Supreme Court im Jahre 1901 in der Prozeßsache Downes gegen Bidwell, daß „the constitution of the United States is the basis of the unwritten Constitution of the American Empire". Daraus wird gefolgert, daß die Verfassung der Vereinigten Staaten, die in den dependencies nicht eingeführt ist, doch insoweit in Geltung ist, als sie die Basis der ungeschriebenen Verfassung des American Empire bildet. Vgl. darüber Snow S. 572.

[1]) Da schon durch die Tatsache der Gebietshoheit eine gewisse umfassende Rechtsordnung vorhanden sein muß, die in positiven Vorschriften niedergelegt ist, so hat dieses Prinzip nur sekundär eine praktische Bedeutung, insoweit nämlich nicht bereits ausdrückliche Rechtssätze für diese Territorien ergangen sind.

[2]) Dieser Grundsatz ist von der Praxis aufgestellt worden, während die Theorie sich ihm gegenüber ablehnend verhält. Zuerst wurde er für Algier aufgestellt. Vgl. die Entsch. des Appellhofes Alger vom 10. April 1850 (Sirey 1851, II, S. 11) und vom 11. Dezember 1861 (Sirey 1862, II, S. 61), sowie die Entsch. des Kassationshofes vom 4. Februar 1863 (Sirey 1863, I, S. 201), vom 17. August und 17. November 1865 (Sirey 1865, I, S. 462 und Sirey 1866, I, S. 267), vom 15. Juli 1868 (Sirey 1868, I, S. 448). Später wurde dieses Prinzip auch für andere Kolonien anerkannt; vgl. dazu die Entsch. des Kassationshofes vom 6. September 1877 (Sirey 1877, I, S. 100) für die Kongobesitzungen, sowie endlich die Entsch. des Gerichtes Tananarive vom 11. Mai 1897 (Tribune 1897, S. 232). Vgl. dazu Girault I, S. 392 und III, S. 187, sowie Dislère I, S. 250 ff., welche jedoch lediglich die Bedenken gegen die Folgen dieses Prinzipes hervorheben. — Dieser Grundsatz beherrscht auch das englische Recht. Seit Jahrhunderten ist es in der englischen Rechtswissenschaft anerkannt, daß in Siedlungskolonien die englischen Gesetze im Augenblick ihrer Gründung in Kraft treten, soweit sie den Verhältnissen der Kolonie angemessen sind. Allerdings beschränkt sich dieser Grundsatz auf Siedlungskolonien, während eroberte oder abgetretene Kolonien ihre Gesetzgebung behalten. Jener Grundsatz findet jedoch auch hier eine gewisse beschränkte Anwendung, indem Parlamentsakte, die ihrem Zwecke

II. Der Grundsatz von der Einheit des Rechtsgebietes gilt aber nicht ohne Einschränkungen. Die Verfassungen, welche seit der großen Revolution nacheinander die Organisation des französischen Staates neu gestalteten und dabei auch die rechtliche Stellung der Kolonien bestimmten, stellten regelmäßig die Kolonien, obwohl sie als französisches Territorium stets anerkannt wurden, für die Gesetzgebung dem Mutterlande nicht gleich. Zum letzten Male hat die Verfassung vom 4. No-

---

nach für alle Besitzungen ausnahmslos zu gelten bestimmt sind, auch hier sogleich mit dem Augenblick des Erwerbes in Kraft treten sollen. Vgl. darüber Tarring S. 3 ff.

[3]) Es ergibt sich daraus, daß alle überseeischen Länder ohne Ausnahme, soweit sie der Gebietshoheit der Französischen Republik unterworfen sind, die gleiche rechtliche Stellung haben. Gleichgültig ist dafür, ob, wie in Annam und Cambodja, die eingeborenen Institutionen noch zum Teil aufrecht erhalten geblieben sind. Allerdings werden nicht nur in Wissenschaft und Rechtsprechung, sondern auch in der Gesetzessprache des öfteren die Kolonien den Protektoratsländern gegenübergestellt. Soweit dann „Protektoratsland" lediglich bedeutet, daß ein Territorium nicht der Gebietshoheit Frankreichs unterliegt, ist dieser Begriff selbstverständlich korrekt, obgleich, wie im letzten Kapitel bereits hervorgehoben wurde, viele Territorien unrichtigerweise noch als Ausland angesehen werden, die in Wirklichkeit bereits der französischen Gebietshoheit unterworfen sind. Unrichtig ist dieser Begriff aber, soweit damit eine besondere staatsrechtliche Stellung bezeichnet werden soll. Das ist z. B. der Fall in der Entsch. des Staatsrates vom 25. Mai 1906 (Recueil 1906, S. 147); vgl. dazu auch die Note. Es wird hier die Frage aufgeworfen, ob die Somaliküste als Protektoratsland aufzufassen sei. Aus diesen Erörterungen ergibt sich zugleich, daß ein rechtlicher Unterschied zwischen Algier und den übrigen Kolonien nicht besteht, obgleich sie häufig in einen gewissen Gegensatz zueinander gestellt werden. Vgl. dazu Larcher I, S. 5. — Eine besondere rechtliche Stellung nehmen dagegen die „protectorates" Großbritanniens ein. Sie gehören, auch soweit in ihnen die Gebietshoheit aufgerichtet ist, nicht zu den „dominions", sondern sind wie die Schutzgebiete des Deutschen Reiches und die „dependencies" der Vereinigten Staaten von Nordamerika als Untertanenland zu betrachten. Die Bedeutung dieser besonderen Stellung der protectorates beruht vor allem darin, daß die Gesetze des Mutterlandes hier nicht ohne weiteres Anwendung finden, und daß die Bewohner nicht als vollberechtigte British subjects anzusehen sind, sowie endlich, daß die Krone auf Grund der Foreign Jurisdiction Acts in diesen Gebieten sehr umfassende Befugnisse besitzt, die sich im Laufe der praktischen Entwicklung noch sehr erweitert haben, so daß die Befugnisse des Königs der Schutzgewalt des Kaisers kaum nachstehen. Vgl. zum vorstehenden Jenkyns S. 192 ff.

vember 1848 in Art. 109, der noch heute in Geltung ist[1]), diese besondere Stellung der Kolonien ausgesprochen, indem sie bestimmt: Le territoire de l'Algérie et des colonies est déclaré territoire français, et sera régi par des lois particulières. Daraus ergibt sich also, daß die Gesetze, die im Mutterlande, nach Aufrichtung der Gebietshoheit in den überseeischen Territorien, erlassen werden, hier keine Geltung haben, es sei denn, daß sie ausdrücklich auch für sie eingeführt werden.

Es erhebt sich nun die Frage, in welchem Umfange dieser Grundsatz in Geltung ist, ob er sich lediglich auf Rechtsnormen bezieht, deren Wirksamkeit sich auf das Staatsgebiet beschränkt, oder ob er auch solche Vorschriften umfaßt, die auch im Auslande wirksam sind, deren Geltung also eine absolute, nicht an ein bestimmtes Territorium gebundene ist[2]).

Die beschränkte, territoriale Geltung eines Rechtssatzes ist an sich das regelmäßige; sie entspricht dem Wesen der Staatsgewalt, die auf einem beschränkten Ausschnitt der Erdoberfläche sich auslebt. Die einzelnen Staaten üben jedoch auch außerhalb dieses eigentlichen „Schauplatzes ihrer Herrschaft" in fremdem Lande eine gewisse Tätigkeit aus. Diese beruht zunächst auf

---

[1]) Dadurch, daß die Verfassung vom 4. November 1848 später außer Kraft gesetzt wurde, ist die Gültigkeit des Art. 109 nicht berührt worden. Die französische Theorie unterscheidet nämlich bei Bestimmungen, die in einem Verfassungstext enthalten sind, ob sie ihrem Wesen nach Verfassungsbestimmungen sind, oder ob sie durch die Aufnahme in den Verfassungstext lediglich die Form von solchen erhalten haben. Im letzteren Falle wird ihre Gültigkeit durch eine anderweitige Organisation der Staatsverfassung nicht berührt; sie erhalten jedoch den Charakter einfacher Gesetzesbestimmungen. Das liegt auch hier vor. Vgl. Esmein S. 409.

[2]) Nicht zu verwechseln mit dieser Frage ist die andere, ob der Tatbestand einer Norm sich nur in einem bestimmten Territorium verwirklichen kann, oder ob seine Erfüllung überall möglich ist. Diese letztere Frage behandelt eine Voraussetzung für den Eintritt der Rechtswirkung, die bei dem Vorliegen eines bestimmten Tatbestandes eintreten soll, während im Text die andere Frage zu erörtern ist, wo die Rechtswirkung eines Rechtssatzes auf Grund des erfüllten Tatbestandes anerkannt wird. Im Sinne der obigen Ausführungen steht übrigens nur die Anerkennung des Staates zur Frage, welcher die Rechtsnorm erließ.

den gegenseitigen Verkehrsbeziehungen, und kleidet sich manchmal gegen die eigenen Staatsangehörigen sogar in die Form einer Befehlsgewalt [1]). Der Staat macht diese Wirksamkeit teils von seinem Territorium aus geltend, teils hat er im Auslande eigene Organe, die Gesandten und Konsuln. Eine besonders umfangreiche, wenn auch nur ausnahmsweise eintretende Wirksamkeit bildet daneben die kriegerische Besetzung fremden Staatsgebietes [2]).

Soweit nun Frankreich Normen erläßt, die sich mittelbar oder unmittelbar auf seine Tätigkeit im Auslande beziehen, und die nach dem ausdrücklichen oder stillschweigenden Willen Frankreichs nicht nur in bestimmten Territorien, sondern ganz allgemein im Auslande Geltung haben sollen, wird man sich fragen müssen, sofern sich nicht das Gegenteil schon aus den Umständen ergibt, ob die Kolonien im Sinne des Art. 109 der Verfassung von 1848 bezüglich der Geltung mutterländischer Rechtssätze dem Auslande gleichzustellen sind, oder ob darüber hinaus keine Norm, welchen Charakter sie auch haben möge, ohne besondere Einführung in den Kolonien Geltung habe. Für diese letztere Interpretation des Art. 109 fehlt es völlig an Anhaltspunkten. Freilich wird in der Wissenschaft auch der entgegengesetzte Standpunkt nicht ausdrücklich vertreten. Jedoch wird für gewisse Normen, deren Wirksamkeit eine absolute ist, anerkannt, daß sie auch ohne eine besondere Einführung in den Kolonien in Geltung sind, wenn man sich auch über den juristischen Grund dieser Besonderheit nicht im klaren ist [3]): man begnügt sich mit ihrer Feststellung. Bei diesem Standpunkte der Wissenschaft würde eine extensive

[1]) So befiehlt z. B. der § 58 des Reichsmilitärgesetzes von 1874 im Falle der Mobilmachung allen im Auslande wohnenden Wehrpflichtigen die Rückkehr in die Heimat.

[2]) Man denke z. B. an die Militärstrafgerichtsbarkeit im Felde.

[3]) Vgl. dazu Girault I, S. 392. Vgl. auch das Gutachten des Comité consultatif de contentieux administratif vom 22. Mai 1903 (Recueil 1904, S. 117), sowie die Entsch. des Staatsrates vom 27. Juni 1902 (Recueil 1904, S. 89) und dazu die Entsch. des Kassationshofes vom 3. März 1902 (Recueil 1902, S. 80). Freilich wird des öfteren die Frage, wann der Tatbestand eines Rechtssatzes als erfüllt anzusehen ist, mit der anderen, wo die Rechtswirkung auf Grund des erfüllten Tatbestandes eingetreten ist, verwechselt.

Interpretation des Art. 109 der Verfassung von 1848 mangels anderer Anhaltspunkte jeder Grundlage entbehren. Man kann daraus vielmehr nur entnehmen, daß der Gesetzgeber die Kolonien hinsichtlich der Wirkung von Rechtssätzen, die im Mutterlande erlassen werden, lediglich dem Auslande gleichstellen wollte[1]).

[1]) Welche Normen einer besonderen Einführung in die Kolonien nicht bedürfen, muß für jeden einzelnen Rechtssatz besonders geprüft werden. Hervorgehoben soll werden, daß hierzu vor allem die Organisationsbestimmungen des Staates gehören, soweit sie die Willensäußerungen von Organen betreffen, deren Zuständigkeit sich nicht auf bestimmte Territorien beschränkt, wie dies für die Provinzialbehörden der Fall ist. — Es ergibt sich daraus für die deutschen Schutzgebiete, wo absolut wirkende Normen gleichfalls ohne weiteres als geltend angesehen werden, daß die Behauptung der Schriftsteller, die Reichsverfassung gelte in den Schutzgebieten nicht, weil sie nicht eingeführt sei, nur mit Einschränkungen richtig ist; vgl dazu vor allem Florack S. 17

Drittes Kapitel.

Das Recht der Staatsangehörigkeit in den Kolonien.

Erster Abschnitt.

Die Rechtsformen der Staatsangehörigkeit: citoyen und sujet.

I. Unter Staatsangehörigkeit versteht man die Gesamtheit der Normen, welche die rechtliche Stellung der Bewohner eines staatlichen Gebietes im Gegensatz zu den nur vorübergehend auf diesem Territorium sich aufhaltenden Fremden bestimmen. Staatsangehörige sind also prinzipiell alle Bewohner des Staatsgebietes, und da durch die obigen Ausführungen wenigstens grundsätzlich dargetan worden ist, welche Territorien innerhalb des Kolonialreiches Bestandteile des französischen Staatsgebietes sind, so ergibt sich, daß auch deren Bewohner, abgesehen von gewissen Ausnahmen, als Staatsangehörige anzusehen sind.

II. Aus dem Begriff der Staatsangehörigkeit folgt aber nicht ohne weiteres, daß die rechtliche Stellung aller Staatsangehörigen prinzipiell gleich sein muß. Große Unterschiede in der sittlichen Entwicklung der verschiedenen Volksteile, Gegensätze, die in einer andersgearteten Kultur begründet sind, können eine rechtliche Gleichstellung oft völlig unmöglich machen. Besonders gilt das für koloniale Territorien: Im Kolonialrecht gilt daher das allgemeine Rechtsprinzip, daß die Ureinwohner in den Kolonien nicht dem gemeinen französischen Rechte unterstehen, sondern daß ihre Rechtsbeziehungen in erster Linie nach dem Rechte der politischen Gemeinschaft, der sie entstammen, ihrem Statut[1]), beurteilt werden. Dieses Rechtsprinzip ist zuerst in Indien durch arrêté vom 6. Januar 1819, das die fünf Codes in der Kolonie einführte, aufgestellt worden; es bestimmte in seinem Art. 3: Les Indiens soit chrétiens, soit maures ou gentils, seront jugés comme par le passé, suivant les lois, usages et coutumes de leur caste. In ähnlicher Weise stellte das Senatuskonsult vom 14. Juli 1865 diesen Grundsatz für die Eingeborenen Algiers auf[2]). Für Cochinchina wurde er durch ein Dekret vom 25. Juli 1864 bestätigt. In den übrigen Kolonien fand er gleichfalls Anerkennung, wenn man auch manchmal eine ausdrückliche Aufstellung dieses Grundsatzes vermißt; er ergibt sich aber dann häufig aus dem Umstande, daß die Gerichtsbarkeit für die Eingeborenen in den Händen der eingeborenen Gewalthaber geblieben ist, die selbstverständlich das Lokalrecht zur Anwendung bringen[3]) [4]).

Die Tatsache, daß die Eingeborenen der Kolonien nicht dem Code civil unterstehen[5]), sondern nach den Vorschriften ihres Statutes beurteilt werden, ist für ihre gesamte rechtliche Stellung von entscheidender Bedeutung. Im Sinne des französischen Zivilrechtes gilt nur der Inländer als vollberechtigtes Rechtssubjekt. Dem Ausländer gesteht es nur solche Befugnisse zu, die schon die Normen des Naturrechtes dem

[1]) Der Begriff des „statut“ bedeutete im altfranzösischen Recht das meist in der Form der Gewohnheit ausgebildete Recht einer bestimmten Stadt oder Provinz; vgl. Aubry-Rau I, S. 82 Anm. 7 Das Statut der Eingeborenen wird in der Sprache der Gesetzgebung und der Wissenschaft häufig als statut personnel bezeichnet; diese Bezeichnung ist aber geeignet, Verwechslungen hervorzurufen, da sie auch im französischen internationalen Privatrecht eine bestimmte Bedeutung hat

[2]) Art 1: L'indigène musulman est français; néanmoins il continuera d'être régi par la loi musulmane

[3]) Vgl. z. B. das Dekret vom 9. Juni 1896 betr die Gerichtsbarkeit auf Madagaskar, Art 16; heute gilt das Dekret vom 24 November 1898.

[4]) Vgl. die Entsch. des Gerichtes Hanoi vom 31 Mai 1898 und 30. August 1898 (Tribune 1898, S. 286 und 326). die Entsch des Gerichtes Pondichery vom 29. November 1897 (Tribune 1898, S 214). — Das so aufrecht erhaltene Statut ist also französisches Recht, das bei Vorhandensein gewisser weiterer Voraussetzungen der Revision des Kassationshofes unterliegt: vgl Entsch des Kassationshofes vom 30 Dezember 1896 (Recueil 1898, S. 12); ebenso eine Reihe anderer

[5]) Der für alle anderen Bewohner in Geltung ist.

Menschen ohne weiteres zubilligen[1]). Darüber hinaus ist der Ausländer nur insoweit Subjekt privatrechtlicher Befugnisse, als diese ihm durch Staatsvertrag oder besonderes Gesetz eingeräumt werden. Der Code civil bezeichnet diese Befugnisse, welche ohne weiteres, d. h. ohne ausdrückliche Übertragung, dem Inländer vorbehalten sind, als droits civils.

So wurde der unbeschränkte Genuß dieser Zivilrechte in Verbindung mit den politischen Rechten, für welche jene die notwendige Voraussetzung bilden, zugleich ein wesentliches Merkmal des Begriffes der Staatsangehörigkeit, so daß in der Praxis die Staatsangehörigkeit geradezu bei dem Nachweis des Genusses der zivilen und politischen Rechte als festgestellt gilt[2]). Jener Rechtsgrundsatz des gemeinen französischen Rechtes tritt nun in Konflikt mit der durch die Aufrechterhaltung des Eingeborenenstatuts in den Kolonien geschaffenen Rechtslage. Auf der einen Seite sind die Eingeborenen nicht Inländer im Sinne des Privatrechtes, da sie infolge ihrer Unterstellung unter das Statut nicht dem gemeinen Recht unterworfen sind und demnach auch die droits civils des gemeinen Rechts nicht besitzen, auf der anderen Seite müssen sie aber doch als französische Staatsangehörige gelten, da sie auf französischem Boden ihren Wohnsitz haben. So wurde der Begriff des „französischen Bürgers“ zu einem vollkommeneren Grade der Staatsangehörigkeit, der insbesondere durch den Genuß der politischen Rechte, die eine Konsequenz der zivilen Rechte sind, zum aktiven, wahlberechtigten Bürger macht, während die Eingeborenen begrifflich nur als Herrschaftsobjekte in Betracht kommen; so entsteht im Gegensatz zu dem „citoyen“ im Anschluß an die Unterscheidung Rousseaus[3]) der Begriff des „sujet“, des Untertanen, der zwar „français“, französisch, aber nicht „Français“, Franzose ist[4]).

Sujets français sind also nur die Träger eines aner-

---

[1]) Laurent I, S. 417 ff. und Aubry-Rau I, 291 ff; a. A. Zachariae-Crome I, S. 174

[2]) Vgl. vor allem die Gründe der Entsch. des Kassationshofes vom 13. Mai 1901 (Recueil 1901, S. 80 ff.).

[3]) Contrat social I, 6.

[4]) Vgl. z. B. das Senatuskonsult vom 14. Juli 1865, Art. 1 (bereits oben S. 82 Anm. 2 angeführt). Im allgemeinen ist freilich die Terminologie recht schwankend.

kannten Eingeborenenstatutes, während alle anderen Bewohner der Kolonien als französische Vollbürger anzusehen sind, weil sie dem gemeinen Recht unterstehen. Nur derjenige kann also zunächst als sujet in Betracht kommen, der Träger eines Statutes ist, welches Frankreich bei der Aufrichtung der Staatsgewalt in einem Territorium in Geltung vorfand. Solche Bewohner, die ihrer Abstammung nach ein ausländisches, nicht innerhalb des französischen Kolonialreiches geltendes Statut besitzen, können stets nur als Vollbürger in Betracht kommen, gleichgültig, welches die Kulturstufe ist, auf der sie stehen und welchem Volke sie ethnologisch angehören.

III. Die Rechtsstellung als sujet ist demnach dort begrifflich unmöglich, wo ein Statut überhaupt nicht besteht. Ein gutes Beispiel bieten dafür die Antillen, wo infolge der Sklavenbefreiung tausende von Negern plötzlich zu französischen Staatsangehörigen wurden. Sie mußten wegen des Mangels eines Statuts, das die Schwarzen, die zum großen Teil bereits seit Generationen Sklaven waren, natürlich nicht besaßen, der gemeinen französischen Gesetzgebung unterstellt werden, wenn sie auch zunächst gewissen Beschränkungen unterlagen. Durch die Ordonnanz vom 24. Februar 1831 wurden diese aufgehoben, und das Gesetz vom 24. April 1833 übertrug ausdrücklich „allen Bewohnern, die frei geboren waren oder auf gültige Weise die Freiheit erlangt hatten", die zivilen und politischen Rechte[1]).

Gleiches gilt dann, wenn das Statut nicht aufrecht erhalten wird. Mit vollem Recht erklärte deshalb das Gesetz vom 30. Dezember 1880, durch welches Tahiti dem französischen Kolonialreiche einverleibt wurde, die Bewohner des ehemaligen Protektoratslandes zu französischen Bürgern, da die Eingeborenen bereits seit dem Dekret vom 18. August 1868 ganz allgemein der französischen Gerichtsbarkeit unterstanden[2]). Ebenso richtig enthielt das Gesetz vom 6. August 1896, welches

[1]) Vgl. dazu Girault II, S. 152 ff.

[2]) Nur das Grundstücksrecht der Eingeborenen ist in Kraft geblieben, vgl. auch die Entsch des Kassationshofes vom 9. Dezember 1884 (Sirey 1886, I, S. 58) und vom 27 Juli 1887 (Bulletin des lois 1887, S. 314). Dagegen sind die Eingeborenen der Inseln Gambier, Rapa usw, die nicht zu Tahiti gehörten, keine Vollbürger: Entsch. des Staatsrates vom 24. April 1891 (Sirey 1892, III, S. 44)

Madagaskar zur französischen Kolonie erklärte, eine solche Bestimmung nicht, weil hier die Ureinwohner ihrem Statut unterstellt blieben[1]).

Auf die Rechtsstellung des sujet ist es ohne Einfluß, ob sein Statut in vollem Umfange in Geltung geblieben ist, oder ob das gemeine Recht sich in gewissem Umfange an seine Stelle gesetzt hat. Jedoch ist hierbei Voraussetzung, daß die Geltung des gemeinen Rechtes sich nur als Einschränkung des Grundsatzes von der Aufrechterhaltung des Statuts darstellt. Besonders in Algier ist das Eingeborenenstatut in erheblichem Umfange von dem gemeinen Recht verdrängt worden. Nach dem Dekret vom 17. April 1889 unterstehen die mohammedanischen Eingeborenen der territoires civils ihrem Statut nur noch hinsichtlich des statut personnel (dieser Begriff im Sinne des internationalen Privatrechtes genommen), des Erbrechtes und in gewissem Umfange des Grundstücksrechtes, im übrigen findet das gemeine Recht Anwendung[2]). Trotzdem ist das Geltungsgebiet des noch wirksamen Eingeborenenstatutes zu umfangreich, als daß man daraus umgekehrt den Grundsatz ableiten könnte, daß die Eingeborenen der gemeinen Gesetzgebung unterstehen, während nur in Ausnahmefällen das Statut Anwendung finde[3]).

Das Statut kann aber nur in der Heimatkolonie seines Trägers voll zur Wirksamkeit kommen; es ist nicht in dem Sinne eine Spezialgesetzgebung, daß es stets und überall auf dessen Rechtsverhältnisse voll zur Anwendung gebracht werden könnte. Diese beschränkte Wirkung des Statuts der Eingeborenen ist zwar nirgends ausdrücklich ausgesprochen, sie ergibt sich aber aus einer Reihe von Anhaltspunkten mit völliger Sicherheit. Wenn bestimmt wird, daß die Inder in Zukunft nach den Sitten und Gewohnheiten ihrer Kaste beurteilt werden sollen, oder daß das annamitische Gesetz alle Rechtsverhältnisse der Eingeborenen regele, oder daß

[1]) Die Ureinwohner von Diego-Suarez, Sainte-Marie und Nossi-Be unterstehen jedoch nicht ihrem Statut. Für sie gilt gemäß dem Dekret vom 22. August 1887 das gemeine französische Recht: Entsch. des Appelhofes Tananarive vom 13. Juli 1899 (Tribune 1899, S. 323)

[2]) Vgl. darüber Larcher II, S. 55 ff.

[3]) Den im Text dargelegten Standpunkt scheint auch die Entsch. des Gerichtes Mascara vom 4. November 1897 (Tribune 1898, S. 45) zu vertreten.

für die Mohammedaner Algiers die loi personelle maßgebend sei, oder daß die Richter bei der eingeborenen Gerichtsbarkeit nach den lokalen Sitten und Gebräuchen zu entscheiden hätten, so können hierunter nicht die Eingeborenen der anderen Kolonien mitverstanden werden. Das ist schon deshalb ausgeschlossen, weil diese Jurisdiktionen, die zum Teil, wie z. B. in Algier mit eingeborenen Beamten besetzt sind, oder an denen wenigstens, wenn auch nicht überall, rechtskundige Eingeborene als Beisitzer mit beratender Stimme teilnehmen, unmöglich für Eingeborene der anderen Kolonien zuständig sein können. Allerdings könnten die für die Entscheidung über gemeines französisches Recht bestellten Gerichte zugleich auch über das Statut der Eingeborenen anderer Kolonien entscheiden. Eine solche besondere Befugnis hätte aber ausdrücklich aufgestellt werden müssen, da diese Gerichte auf Grund positiver Vorschriften gemeines französisches Recht anzuwenden haben[1]).

Man könnte aus diesem Grunde annehmen, daß die sujets nur in der Heimatkolonie die gekennzeichnete besondere rechtliche Stellung haben, daß sie aber in allen anderen Kolonien und insbesondere auch im Mutterlande dem gemeinen Recht unterstellt sind und deshalb hier überall als französische Vollbürger zu betrachten seien. Dem ist aber nicht so! Denn wenn auch das Geltungsgebiet des einzelnen Statutes nicht das ganze französische Reich umfaßt, so stellt es doch jedenfalls in einem bestimmten Teile des Staatsgebietes für die Mehrzahl der Bewohner die objektive Rechtsordnung dar. Da aber dem Statut als anerkanntem französischen Recht die gleiche Kraft wie dem gemeinen Recht, wenigstens grundsätzlich, innewohnt, so entsteht zwischen jenem Sonderrecht, das der sujet in das übrige Staatsgebiet mitbringt, und dem gemeinen Recht, das ihn hier umfängt, eine Statutenkollision, die in analoger Anwendung der Regeln des französischen internationalen Privatrechtes ihre Lösung finden muß. Nach diesem wird der Ausländer bezüglich des statut personnel auch im

[1]) Unrichtig ist deshalb die Entsch. des Seinezivilgerichtes vom 10. August 1893 (Revue 1894, S. 173), wonach das Statut der algerischen Eingeborenen, das durch die Aufrechterhaltung selbst französisches Gesetz geworden sei, auch im Mutterlande in vollem Umfange auf jene Anwendung finden müsse Eine Reihe von Entscheidungen haben sich denn auch auf einen anderen Standpunkt gestellt; vgl z B. S. 87 Anm 2.

Inlande nach dem Recht seiner Heimat beurteilt, während er bezüglich des statut réel der französischen Gesetzgebung untersteht[1]). Dementsprechend ist der sujet außerhalb seiner Heimatkolonie bezüglich des statut réel dem gemeinen Recht unterworfen; im übrigen findet sein Statut Anwendung[2]).

Die rechtliche Stellung des sujet wird nun dadurch, daß er hier dem gemeinen Recht teilweise untersteht, noch weniger berührt, wie wenn sein Statut überhaupt schon durch das gemeine Recht eingeschränkt worden wäre. Denn nur deshalb wird er teilweise nach gemeinem Recht beurteilt, um in dem zwischen seinem Statut und dem gemeinen Recht entstehenden Konflikt einen Ausweg möglich zu machen. Er steht also nicht anders da wie der Ausländer, der gleich dem französischen Untertanen bezüglich des statut réel der gemeinen französischen Gesetzgebung untersteht, ohne damit doch als französischer Bürger anerkannt zu werden.

Zweiter Abschnitt.

Der Rechtsinhalt der Staatsangehörigkeit.

Rechtsinhalt der Staatsangehörigkeit ist die Gesamtheit der Normen, welche für die Staatsangehörigen in ihren rechtlichen Beziehungen zu den übrigen Bewohnern und zum Staate selbst gelten. In diesem Zusammenhang kann es sich aber nur darum handeln, die besonderen Eigentümlichkeiten dieses Rechtsinhaltes in den Kolonien, insbesondere die der rechtlichen Stellung des „Untertanen" näher darzulegen[3]).

[1]) Vgl. Laurent I, S. 121 ff

[2]) Demgemäß können gemäß der Entsch. des Appelhofes von Indochina vom 14. Februar 1902 (Recueil 1904, S. 32), französische sujets aus Indien in Cochinchina eine Ehe nur unter den vom gemeinen französischem Recht vorgeschriebenen Formen gültig eingehen; die nach dem indischen Statut geschlossene Ehe ist nichtig. Vgl. auch die Note zu dieser Entscheidung

[3]) Eine Darstellung des Rechtsinhaltes der Staatsangehörigkeit geben, würde bedeuten, nahezu die gesamte Rechtsordnung unter der „Rubrik der Staatsangehörigkeit" darstellen; vgl. Zorn, Staatsrecht I, S. 370 ff

I. Der Inhalt der Staatsangehörigkeit ist naturgemäß verschieden, je nachdem der Staatsangehörige Franzose oder nur französischer Untertan ist. Während jener sämtliche zivile und politische Rechte besitzt, hat dieser eine rechtlich minderwertige Stellung. Aber auch der Franzose hat in den Kolonien nicht dieselbe Stellung wie im Mutterlande. Er muß, obgleich er sich auf französischem Staatsgebiete befindet, auf manche Garantien und Befugnisse verzichten, die ihm im Mutterlande gewährt sind[1]). So kann in der Mehrzahl der Kolonien das Wahlrecht nicht ausgeübt werden und nicht überall erfolgt die Aburteilung durch einen Assisenhof, wenn ein Verbrechen in Frage kommt[2]).

II. Charakteristisches Merkmal der rechtlichen Stellung des sujet ist nach den Ausführungen des letzten Abschnittes, daß er grundsätzlich nicht an dem Genuß der droits civils teilnimmt. Da aber sie die Voraussetzung für die politischen Rechte bilden[3]), so sind damit auch diese dem französischen Untertanen vorenthalten. Die droits politiques umfassen fast alle die Befugnisse, welche dem Inländer im öffentlichen Leben vor dem Ausländer gewährt sind. Insbesondere gehören dazu das aktive und passive Wahlrecht zum Parlament, die Fähigkeit, öffentliche Ämter zu bekleiden und Sollenitätszeuge zu sein[4]). Beim sujet könnte also die Eigenschaft als französischer Staatsangehöriger an sich nur in solchen Punkten zur Erscheinung kommen, die nicht zu den zivilen und politischen Rechten gehören. Der französische Untertan kann demnach im Gegensatz zu den Fremden aus dem Staatsgebiet nicht ausgewiesen werden, er genießt wie die vollberechtigten Bürger den Schutz der Französischen Republik im Auslande er ist im Gegensatz zu den Ausländern zum Besuche der Regierungsschulen befugt, die nur den Inländern offen stehen.

---

[1]) Vgl. dazu die Entsch. des Kassationshofes vom 14. März 1907 (Recueil 1907, S. 124).

[2]) Die Wahlen zum Oberkolonialrat in Tahiti sind deshalb nicht ungültig, weil in einzelnen Gegenden der Insel wegen der mangelnden Verwaltungsorganisation die Wahlberechtigten ihr Wahlrecht nicht ausüben können: Entsch. des Staatsrates vom 24. April 1891 (Sirey 1892, III, S. 44).

[3]) Vgl. dazu S. 83.

[4]) Vgl. Zachariae-Crome I, S. 158.

Jedoch macht sich in der französischen Rechtsprechung die Neigung geltend, die sujets in gewissen Grenzen auch an dem Genuß der zivilen und politischen Rechte teilnehmen zu lassen[1]: So entschied der Kassationshof, daß der französische Untertan in die Liste der Rechtsanwälte eingetragen werden könne, obwohl nach herrschender Meinung das Amt des Rechtsanwaltes in gewisser Beziehung ein öffentliches ist[2]. Nach Art. 16 des Code civil kann der Inländer bei einer Zivilklage eines Ausländers gegen ihn Sicherheitsleistung wegen der Erstattung der Prozeßkosten verlangen, die sog. caution judicatum solvi. Obgleich dieses Recht unbestritten zu den Zivilrechten gehört, wird es von der Praxis auch den sujets zuerkannt, die andererseits natürlich auch nicht zur Sicherheitsleistung von einem Vollbürger gezwungen werden können[3]. Übrigens sind durch Spezialgesetze den sujets bestimmte Befugnisse eingeräumt worden, die an sich zu den politischen oder zivilen Rechten gehören. So haben die sujets in Indien und Senegal ein Wahlrecht zum Parlament[4]; auch werden sie zu gewissen öffentlichen Ämtern zugelassen[5].

---

[1]) Dazu gehört auch die Neigung der Praxis, das gemeine französische Recht als ratio scripta zu betrachten, das entweder bei Lücken des Statutes anzuwenden ist oder sogar in seinen Grundsätzen ohne weiteres, selbst im Widerspruch mit dem Inhalt der Statuten, für die Eingeborenen zu gelten hat. Vgl. z. B. die Entsch. des Appellhofes von Indochina vom 8. Februar 1899 (Recueil 1900, S. 62) und vom 3. Oktober 1901 (Recueil 1902, S. 53), die Entsch. des Kassationshofes vom 21. Oktober 1901 (Recueil 1902, S. 6), die Entsch. des Appellhofes von Indochina vom 5 Dezember 1902 (Recueil 1903, S. 58) und vom 25. September 1903 (Tribune 1904, S. 210), sowie vom 18. Mai 1905 (Récueil 1905, S. 165), endlich die Entsch. des Kassationshofes vom 12. März 1906 (Recueil 1906, S. 92). Doch tritt diese Neigung nicht immer in gleich energischer Weise zutage. Vgl. dafür z. B. die Entsch. des Gerichtes Pondichery vom 29. November 1897 (Tribune 1898, S. 74), des Appellhofes Saigon vom 26. Oktober 1893 (Tribune 1895, S. 74), sowie des Appellhofes von Indochina vom 12. Juni 1902 (Tribune 1902, S. 351).

[2]) Entsch. vom 15. Februar 1864 (Sirey 1864, I, S. 113); vgl. dazu Larcher II, S. 13, Anm. 5, der sich dagegen ausspricht.

[3]) Vgl. die Entsch. des Gerichtes Hanoi vom 19. Juli 1904 (Recueil 1904, S. 222).

[4]) Vgl. unten S. 122.

[5]) Nachweisungen im einzelnen bei Dislère I, S. 447 ff.

Der Begriff des sujet zerfällt wieder in verschiedene Unterbegriffe. Man kann nämlich den indigène, den Eingeborenen, dem sujet in diesem Sinne entgegenstellen. Unter „Eingeborenen“ versteht man dann den Untertanen mit Rücksicht auf seine rechtliche Stellung in der Heimatkolonie, unter sujet denselben hinsichtlich seiner Stellung im übrigen Staatsgebiet. Der Unterschied ihrer rechtlichen Stellung beruht, wie bereits oben auseinandergesetzt wurde, vor allem darauf, daß der Eingeborene grundsätzlich seinem Statut unterstellt ist, während der sujet lediglich bezüglich des statut personnel seiner heimatlichen Gesetzgebung, im übrigen aber dem gemeinen Recht untersteht. Die Sondergesetze, die für die „Eingeborenen“ in einer Kolonie erlassen sind, finden deshalb nur für die sujets, die aus dieser Kolonie stammen, Anwendung; alle anderen „Untertanen“, die in der Kolonie ansässig sind, fallen nicht darunter. Das ist oft von großer Bedeutung, z. B. wenn es sich darum handelt, ob die Spezialgesetzgebung, der die Eingeborenen einer Kolonie unterstehen, auch für sujets aus anderen Kolonien gilt. Regelmäßig ist dies zu verneinen[1]).

Dritter Abschnitt.

Erwerb und Verlust der Staatsangehörigkeit.

I. Als Staatsangehörige wurden in der Einleitung zu diesem Kapitel alle Bewohner eines Landes bezeichnet, wo ein Staat seine Gebietshoheit aufgerichtet hat. Da aber diese den Charakter eines dauernden Herrschaftsverhältnisses an sich trägt, so können als Staatsangehörige nur diejenigen betrachtet werden, die im Augenblicke der Aufrichtung der Herrschaft auf dem neu erworbenen Staatsgebiet ihren Wohnsitz, d. h. den dauernden Mittelpunkt ihrer Lebensverhältnisse haben[2]), ohne daß es aber etwas ausmacht, wenn ein Bewohner

[1]) Hiervon gibt es freilich auch Ausnahmen; vgl. z. B. die Entsch. des Kassationshofes vom 1. Juli 1882 (Sirey 1884, I, S. 355), sowie die Entsch. des Kassationshofes vom 9. Februar 1882 (Sirey 1884, I, S. 91).

[2]) Vgl. dazu Aubry-Rau I, S. 258 ff. und Laurent I, S. 458 ff.

im Augenblicke der Aufrichtung der Herrschaft vorübergehend abwesend war[1]), Andererseits ist aber auch die zufällige Anwesenheit auf dem neuen Staatsgebiet gleichgültig; sie ist nicht imstande. die neue Staatsangehörigkeit zu übertragen.

Diese Regel erleidet nun gewisse Einschränkungen. Nach französischem Recht kann eine Person nicht verschiedenen Staaten angehören[2]). Die Aufrichtung der Staatsgewalt bleibt also auf solche Bewohner ohne Wirkung, die bereits eine Staatsangehörigkeit haben. Wer aber besitzt eine fremde Staatsangehörigkeit im Sinne der französischen Gesetzgebung? Gesetzgebung und Wissenschaft äußern sich über diese Frage nicht. Es ist jedoch klar, daß die Anerkennung der Staatsangehörigkeit abhängig sein wird von der Anerkennung des Staates, dem eine Person angehört. In anderem Zusammenhange[3]) wurde nun als Kriterium des völkerrechtlich anerkannten Staates die Rechtsfähigkeit festgestellt; mangels näherer Anhaltspunkte muß man deshalb annehmen, daß auch für das Staatsrecht dieses Kriterium gewohnheitsmäßig gilt. Demnach ist die Zugehörigkeit einer Person zu einer politischen Gemeinschaft dann als Staatsangehörigkeit anzusehen, die den Erwerb der französischen Staatsangehörigkeit ausschließt, wenn jene Gemeinschaft zugleich ein völkerrechtlich anerkannter Staat ist[4]).

Neben dem begrifflich vor allem in Betracht kommenden Wohnsitze legt die französische Theorie, in verschiedenen Spielarten, auch der Geburt eine gewisse Bedeutung bei[5]). Während die einen den Erwerb der Staatsangehörigkeit an die Voraussetzung des Wohnsitzes und der Geburt knüpfen, so daß nicht alle Bewohner, sondern lediglich diejenigen von ihnen, die zugleich auf dem neu erworbenen Territorium geboren sind, die Staatsangehörigkeit erwerben, genügt nach anderen Wohn-

---

[1]) In diesem Sinne die Entsch. des Appelhofes Alger vom 18. Juni 1890 (Tribune 1891, S. 173).

[2]) Vgl. darüber Laurent I, S. 425 ff.

[3]) Vgl. darüber oben S. 49 ff.

[4]) Ist jedoch eine ausdrückliche Anerkennung eines Staates durch Frankreich erfolgt, so ist damit auch ohne weiteres die Staatsangehörigkeit seiner Bewohner anerkannt; vgl. dazu die Entsch. des Seinezivilgerichtes vom 18. November 1892 (Tribune 1893, S. 127).

[5]) Vgl. darüber Weiß S. 348 ff. und Despagnet, Droit international prive, S. 299 ff.

sitz **oder** Geburt, so daß also außer den eigentlichen Bewohnern noch diejenigen als Staatsangehörige in Betracht kommen, welche auch hier geboren sind[1]). Bei völkerrechtlichen Zessionen, bei denen diese Frage positiv geregelt wurde, ist das Moment der Geburt gleichfalls anerkannt worden: bei der Abtretung von Savoyen und Nizza durch den Vertrag vom 24. März 1860 mit Sardinien wurde die französische Nationalität denjenigen übertragen, die in den abgetretenen Gebieten geboren waren; die gleiche Bestimmung enthielt der Vertrag vom 2. Februar 1861 mit dem Fürsten von Monako, durch den die Gemeinden Roquebrune und Menton an Frankreich abgetreten wurden. Dagegen kam die Tatsache der Geburt in dem Vertrage vom 10. August 1877 mit Schweden, durch den die Insel St. Barthélemy an Frankreich fiel, nicht in Betracht.

Das war übrigens der einzige Fall, wo die Frage der Staatsangehörigkeit der Bewohner bei dem Erwerb eines kolonialen Territoriums positiv geregelt wurde. Sonst sind Bestimmungen hierüber niemals ergangen.

Von Bedeutung ist die Tatsache der Geburt für den Erwerb der Staatsangehörigkeit unzweifelhaft dann, wenn es sich um eine Generalsukzession handelt. Liegt eine solche vor, d. h. verleibt ein Staat das gesamte Gebiet eines anderen Staates seinem Territorium ein, so erwerben nach Völkerrecht **sämtliche** Angehörige des ehemaligen Staates die neue Staatsangehörigkeit, insbesondere auch alle diejenigen, welche im Auslande ihren Wohnsitz haben. Wenigstens ist das ein in Frankreich anerkannter Grundsatz[2]), dessen Geltung im französischen Landesrecht mangels entgegenstehender Bestimmungen und sonstiger Anhaltspunkte angenommen werden muß. Es folgt daraus z. B., daß ein Staatsangehöriger Annams oder ein Malgache, der zur Zeit der Aufrichtung der französischen Souveränität im Auslande weilte, ohne weiteres fran-

[1]) In einer Note zu der Entsch. des Appelhofes Paris vom 24. Juli 1874 (Sirey 1875, I, S. 225) hat Cauwès eine weitere Theorie aufgestellt, nach der man für die Entscheidung der Frage über den Erwerb der Staatsangehörigkeit zu unterscheiden hat, ob es sich um einen Einheitsstaat oder einen zusammengesetzten Staat handelt. Dort entscheidet der Wohnsitz, hier die Herkunft.

[2]) Vgl. dazu Despagnet, Droit international privé S. 300; a. A. v. Holtzendorff II, S. 41ff.

zösischer Staatsangehöriger wurde[1]). Dieser bei der Generalsukzession in Staaten eingreifende Grundsatz ist analog anwendbar, wenn ein Stamm der französischen Herrschaft unterworfen wird.

Zu einem anderen Resultat gelangt man aber für solche Fälle, wo die französische Herrschaft sich lediglich auf einen Teil eines fremden Staates oder auf einige Dörfer eines Stammes erweiterte. Es fehlt jeder juristische Grund dafür, hier außer der Tatsache des Wohnsitzes auch noch die Geburt entscheiden zu lassen; die Gründe, die für diese Annahme vorgebracht werden, sind denn auch vorzugsweise philosophischer Natur, die aber bei der Feststellung positiven Rechtes keine Berechtigung haben[2]).

Die bisherigen Erörterungen hatten sich nur um die Frage gedreht, wer infolge der Aufrichtung der Staatsgewalt in einem Territorium die Staatsangehörigkeit als solche erlangt. Völlig unbeachtet war geblieben, welche der beiden oben besprochenen Rechtsformen der französischen Nationalität der einzelne Bewohner erhält[3]). Diese weitere Frage findet ihre Beantwortung durch die Anwendung der oben festgestellten Grundsätze über die juristischen Merkmale des Vollbürgers und des Untertanen. In die Stellung des französischen sujet rücken also alle diejenigen ein, welche Träger eines in der Kolonie vorgefundenen und anerkannten Statutes sind. Alle anderen, und zwar gleichgültig, welcher Rasse sie entstammen, oder auf welcher Stufe der geistigen Entwicklung sie stehen, erlangen die französische Vollbürgerschaft[4]).

---

[1]) Siehe auch Oppenheim I, S. 291 ff.

[2]) Das ist auch die herrschende Ansicht; vgl. z. B. Aubry-Rau I, S. 258 und die dort angeführten, ferner Despagnet, Droit international privé S. 300, Weiß S. 351, Selosse S. 283; vgl. auch die Entsch. des Gerichtes Hanoi vom 18. April 1898 und die Observations dazu (Tribune 1898, S. 195).

[3]) Daß die obigen Ausführungen ohne Unterschied sowohl für den Erwerb der Stellung als citoyen als auch der des sujet gelten, bedarf keiner weiteren Erörterung; vgl. übrigens die Entsch. des Gerichtes Hanoi vom 24. Dezember 1901 (Tribune 1902, S. 110).

[4]) Bei der Einverleibung Madagaskars wurden deshalb die Neger von der gegenüberliegenden afrikanischen Küste, die sich auf der Großen Insel dauernd als Händler niedergelassen hatten, französische Vollbürger.

Wie die französische Staatsangehörigkeit durch die Aufrichtung der Gebietshoheit auf einem Territorium von sämtlichen Bewohnern mit gewissen oben besprochenen Ausnahmen erworben wird, so tritt in analoger Weise der Verlust der französischen Staatsangehörigkeit der Bewohner eines kolonialen Territoriums durch dessen Abtretung an einen anderen Staat ein. Auch hier entscheidet, mangels besonderer Vereinbarungen, lediglich die Tatsache des Wohnsitzes. Der Verlust der französischen Staatsangehörigkeit wegen Abtretung eines kolonialen Territoriums ist allerdings seit dem Jahre 1814 nicht mehr praktisch geworden.

II. Während Erwerb und Verlust der französischen Staatsangehörigkeit bei der Ausdehnung der Staatsgewalt auf ein neues Territorium bzw. der Abtretung des Gebietes für alle Bewohner notwendig einheitlich sein muß, regelt sich im übrigen Erwerb und Verlust derselben verschieden, je nachdem es sich um die Rechtsstellung des Vollbürgers oder des Untertanen handelt.

1. Die Bestimmungen über Erwerb und Verlust der französischen Staatsangehörigkeit in der Rechtsstellung eines Vollbürgers finden sich für Algier, Martinique, Guadeloupe und Reunion in den Gesetzen vom 26. Juni 1889 und vom 22. Juli 1893, die auch für das Mutterland diese Materie neu regelten. Auf Grund dieser Vorschriften, die heute die Art. 8 bis 10, 12, 13, 17 bis 21 des Code civil bilden, wird die Staatsangehörigkeit in der Form der Vollbürgerschaft erworben:

aa. durch Abstammung von französischen Eltern,

bb. durch Geburt in einer dieser Kolonien oder im Mutterlande, falls die Eltern überhaupt unbekannt sind oder wenn deren Nationalität wenigstens nicht feststeht[1]).

[1]) Die Bedeutung dieser Vorschrift ist, wenigstens in Algier, nicht so groß, als man dem Wortlaut der Bestimmung nach annehmen müßte. Sie hat nicht alle Personen unbekannter Herkunft, die hier geboren sind, im Auge. Ein Teil dieser Personen setzt sich nämlich einmal aus Eingeborenen zusammen, deren Abstammung aus irgendwelchen Gründen nicht feststeht; ferner aus Abkömmlingen solcher Ausländer, die ethnologisch den Eingeborenen nahestehen und deshalb zum Teil der für jene geltenden Rechtsordnung unterstellt sind. Wollte man nun annehmen, daß jene Vorschrift des Code civil auch diese Personenkreise umfasste, so müßte es der Wille des Gesetzgebers sein, alle, die durch die unverkennbaren Abzeichen ihrer Rasse als Eingeborene bzw. assimilés

cc. durch Anerkennung von seiten des französischen Elternteiles, wenn das Kind unehelich und im Auslande geboren ist,

dd. durch Abstammung von Eltern fremder Nationalität, wenn die Person und wenigstens bereits ein Elternteil in einer der genannten Kolonien oder im Mutterlande geboren war; jedoch hat der Abkömmling, falls lediglich die Mutter im Inlande geboren ist, das Recht, innerhalb eines Jahres nach eingetretener Volljährigkeit auf die französische Staatsangehörigkeit zu verzichten,

ee. durch Abstammung von Eltern fremder Nationalität, wenn die Person in einer der genannten Kolonien oder im Mutterlande geboren ist und zur Zeit ihrer Großjährigkeit hier ihren Wohnsitz hat, es sei denn, daß sie innerhalb eines Jahres nach eingetretener Großjährigkeit auf die französische Staatsangehörigkeit verzichtet und zugleich nachweist, daß sie die fremde Staatsangehörigkeit ihrer Eltern behalten hat,

ff. durch Naturalisation; diese kann erteilt werden:

α) falls der Ausländer drei Jahre seinen von der Regierung autorisierten Wohnsitz in einer dieser Kolonien oder im Mutterlande hat,

β) wenn der Ausländer sich seit zehn Jahren ununterbrochen hier aufhält,

γ) wenn ein Ausländer hier ein Jahr lang seinen von der Regierung autorisierten Wohnsitz gehabt hat und er sich entweder bedeutende Verdienste erworben, einen neuen Industriezweig oder eine neue Erfindung eingeführt hat oder wenn er sich dem Militärdienst widmet,

---

kenntlich sind und deshalb an sich gemäß den allgemeinen Grundsätzen des Kolonialrechts nach dem Eingeborenenstatut beurteilt werden müßten, dem gemeinen französischen Recht zu unterstellen. Mangels einer ausdrücklichen Willensmeinung des Gesetzgebers kann man jedoch das nicht annehmen; denn die Tatsache allein, daß ein Eingeborener oder assimilé seiner Abstammung nach unbekannt ist, ist allein nicht hinreichend, ohne weiteres die Unterstellung unter das gemeine französische Recht zu rechtfertigen. Es muß allerdings zugegeben werden, daß in der Praxis die Frage, ob eine Person unbekannter Herkunft Eingeborener bzw assimilé ist und demnach nicht unter jene Vorschrift fällt, bei Mischlingen recht zweifelhaft sein kann. — In der Literatur äußert man sich über diese Frage nicht. Die hier vertretene Ansicht hat, allerdings ohne weitere Begründung, die Praxis aufgestellt; vgl. die Entsch. des Appellhofes von Indochina vom 28. Mai 1903 (Recueil 1904, S. 41).

δ) wenn ein Ausländer eine Französin heiratet und darauf hier ein Jahr lang seinen von der Regierung autorisierten Wohnsitz gehabt hat;

Die Wirkung der Naturalisation erstreckt sich auf die minderjährigen Kinder. Durch den bloßen Antrag der Ehefrau und der großjährigen Kinder wird sie auch auf diese ausgedehnt[1]).

gg. verlangen kann die Verleihung der französischen Staatsangehörigkeit ein Ausländer, welcher hier geboren ist, jedoch zur Zeit der Volljährigkeit seinen Wohnsitz nicht hier hat, wenn er sich vor Vollendung des 22. Lebensjahres verpflichtet, seinen Wohnsitz im Inlande aufzuschlagen und dieser Erklärung innerhalb eines Jahres entspricht. Die Verleihung kann nur wegen Unwürdigkeit verweigert werden;

hh. das gleiche gilt, wenn ein Ausländer von Eltern abstammt, von denen ein Elternteil die französische Staatsangehörigkeit besessen, aber wieder verloren hat[2]).

Für die anderen Kolonien wurden erst durch das Dekret vom 7. Februar 1897 entsprechende Vorschriften erlassen; bis dahin konnte das Vollbürgertum nur durch Abstammung von französischen Eltern oder Verheiratung mit einem Franzosen erworben werden; die französischen Kolonien standen also nicht anders da, wie das Ausland überhaupt[3]).

Die Vorschriften des Gesetzes vom 26. Juni 1889 dienten diesem Dekret zum Vorbild, jedoch finden sich in diesem einige wesentliche Modifikationen, die für die besonderen Verhältnisse der Kolonien, für die es in Geltung treten sollte, erforderlich waren. Entsprechend den Bestimmungen des Code civil erkennt es die französische Nationalität den Abkömmlingen französischer Eltern oder Eltern unbekannter Herkunft oder Nationalität zu[4]), dagegen nicht Ausländern, die lediglich in den Kolonien geboren sind. Auch die Naturalisation unterliegt ge-

---

[1]) Vgl. Art. 12 des Code civil.

[2]) Unter der Bedingung jedoch, daß domicilié en France et appelé sous les drapeaux, lors de sa majorité, il n'ait revendiqué la qualité d'étranger (Art. 10 des Code civil).

[3]) In Cochinchina und Neukaledonien waren allerdings schon Spezialbestimmungen für die Naturalisation in Geltung; vgl. Dislère I, S. 712 ff.

[4]) Auch für diese Bestimmung gilt das auf S. 94, Anm. 1 gesagte.

wissen Modifikationen. Während das Gesetz von 1889 als Bedingung einen autorisierten Aufenthalt im Inlande verlangt, begnügt sich das Dekret von 1897 mit einem bloßen ununterbrochenen Aufenthalt in den Kolonien. Dagegen ist der Erwerb der Staatsangehörigkeit auf Grund einer bloßen Reklamation nicht möglich; vielmehr ist stets eine förmliche, wenn auch in gewissen Fällen erleichterte Naturalisation erforderlich, bei der die Verleihung der französischen Nationalität völlig in das Belieben der Regierung gestellt ist.

Der Verlust der Staatsangehörigkeit regelt sich überall nach den gleichen Bestimmungen. und zwar deshalb, weil ein bestimmtes Territorium in keinem Falle Tatbestandsmerkmal ist[1]).

Die einzelnen Fälle sind:

aa. Naturalisation eines Franzosen im Auslande;

bb. Verzicht der französischen Staatsangehörigkeit gemäß den Vorschriften der Art. 8, 12 und 18 des Code civil;

cc. Weigerung auf die Aufforderung der französischen Regierung hin, öffentlichrechtliche Obliegenheiten, die durch einen ausländischen Staat übertragen sind, niederzulegen;

dd. Eintritt in fremden Militärdienst ohne die Genehmigung der französischen Regierung;

ee. Verheiratung einer Französin mit einem Ausländer, es sei denn, daß sie durch die Heirat die Staatsangehörigkeit ihres Mannes nicht erwirbt[2]);

ff. Beteiligung an einem Sklavenhandel gemäß dem Gesetz vom 27. April 1848[3])[4]).

---

[1]) Das Dekret vom 7 Februar 1897 wiederholt deshalb bloß die Bestimmungen des Code civil über den Verlust der Staatsangehörigkeit

[2]) Die jüdische Französin aus Algier verliert deshalb die französische Staatsangehörigkeit durch die Eingehung der Ehe mit einem Marokkaner nicht, weil der Koran als marokkanisches Gesetz den Ungläubigen als Staatsangehörigen nicht anerkennt, durch die Ehe die marokkanische Staatsangehörigkeit also nicht erworben wird Entsch des Gerichtes Mascara vom 19 Mai 1897 (Revue 1897, S 32)

[3]) Vgl. dazu die Entsch des Gerichtes Mascara vom 6. Februar 1895 (Tribune 1896, S. 31).

[4]) Über die Fälle der Wiedererlangung der französischen Staatsangehörigkeit, falls sie verloren worden war, vgl. Art 18-21 des Code civil und Art 1 des Dekretes vom 7 Februar 1897

Auf Grund des Dekretes vom 28. Februar 1899, welches in Abänderung eines Dekretes vom 29. Juli 1887 erging, ist auch in Tunis eine Naturalisation möglich. Danach kann die französische Staatsangehörigkeit Fremden, die einen Aufenthalt von drei Jahren in Tunis, Algier oder Frankreich nachweisen, sowie Eingeborenen von Tunis, welche drei Jahre lang im Heere oder in der Marine Frankreichs gedient haben oder eine französische Beamtenstellung bekleideten, verliehen werden; an keine Bedingung ist die Naturalisation dann geknüpft, wenn ein Tunesier Frankreich außergewöhnliche Dienste geleistet hat. Die Wirkungen der Naturalisation auf die Ehefrau und die Kinder sind die gleichen wie nach dem Code civil[1]).

2. a. Im Gegensatz dazu sind Bestimmungen über Erwerb und Verlust der Rechtsstellung als sujet nicht ergangen. Auch die Vorschriften des Statutes über den Erwerb und Verlust der Mitgliedschaft an dem eingeborenen Stamm oder Staatswesen, soweit solche vorhanden sind, könnten für den Erwerb und Verlust der französischen Staatsangehörigkeit keine Anwendung finden, weil das Eingeborenenstatut höchstens die Mitgliedschaft an dieser Gemeinschaft regelt, die Gesichtspunkte aber, die hierfür maßgebend sind, für die Angehörigkeit zum französischen Staat nicht in Betracht kommen können. Allein in Betracht kommt vielmehr die Tatsache, daß der sujet französischer Staatsangehöriger ist: Erwerb und Verlust dieser Rechtsstellung können sich deshalb bei dem Fehlen positiver Normen lediglich nach den Prinzipien richten, die das französische Recht für den Erwerb und Verlust des Vollbürgertums aufgestellt hat.

b. α. Das französische Recht knüpft nun zunächst wie alle anderen Rechtsordnungen Erwerb und Verlust der Staatsangehörigkeit an gewisse familienrechtliche Verhältnisse[2]). Es geht dabei von dem Gedanken aus, daß Erneuerung und Fortpflanzung des Volkes sich im Schoße der Familie vollzieht

[1]) Auf Grund des Dekretes ist in Tunis auch eine Wiedergewinnung der französischen Staatsangehörigkeit unter Zugrundelegung der Bestimmungen des Code civil möglich; vgl. Art. 5ff. des Dekretes.

[2]) Vgl. dazu Sartorius, der Einfluß des Familienstandes auf die Staatsangehörigkeit, im Verwaltungsarchiv VII, S. 319ff und Nadelhoffer, Einfluß familienrechtlicher Verhältnisse auf die Erwerbung und den Verlust der Reichs- und Staatsangehörigkeit, Straßburger Dissertation 1906.

und daß, wie die Eltern prinzipiell ihre Rechtsbeziehungen auf ihre Kinder vererben und wie die Frau durch die Heirat in weitgehendem Maße ihr rechtliches Schicksal an das ihres Mannes kettet, auch die Staatsangehörigkeit des Mannes und Vaters auf Ehefrau und Kinder übergehen muß[1]). Das Recht knüpft also Erwerb und Verlust der Staatsangehörigkeit lediglich an die Rechtsbeziehungen an, die durch das Familienrecht geschaffen wurden. Primär sind also die vom Familienrecht aufgestellten Rechtsbeziehungen, sekundär die Folgen, die für die Staatsangehörigkeit der dabei beteiligten Personen in Betracht kommen. Soweit nun die Statuten andere Grundsätze für die Verwandtschaft aufstellen als der Code civil, wenn sie z. B. die Frau an Stelle des Mannes als das Oberhaupt der Familie betrachten, muß sich auch die Staatsangehörigkeit der Eingeborenen nach den besonderen familienrechtlichen Vorschriften der Statuten bestimmen. Denn wenn einmal das französische Recht durch die Aufrechterhaltung des Statutes diese Verwandtschaftsverhältnisse überhaupt anerkennt, so ist kein Grund vorhanden, warum sie nicht auch als maßgebend für Erwerb und Verlust der Staatsangehörigkeit anerkannt werden sollen. Öffentlichrechtliche Erwägungen besonderer Art bestehen dafür nicht, daß nach gemeinem französischen Recht z. B. nun gerade die Frau der Nationalität ihres Mannes folgt, bestimmend ist vielmehr lediglich der Umstand, daß überhaupt die Rechtsstellung der Frau durch diejenige des Mannes beeinflußt wird. Es würde merkwürdig sein, wenn das französische Recht, durch absolute Anwendung der Bestimmungen über Erwerb und Verlust der Eigenschaft als Vollbürger auf die Rechtsstellung des sujet, einen Dualismus in das koloniale Personenrecht hineintragen wollte, der dem Sinne des ganzen Instituts der Staatsangehörigkeit widersprechen würde und zu den größten Verwirrungen und den sinnwidrigsten Resultaten führen müßte[2]). Man kann deshalb

[1]) Allerdings hat das Gesetz vom 26. Juni 1889 aus äußeren Gründen, um nämlich gegenüber der sinkenden Geburtsziffer ein Gegengewicht zu schaffen, gewisse Ausnahmen von diesem Grundsatz eingeführt, durch die aber das Prinzip an sich nicht erschüttert worden ist.

[2]) Man denke z. B. an die dem Prinzip des Vaterrechtes, das das gemeine Recht beherrscht, direkt widersprechenden Gebräuche der geschlechtlichen Promiskuität, die bei unentwickelten Völkern besonders

nicht anders annehmen, als daß das Statut an Stelle der Vorschriften des gemeinen Rechtes die Staatsangehörigkeit bestimmt, soweit diese gemäß den Regeln des Code civil sich nach familienrechtlichen Tatsachen, wie Geburt oder Heirat, richtet. Insoweit nach gemeinem Recht neben diesen noch andere Merkmale zum Tatbestande der einzelnen Erwerbs- oder Verlustfälle der Staatsangehörigkeit gehören, müssen sie in analoger Weise auch als Voraussetzung für den Erwerb und Verlust der sujet-Stellung angesehen werden.

Im folgenden kann es sich nur darum handeln, die wichtigsten Wirkungen darzutun, die infolge des verschiedenen Inhalts der Statuten in der Frage der Staatsangehörigkeit eintreten können. Eine Feststellung im einzelnen würde nicht nur des Interesses entbehren, sondern auch unmöglich sein, weil die Statuten, die bei den weniger kultivierten Völkern als Gewohnheitsrecht gelten und selten aufgezeichnet wurden, nur ausnahmsweise gesammelt worden sind[1]).

β. Erwerb der Eigenschaft als sujet. Nach gemeinem Recht erwirbt die Ausländerin durch die Eingehung der Ehe mit einem Franzosen die französische Nationalität. Auch nach den Statuten folgt regelmäßig, soweit das festgestellt werden konnte, die Frau der Rechtsstellung ihres Mannes[2]). Während aber nach gemeinem Recht die Wirkung des Erwerbes der Nationalität sich an die Eingehung der Ehe in den Formen, wie sie der Code civil bestimmt, knüpft, ist der Erwerb der Eigenschaft als sujet nach den oben festgestellten Grundsätzen abhängig von den Formen, wie sie das Statut zur Gültigkeit der Ehe vorschreibt[3]).

---

häufig in der Sitte zutage treten, dem Gastfreunde Frau oder Tochter anzubieten. Vgl. darüber Post I, S. 28.

[1]) Über diese Sammlungen vgl. Penant S. 6 ff. Die Feststellung der einzelnen Statuten ist vor allem Aufgabe der Praxis, die durch die Teilnahme rechtsverständiger Eingeborener an der Gerichtsbarkeit vor allem dazu berufen erscheint.

[2]) Bei vielen Völkern folgt dagegen der Mann in mehr oder weniger großem Umfange der Rechtsstellung der Frau. Vgl. dazu Post. I, S. 147 ff. Dies ist von der Frage, ob Vater- oder Mutterrecht gilt, ganz unabhängig. Vgl. dazu die folgenden Erörterungen.

[3]) Vgl. über das Eherecht der Malgachen: Cahuzac; der Annamiten: Philastre, insbesondere auch das Précis de la législation annamite, welches

Nach gemeinem Recht wird sodann die Staatsangehörigkeit erworben durch Abstammung von Eltern französischer Nationalität, und zwar ohne Rücksicht darauf, wo die Geburt erfolgte. Das französische Recht steht also auf dem Standpunkt des Vaterrechts. Eine große Zahl von Statuten haben das gleiche Rechtsprinzip, so vor allem das mohammedanische Recht, das in Algier und Tunis gilt, sodann das annamitische und das malgachische Recht. Voraussetzung ist auch hier, daß das Kind einer rechtlich anerkannten Geschlechtsgemeinschaft entstammt; es muß also eine nach den Bestimmungen des Statutes gültige Ehe zustande gekommen sein. Auf den Ort der Geburt kann es wie nach gemeinem französischen Recht nicht ankommen[1]).

Ein außer der Ehe geborenes Kind hat nach gemeinem Recht keine bekannte Nationalität; kommt es auf französischem Staatsgebiet zur Welt, so erwirbt es auf Grund dieser Tatsache die französische Staatsangehörigkeit. Wird es anerkannt, so erwirbt es die Nationalität des Anerkennenden[2]). Demgegenüber folgt nach den Statuten regelmäßig das uneheliche Kind der Nationalität der Mutter. Es ergibt sich daraus z. B., daß ein Kind, welches im Auslande etwa von einer Malgachin außerehelich geboren wird, ohne weiteres die Stellung eines französischen sujet erhält, und zwar ganz unabhängig von der Anerkennung[3]). Hier ist dann gewöhnlich eine nachträgliche

---

in Ausführung des Dekretes vom 3. Oktober 1883 d'après les lois et les usages annamites et les principes du droit civil vom Kolonialminister erlassen wurde, sowie Luro; der Mohammedaner: Zeys sowie de Langlard, Leçons de droit muselman hindou, Pondichery 1887. Sehr instruktiv sind auch eine Reihe von Entscheidungen der Gerichte; vgl. z. B. für das ehemalige Eherecht auf Tahiti die Entsch. des Appellhofes Papeete vom 26. Januar 1893 (Tribune 1894. S. 309), über das Eherecht bei den indischen Mohammedanern die Entsch des Appellhofes Pondichery vom 16. Juni 1894 (Tribune 1894, S. 480), für das malgachische Recht die Entsch. des Gerichtes Tamatave vom 29. Oktober 1894 (Tribune 1895, S. 121), über das annamitische Eherecht die Entsch. des Appellhofes von Indochina vom 15. Mai 1902 (Tribune 1903, S. 66).

[1]) Vgl. die Entsch. des Appellhofes Algier vom 18. Juni 1890 (Tribune 1891, S. 173).

[2]) Vgl. darüber z. B. Aubry-Rau I, S. 230ff.

[3]) Vgl. dazu die Entsch. des Gerichtes Tamatave vom 29. Oktober 1894 (Tribune 1895, S. 121).

Änderung der Nationalität des Kindes wie nach gemeinem Recht in der Form der Anerkennung ausgeschlossen [1]). Wenn z. B. eine Annamitin ein uneheliches Kind zur Welt bringt, so könnte dieses aus dem angegebenen Grunde von einem Italiener, der es anerkennen wollte, gemäß den Regeln des internationalen Privatrechtes nicht die italienische Staatsangehörigkeit erwerben, obgleich das nach gemeinem Recht möglich wäre [2]). Es bleibt also französischer sujet.

Eine große Zahl von Statuten eingeborener Gemeinschaften, die auf einer geringeren Stufe sittlicher und kultureller Entwicklung stehen, haben das Prinzip des Mutterrechtes, indem hier nicht die Abstammung vom Vater, sondern die von der Mutter als das bedeutungsvollere und sichere Moment — mater semper certa est — erscheint. Bei diesem System folgt also das Kind nicht der Nationalität des Vaters, sondern der der Mutter. Ein Beispiel wird dies illustrieren! In der Kolonie Côte d'Ivoire wohnen eine große Zahl von Schwarzen, die aus den benachbarten Kolonien, wie dem britischen Sierra Leone stammen, in deren Händen der Zwischenhandel zwischen den Faktoreien und der eingeborenen Bevölkerung liegt [3]). Heiratet ein solcher, der etwa britischer Untertan ist, nach den Bräuchen des Landes z. B. ein Negermädchen aus dem Stamme der Abron, wo reines Mutterrecht gilt [4]), so werden die Kinder, welche aus dieser Verbindung hervorgehen, französische Untertanen und folgen nicht etwa der Nationalität

---

[1]) Das gilt z. B. für das Recht der Malgachen: Cahuzac S. 122; sowie für das mohammedanische Recht: Zeys II, S. 28, dazu auch de Langlard S. 164ff.; sowie endlich für das annamitische Recht: Philastre I, S. 141 ff. Nur für Cochinchina ist dieser Grundsatz des annamitischen Rechtes nicht mehr in Geltung. Das Précis de la législation annamite führte in Anlehnung an die Bestimmungen des Code civil das Institut der Anerkennung eines unehelichen Kindes ein, womit in völliger Verkennung des annamitischen Rechtes zugleich ausgesprochen wurde, daß das uneheliche Kind einer Annamitin rechtlich keine bekannten Eltern habe. Vgl. dazu die Entsch. des Appellhofes von Indochina vom 28. Mai 1903 (Recueil 1904, S. 41), die gleichfalls dieser Ansicht ist; vgl. auch die Note zu dieser Entsch. in der Tribune 1903, S. 74.

[2]) Vgl. dazu Weiß S. 551ff.; über die Anerkennung eines solchen unehelichen Kindes durch einen Vollbürger vgl. unten S. 108ff.

[3]) Clozel-Villamur S. 371.

[4]) Clozel-Villamur S. 191.

ihres britischen Vaters[1]). Man muß sich freilich hüten, dort, wo nur in bestimmten Beziehungen Mutterrecht gilt, dieses System auch für die Nationalität eines Kindes in Anwendung zu bringen. So herrscht bei den Agni in der Côte d'Ivoire Mutterrecht insoweit, als das Erbrecht in Betracht kommt; der Nachlaß des Mannes geht zunächst nicht auf seine eigenen Kinder, sondern auf die Kinder seiner ältesten Schwester über[2]). Im allgemeinen aber herrscht Vaterrecht, so daß die übrigen Rechtsbeziehungen der Kinder sich nach dem Stande des Vaters, seiner Stammesangehörigkeit usw. regeln[3]); sie erwerben deshalb auch die französische Staatsangehörigkeit, falls der Vater sujet, die Mutter aber Ausländerin sein sollte[4]).

Die Adoption, die eine künstliche Aufnahme in die Familie darstellt, ist nach gemeinem Recht kein Erwerbstitel für die französische Staatsangehörigkeit. Die Adoption eines Ausländers durch einen französischen sujet kann demnach auf Grund der oben dargelegten Grundsätze den Erwerb der Staatsangehörigkeit nicht herbeiführen[5]).

---

[1]) Unzweifelhaft ist das für den Fall, daß nach dem anerkannten Statut des britischen Ehemannes gleichfalls Mutterrecht gilt. Anderenfalls entsteht die sehr schwierige Frage, nach welchem Recht die Rechtsbeziehungen der beiden Ehegatten zu beurteilen sind; ich möchte sie dahin beantworten, daß das französische Recht, in diesem Falle also das Statut der Ehefrau anzuwenden ist, falls die Heirat auf französischem Staatsgebiet geschlossen wurde.

[2]) Clozel-Villamur S. 112.

[3]) Clozel-Villamur S. 104 ff.

[4]) Neben dem Mutterrecht findet sich manchmal das gerade entgegengesetzte Prinzip. Hierbei folgen die Kinder stets der Rechtsstellung des Mannes ihrer Mutter, ohne Rücksicht darauf, ob er als ihr Erzeuger in Betracht kommt; das ist z. B. das Recht der mohammedanischen Bouna in der Côte d'Ivoire, vgl. Clozel-Villamur S. 307 ff.

[5]) Der im altfranzösischen Recht herrschende Grundsatz des jus soli, wonach jeder, der auf französischem Territorium geboren ist, ohne weiteres die französische Staatsangehörigkeit besitzt (vgl. darüber Weiss S. 320), hat, wie wir sahen, auch heute noch eine gewisse sekundäre Bedeutung, indem Personen unbekannter Abstammung, die hier geboren sind, auf Grund dieser Tatsache die Stellung französischer Vollbürger besitzen. Nach den obigen Ausführungen (vgl. S. 94 Anm. 1) bezieht sich diese Vorschrift nicht auf alle Personen unbekannter Abstammung ohne Ausnahme. Ausgenommen sind davon solche, die den erkennbaren Abzeichen ihrer Rasse nach in irgendeiner Kolonie als Eingeborene oder wenigstens als assimilés anzusehen sind. Da sich nun nach den obigen Ausführungen

γ. Der Verlust der Eigenschaft als sujet. Der Geburt als dem Beginne jeder rechtlichen Beziehung entspricht hier der Tod, der mit dem Ende des physischen Seins auch den rechtlichen Beziehungen, deren Gegenstand der Lebende war, ein Ziel setzt. Nachdem durch das Gesetz vom 31. Mai 1854 die Vorschriften des Code civil über den bürgerlichen Tod abgeschafft sind, vermag aber auch nur der physische Tod allein diese Wirkung herbeizuführen. Die bei vielen Völkerschaften dem Vater oder dem Ehemanne der Ehefrau gegenüber eingeräumte Befugnis, seine Angehörigen als Sklaven zu verkaufen oder als Pfand für kontrahierte Schulden hinzugeben, ist deshalb für deren Stellung als französische sujets ohne Bedeutung[1]).

Nach gemeinem Recht wird die französische Nationalität ferner verloren durch die Heirat einer Französin mit einem Ausländer. Entsprechend verliert auch die „sujette" ihre Staatsangehörigkeit durch Verheiratung mit einem Ausländer. Die obigen Ausführungen über den Erwerb der Staatsangehörigkeit durch Heirat finden dafür entsprechende Anwendung.

c. Während bisher Erwerb und Verlust der Staatsangehörigkeit betrachtet wurde, insoweit beides ipso jure durch familienrechtliche Beziehungen veranlaßt wird, soll im folgenden untersucht werden, inwieweit dies auf Grund eines besonderen, staatlichen Willensaktes sich vollzieht.

α. Die V e r l e i h u n g der Rechtsstellung eines sujet. Eine ausdrückliche Verleihung der französischen Staatsangehörigkeit

---

Erwerb und Verlust der sujet-Stellung nach den Grundsätzen zu richten hat, die das französische Recht für den Erwerb und Verlust des Vollbürgers aufstellt, so muß auch die Vorschrift, wonach Personen unbekannter Abstammung, die in einer Kolonie geboren sind, als französische Staatsangehörige anzusehen sind, auf solche Personen analog angewendet werden, die sich ihrer Rasse nach auch als Eingeborene oder assimilés kennzeichnen. Sie erwerben also gleichfalls die französische Staatsangehörigkeit durch die Geburt auf französischem Staatsgebiet, und zwar die Stellung eines sujet. Das verkennt die Entsch. des Appellhofes von Indochina vom 28. Mai 1903 (Recueil 1904, S. 41); vgl. oben S. 94 Anm. 1. Welche Kolonie als Heimatkolonie für diese sujet anzusehen ist, wo sie also die Stellung des „indigène" im Sinne der Erörterungen auf S. 90 haben, ergibt sich ohne weiteres durch die Feststellung ihrer ethnologischen Zugehörigkeit.

[1]) Vgl. darüber Post I, S. 174ff.

mit der Rechtsstellung als sujet findet nur in wenigen Fällen statt. Auf Grund des Dekretes vom 2. Oktober 1885 können Kinder ausländischer Arbeiter, die sich durch Massenanwerbungen als Arbeiter für Mayotte und Nossi-Be verdingen, nach Vollendung des 21. Lebensjahres die Rechtsstellung als sujet nachsuchen (réclamer), unter der Bedingung, daß sie zugleich auf ihren Anspruch auf unentgeltliche Rückbeförderung in ihre Heimat verzichten. Diese Bestimmungen gelten seit dem Dekret vom 6. Mai 1903 gleichfalls für Madagaskar.

Im übrigen ist eine Naturalisation ausgeschlossen. Daß der Erwerb der Rechtsstellung eines sujet durch die Aufnahme in eine Rechtsgemeinschaft innerhalb der Kolonien nicht möglich ist, ergibt sich schon aus den obigen Ausführungen. Ein Ausländer also, der z. B. in Algier zum Islam übertritt, die Regeln der Religion Mohammeds befolgt und nach ihren Rechtsvorschriften lebt, erlangt auch dann nicht die Stellung eines französischen Untertanen, wenn er seine ursprüngliche Nationalität verloren hat[1]). Aber auch die Regeln des gemeinen Rechtes über die Naturalisation können keine analoge Anwendung finden. Vor allem fehlen die Einrichtungen, auf Grund deren die Formalien der Naturalisation erfüllt werden könnten; es fehlt z. B. jede Behörde, die nach der positiven Rechtsordnung zuständig wäre, diese Anträge anzunehmen und die Naturalisierung auszusprechen.

β. Etwas andere Grundsätze gelten aber für die Entziehung der sujet-Stellung. Allerdings ist es auch hier unmöglich, dem Statut irgend welchen Einfluß zuzuweisen, dagegen haben, mangels jeder positiven Ordnung der Materie, die Vorschriften des gemeinen Rechtes in gewissem Umfang analoge Anwendung zu finden.

Zunächst verliert der sujet seine Staatsangehörigkeit, wenn er eine fremde Nationalität erwirbt gemäß dem allgemeinen Prinzip des französischen Rechtes, daß eine Person nur einem Staate angehören kann. Auch ist anzunehmen, daß die Verurteilung eines sujet wegen Sklavenhandels die gleiche Rechtswirkung zur Folge hat.

Im Interesse der Klarheit der Rechtsstellung der Personen

---

[1]) Vgl. dazu die Entsch. des Gerichtes erster Instanz Alger vom 4. März 1896 (Revue 1897, S. 213).

erscheint auch eine analoge Anwendung der übrigen Bestimmungen des Code civil über diesen Punkt dem Geiste des französischen Rechtes zu entsprechen. Wenn trotzdem schwerwiegende Bedenken sich dagegen erheben, so liegt der Grund lediglich in den besonderen Tatbeständen dieser Vorschriften, die eine analoge Anwendung auszuschließen scheinen.

Wie bereits oben erörtert wurde, verdanken die heutigen Bestimmungen über den Verlust der Staatsangehörigkeit, die durch das Gesetz vom 26. Juni 1889 eingeführt wurden, ihre Entstehung vor allem dem Gesichtspunkte, gegenüber der sinkenden Geburtsziffer in Frankreich ein Gegengewicht zu schaffen. Alle diese Vorschriften suchen deshalb den Verlust der französischen Staatsangehörigkeit möglichst zu erschweren. Diese Gesichtspunkte treffen aber für die Eingeborenen in den Kolonien in keiner Weise zu. Im Gegenteil ist hier unerläßlich, eine besondere Klarheit der Rechtslage zu schaffen, wenn ein sujet seine Heimatkolonie verläßt, um sich im Auslande niederzulassen, weil in vielen Territorien das Fehlen von Zivilstandsregistern, einer polizeilichen Meldepflicht und anderer Mittel die Feststellung der Einzelpersönlichkeit sehr erschwert[1]). Diese Klarheit der Rechtsstellung zu gewährleisten, war nun die durch das Gesetz vom 26. Juli 1889 außer Kraft gesetzte Bestimmung des Art. 17, Ziffer 3[2]) des Code civil in hervorragendem Maße imstande, wonach die Staats-

[1]) Die Unsicherheit der Rechtsstellung der Eingeborenen, die in dem Fehlen geeigneter Mittel zur Feststellung der Einzelpersönlichkeit ihre Ursache hat, hat die Praxis veranlaßt, Präsumptionen aufzustellen. Besonders in Tunis ist es dazu gekommen, wo es oft vorkam, daß mohammedanische Bewohner behaupteten, französische Untertanen aus Algier zu sein, um nicht zu den Steuern, welche die tunesischen Eingeborenen zu entrichten haben, herangezogen zu werden. Vgl. z. B. die Entsch. des Gerichts erster Instanz Tunis vom 15. Februar 1897: L'indigène musulman domicilié en Tunisie doit être présumé sujet tunisien jusqu' à preuve contraire (in der Revue 1897, S. 142). Ebenso: die Entsch. desselben Gerichtshofes vom 11. Januar 1897 (in der Revue 1897, S. 247), vom 2. November 1898 (in der Revue 1899, S. 78), vom 14. Juni 1899 (Revue 1900, S. 407), sowie vom 20. März 1901 (in der Revue 1901, S. 260); ferner die Entsch. des Gerichtes erster Instanz Sousse vom 28. Juni 1894 (in der Revue 1894, S. 64). Vgl. auch die Entsch. des Appellhofes von Senegal vom 20. Juni 1902 (Tribune 1903, S. 56).

[2]) Ziffer 1 und 2 des früheren Art. 17 kommen nicht in Betracht.

angehörigkeit verloren wird par tout établissement fait en pays étranger, sans esprit de retour. Für die Zeit vor dem Gesetz vom 26. Juli 1889 wird dieser Grundsatz denn auch analog für den Untertanen in Anwendung gebracht[1]). Der jener ehemaligen Vorschrift des Art. 17 zugrunde liegende Rechtsgedanke ist trotz ihrer Aufhebung heute noch lebendig, da die Tatsache der Aufhebung eines Rechtssatzes aus gewissen äußeren Gründen nicht zugleich das Erlöschen des allgemeineren Rechtsgedankens, auf dem jene Vorschrift beruht, zur Folge hat. Die Anwendung dieses Rechtsgedankens auf einen Fall, der dem Tatbestande der außer Kraft gesetzten Norm analog ist, ist deshalb auch heute noch möglich und notwendig, da die Gründe, die vor dem Jahre 1889 die analoge Anwendung jener Bestimmung erforderten, noch in gleicher Weise vorhanden sind. So verliert also auch heute der französische Untertan seine Staatsangehörigkeit, wenn er im Auslande durch bestimmte Maßnahmen den Willen kundgibt, nicht mehr zurückzukehren. Wann dies anzunehmen ist, läßt sich nur in jedem einzelnen Falle feststellen.

Vierter Abschnitt.

Die Übergangsfälle zwischen citoyen und sujet.

Während im letzten Abschnitt Erwerb und Verlust der Staatsangehörigkeit, in der Form des Vollbürgers und in der des Untertanen, im einzelnen erörtert wurde, sollen in diesem Abschnitt die Übergangsfälle, die sich zwischen diesen beiden Rechtsstellungen ergeben, näher betrachtet werden.

I. Die familienrechtlichen Beziehungen, die zwischen Vollbürgern und Untertanen geknüpft werden, müssen naturgemäß auch für die Rechtsstellung der dabei beteiligten Personen

---

[1]) Vgl. die Entsch. des Gerichtes erster Instanz Tunis vom 14. Juni 1899 (in der Revue 1900, S. 407), wonach ein algerischer Eingeborener dadurch, daß er im Jahre 1881 nach Tunis ohne Rückkehrsabsicht auswanderte und hier in das Heer des Bey eintrat, seine Rechtsstellung als französischer Untertan verlor.

Bedeutung gewinnen. Es fragt sich dabei aber, nach welchen Gesichtspunkten die Entscheidung dieser Fragen zu treffen ist. Man könnte annehmen, daß auch hier die Grundsätze über Erwerb und Verlust der französischen Staatsangehörigkeit in analoger Weise als interlokales Recht anzuwenden seien. Das ist aber ausgeschlossen. Denn wenn das Statut der Eingeborenen auch gegenüber fremden Rechtssystemen ebenbürtig ist, so gilt das doch nicht, wenigstens nicht in diesem Punkte, dem gemeinen französischen Recht gegenüber. Die Aufrechterhaltung des Eingeborenstatutes entsprang einem Gebote politischer Klugheit, die einsah, daß die Unterstellung der Eingeborenen unter das gemeine Recht gefährlich und unmöglich war. Als Ziel erscheint aber in Frankreich, wo überhaupt das Streben nach Gleichförmigkeit, nach einheitlicher Gestaltung der staatlichen Ordnung in besonders starkem Maße ausgebildet ist, die Geltung einer Rechtsordnung für alle Staatsangehörigen. Die Wirksamkeit des Eingeborenenstatutes erscheint daher lediglich als ein Übergangsstadium, das notwendig ist, aber eben nur als vorübergehend betrachtet werden kann. Bei dieser Stellung des Eingeborenenstatutes wird das französische Recht naturgemäß dessen Geltung auf das Notwendige beschränken, es wird nicht dulden, daß Staatsangehörige dem Statut einer eingeborenen Gemeinschaft unterworfen sind, die nach Lage der Dinge ebensogut dem gemeinen Recht hätten unterstellt werden können[1]).

Es ist demnach unmöglich, für die Frage, ob bei familienrechtlichen Beziehungen zwischen Vollbürgern und Untertanen die einzelnen Beteiligten der einen oder der anderen Kategorie zuzuzählen sind, die für den Erwerb und Verlust der Staatsangehörigkeit geltenden Grundsätze anzuwenden. Der Grundsatz, nach dem für diese Fälle entschieden werden muß, ist vielmehr, daß der einzelne Beteiligte stets als Vollbürger anzusehen ist, wenn dies nach Lage der Dinge, insbesondere seiner Abstammung nach möglich und zweckdienlich ist. Eine Reihe von Entscheidungen haben diesen Grundsatz bestätigt und illustriert.

---

[1]) Dem entspricht auch die Neigung der Rechtsprechung, die Grundsätze des gemeinen Rechtes mehr oder minder auf die Statuten in Anwendung zu bringen; vgl. darüber oben S. 89 Anm. 1.

So wird es von der Praxis als völlig selbstverständlich angesehen, daß die Französin, die einen sujet heiratet, nicht ihre Rechtstellung verliert und gleichfalls nach dem Statut ihres Mannes beurteilt wird[1]), während umgekehrt die Eingeborene der Rechtsstellung ihres Mannes folgt; dagegen folgt das Kind aus der Ehe eines sujet mit einer Französin dem Statut des Vaters, es wird also nicht Vollbürger[2]). Weiter folgt nach den Statuten das uneheliche Kind regelmäßig der Rechtsstellung der Mutter; es gilt also nicht als Person unbekannter Herkunft wie nach gemeinem Recht. Das erkennt auch die Praxis an. Wird aber dieses uneheliche Kind von einem Franzosen anerkannt, so bleibt nach der Praxis jener Grundsatz unberücksichtigt: das Kind folgt unbedingt der Rechtsstellung des Anerkennenden, gleichgültig, ob nach dem Statut der Mutter eine solche nachträgliche Änderung der Rechtsstellung durch Anerkennung des Vaters zulässig ist oder nicht[3]).

II. Daneben gibt es einen unmittelbaren Übergang von der Rechtsstellung des Untertanen zu der des Vollbürgers entsprechend der Naturalisation; regelmäßig ist er auf Grund all-

---

[1]) Vgl. für Algier: Larcher II, S. 182ff. Im Gegensatz dazu entschied der Appellhof Pondichery am 10 Dezember 1901 (Tribune 1902, S. 134), daß eine Indierin, die durch den Verzicht ihres Vaters auf den statut personnel (vgl. darüber unten S. 113) die Stellung einer vollberechtigten Staatsangehörigen erlangte, durch die Heirat mit einem Inder, der auf sein Statut nicht verzichtet hatte, wieder sujette wird.

[2]) Vgl. für Algier: Larcher a. a. O.

[3]) Vgl. die Entsch. des Appellhofes von Indochina vom 10. September 1903 (Recueil 1905, S. 44), wonach das uneheliche Kind einer Annamitin durch die Anerkennung eines Franzosen die Rechtsstellung eines vollberechtigten Staatsangehörigen erhält. Sehr bezeichnend ist auch die Entsch. des Gerichtes erster Instanz Tananarive vom 2. Dezember 1901 (Tribune 1903, S 155), in der gleichfalls entschieden wurde, daß uneheliche Kind einer Malgachin, welches von einem Franzosen anerkannt wird, die Rechtsstellung seines Vaters erhält, obwohl ausdrücklich anerkannt wird, daß nach malgachischem Statut das uneheliche Kind der Rechtsstellung seiner Mutter folgt. Es wurde geradezu ausgesprochen: Qu'il convient donc de décider . . . qu'en présence de ce conflit de la législation française avec les coutumes indigènes, le fait d'accouchement n'établit pas la preuve de la filiation. — Es ergibt sich aus diesen beiden Entscheidungen, daß man in demselben Sinne entscheiden muß, wenn das uneheliche Kind einer Mohammedanerin von einem Franzosen anerkannt wird.

gemeiner Vorschriften fortdauernd möglich, ausnahmsweise hat er durch einmaligen Willensakt des Staates stattgefunden.

1. Hierher gehören die algerischen Juden[1]), die ursprünglich die Rechtsstellung Eingeborener besaßen und mit einem Schlage in die Kategorie der Vollbürger einrückten.

Ein Dekret vom 24. Oktober 1870, das später auch eine gewisse politische Bedeutung erhalten hat und unter dem Namen des Cremieux-Dekretes bekannt wurde[2]), erklärte die Juden der drei algerischen Departements zu französischen Bürgern. Es bestimmte: Les israélites indigènes des départements de l'Algérie sont déclarés citoyens français; en conséquence leur statut réel et personnel seront, à compter de la promulgation du présent décret, réglés par la loi française.

Zweifelhaft kann sein, welches der Umfang der Wirksamkeit dieses Dekretes war; hatte es den Charakter einer einmaligen Massennaturalisation, so daß es nur auf diejenigen Juden Anwendung fand, die bei seinem Erlasse innerhalb der algerischen Departements ihren Wohnsitz hatten, oder sollte mit diesem Dekret ein allgemeines Prinzip aufgestellt werden, wonach auch die eingeborenen Juden der später zu annektierenden Territorien sogleich die Rechtsstellung französischer Vollbürger erhalten sollten? Diese Frage wurde praktisch, als im Jahre 1882 die Landschaft M'zab im Süden Algiers annektiert wurde, wo zahlreiche Juden wohnten.

Für die erstere, richtige Ansicht spricht vor allem der Wortlaut; wenn ausdrücklich bestimmt wird, daß die Eingeborenen der drei algerischen Departements zu französischen Bürgern erklärt seien, so wird man annehmen müssen, daß nur diese, nicht aber auch später diese Eigenschaft erwerbende Eingeborene gemeint waren. Das gilt um so mehr, als anderenfalls allen zukünftigen Eingeborenen israelitischer Religion eine Sonderstellung eingeräumt worden wäre, die z. B. in dem Grade der kulturellen Entwicklung der Juden

---

[1]) Dagegen nicht etwa die Ureinwohner von Tahiti; vgl. darüber oben S. 84.

[2]) Cremieux war Mitglied der Regierung der nationalen Verteidigung; er galt zu Unrecht als der geistige Vater dieses Dekretes. Denn er hat lediglich den vom Ministerium Ollivier ausgearbeiteten Entwurf, der sich bei dem Sturze des Kaisertums vorfand, in Wirksamkeit gesetzt. Vgl. dazu Girault III, S. 225 ff.

des M'zab keine Rechtfertigung gefunden haben würde, während es gerade ein Prinzip der französischen Kolonialpolitik ist, das Statut der Eingeborenen wegen der vorhandenen Kulturunterschiede aufrecht zu erhalten. Nicht alle eingeborenen Juden Algiers sind demnach vollbürtige Franzosen[1]). Nicht dazu gehören diejenigen, welche erst nach dem Erlaß dieses Dekretes durch Annektion ihres Territoriums unter französische Gebietshoheit geraten sind. Die Juden in M'zab sind also bloße sujets, die als solche ihrem Statut unterworfen sind[2]).

[1]) Die hier vertretene Ansicht ist auch diejenige der Verwaltungsbehörden und der Gerichte. Vgl. die Depesche des Justizministers an den Minister des Inneren vom 7. November 1882 (abgedr. bei Larcher II, S. 25 ff), sowie die Entsch. des Appellhofes Alger vom 25. Februar 1891 (Sirey 1891, III, S. 201). Anderer Ansicht: Larcher II, S. 27 ff., Girault III, S. 226 ff, Cohen S. 294 ff. und Tissier in der Note zu der obigen Entscheidung des Appellhofes Alger; vgl. auch den Aufsatz von Tissier: De l'application du Décret du 24 octobre 1870 sur les israélites indigènes de l'Algérie in der Revue 1891, S. 65 ff., in dem er seine Ansicht näher entwickelt.

[2]) Zu diesem Dekret sind durch das Dekret vom 7. Oktober 1871 Ausführungsbestimmungen ergangen, und zwar bezüglich des Wahlrechtes. Es bestimmte, daß im Sinne des Cremieux-Dekretes als eingeborene Juden solche anzusehen seien, die in Algier zur Zeit der Eroberung ihren Wohnsitz gehabt hätten, oder von Eltern abstammten, bei denen diese Voraussetzung zuträfen, und daß sie fürderhin nur dann in die Wählerliste aufgenommen würden, wenn sie ihre Staatsangehörigkeit in bestimmter, näher bezeichneter Weise nachgewiesen hätten. Der Rechtsnachteil, den die algerischen Juden durch die Versäumung jenes Nachweises erleiden, ist der, daß sie vorläufig, d. h. bis zur nächsten Revision der Wahllisten, die jährlich stattfindet, ihr Wahlrecht nicht ausüben können. — Merkwürdigerweise ist dieses Dekret Gegenstand mannigfachster, scharfsinnigster Auslegung gewesen, ohne daß diese meines Erachtens richtige, einfache Deutung gefunden worden wäre. Alle Auslegungsversuche machen den Fehler, daß sie der politischen Stimmung, in der dies Dekret zur Welt kam, eine zu große Bedeutung beilegen. Das gilt vor allem von Larcher II, S. 31 ff, und Girault III., S. 226. Nach ihnen ist das Dekret vom 7. Oktober 1871 n i c h t i g, weil es bezweckte, die Wirkung des Cremieux-Dekretes, — nach dessen Erlaß sich ein Sturm der Entrüstung erhob, der sich noch steigerte, als bald darauf der Kabylenaufstand ausbrach und viele die Schuld daran den üblen Wirkungen des Cremieux-Dekretes zuschrieben, — nach Möglichkeit a b z u s c h w ä c h e n; ein solches Korrektivum einer Rechtsnorm der Regierung der nationalen Verteidigung durch ein einfaches Dekret sei aber unmöglich. Nun ist es allerdings richtig, daß das Dekret jenen politischen Zweck hatte. Vgl. Larcher II, S. 31. Falsch ist aber die Schlußfolgerung,

2. In den übrigen Fällen handelt es sich stets nur um eine Veränderung der Rechtsstellung einzelner Personen.

---

die beide Schriftsteller daran knüpfen. Denn das Dekret nimmt niemandem etwas, was er vorher besessen hätte. Wenn das Dekret als eingeborene Juden die israélites nés en Algérie avant l'occupation, de parents établis en Algérie à l'époque où elle s'est produite bezeichnet, so waren damit nur diejenigen kurz bezeichnet, die nach den obigen Ausführungen überhaupt als sujets allein in Betracht kamen, und denen man allein vernünftigerweise das Vollbürgertum durch das Cremieux-Dekret hatte übertragen können. Auch darin liegt keine Modifikation des Dekretes von 1870, daß nunmehr die Ausübung des Wahlrechtes an den Nachweis der sujet-Stellung geknüpft wurde. Dadurch, daß jetzt der Nachweis der Staatsangehörigkeit, in übrigens durchaus gerechten und zweckentsprechenden Formen, verlangt wurde, wurde das im Cremieux-Dekret niedergelegte Prinzip durchaus nicht verletzt. Die Durchführung einer solchen Massennaturalisation in der Praxis verlangt eben, daß auf irgend eine Weise die Persönlichkeit der davon Betroffenen festgestellt werde, vor allem wenn die Ausübung des Wahlrechtes in Frage kommt. Daß der Erlaß dieses Dekretes eine starke Verminderung der jüdischen Wähler zur Folge hatte, beweist lediglich, daß vorher viele Unberechtigte sich an den Wahlen beteiligt hatten und daß auch andererseits viele der immerhin erschwerten Ausübung des Wahlrechtes gleichgültig gegenüberstanden. Bedeutungslos ist, ob eine solche Folge als erwünscht ins Auge gefaßt war; denn die Form, in der dies geschah, war jedenfalls völlig gültig.

Eine andere Meinung hat der Kassationshof in einer Reihe von Entscheidungen aufgestellt. Vgl. z. B. die Entsch. vom 18. und vom 22. April 1896 (Sirey 1897, I, S. 97), sowie vom 27. April 1896 (Sirey 1897, I, S. 359) und vom 29. April 1897 (Sirey 1898, I, S. 414). Der Gerichtshof ist der Ansicht, daß das Dekret vom 7. Oktober 1871 das Cremieux-Dekret gültig abgeändert habe, und zwar seien die Juden dadurch wieder zu Untertanen geworden. Er selbst begründet die Gültigkeit des Dekretes nicht, jedoch findet sich in der Note zu der angeführten Entscheidung vom 18. April 1896 eine Rechtfertigung dieser Meinung: seit dem Jahre 1852 sei das Senatuskonsult für Algier die Form der Gesetzgebung gewesen; durch die Ereignisse des 4. September 1870 sei aber das Senatuskonsult verschwunden und habe wieder dem Dekret Platz gemacht, das vor dem Jahre 1852 für Algier Gesetzgebungsform war. Das Cremieux-Dekret habe demnach bloß die Bedeutung eines Dekretes gehabt und als solches hätte es durch das Dekret vom Oktober 1871 gültig abgeändert werden können. Das ist indes unrichtig; das Cremieux-Dekret hatte nicht die Bedeutung eines gewöhnlichen Dekretes. Da die Regierung der nationalen Verteidigung der unmittelbare Repräsentant des Staates war, so hatten die von ihm erlassenen Rechtsnormen auch eine juristisch vornehmere Stellung als Sätze, die von einem Organe ausgehen, das erst mittelbar durch den Repräsentanten der Souveränität zum Erlaß von Rechtsvorschriften ermächtigt wird, wie das bezüglich des

Von großer Bedeutung ist vor allem der Verzicht auf das Statut, ein Übergangstitel, der von der Praxis aufgestellt wurde. Der Kassationshof erkannte in einer berühmten Entscheidung vom 16. Juni 1852, daß in Indien die Unterstellung der Eingeborenen unter ihr Statut keine zwingende Norm sei, sondern lediglich eine Rechtswohltat, ein Privileg bilde, auf das sie stets verzichten könnten[1]).

Da aber die Unterstellung unter das Statut das wesentlichste Merkmal für die Rechtsstellung der Eingeborenen ist[2]), so ergab sich als Folge dieses Verzichtes, daß der Eingeborene die Rechtsstellung eines Vollbürgers erhielt, die er nicht nur in Indien. sondern auch im Mutterlande und in allen anderen

---

Dekretes von 1871, das vom Präsidenten der Republik ausging, der Fall war. Eine Abänderung des Cremieux-Dekretes war deshalb nur durch die Teilnahme des unmittelbaren Repräsentanten des souveränen Volkes, also des Parlamentes möglich. Damit entfallen auch alle Folgerungen, die der Kassationshof daran knüpft.

Aber selbst wenn man einmal annimmt, daß das Dekret von 1871 das Cremieux-Dekret hätte gültig abändern können, so ist doch jedenfalls die Annahme des Kassationshofes, daß die algerischen Juden dadurch wieder zu sujets geworden seien, offenbar zu weitgehend. Wenn das Dekret von 1871 in Art. 1 sagt: . . . seront considérés comme indigènes et, à ce titre, demeureront inscrits sur les listes électorales . . les israélites nés en Algérie usw., so sollten damit offenbar nur die jüdischen Vollbürger ihrem Ursprung nach bezeichnet werden. Aus der Fassung des Art. 1, der lediglich von der Ausübung des Wahlrechtes handelt, ergibt sich mit aller Deutlichkeit, daß eine völlige Aufhebung des Cremieux-Dekretes mit allen ihren Konsequenzen, wie der Wiedereinführung des Statutes usw.. im Sinne des Dekretes nicht beabsichtigt sein konnte.

Der Vollständigkeit halber sei noch eine dritte Ansicht erwähnt, die das Gericht Guelma in der Entsch. vom 23. April 1896 (Revue 1897, S. 234) aufstellte. Danach sollen die Juden auf Grund des Dekretes von 1871 gar die Stellung von Ausländern einnehmen.

[1]) Abgedr. bei Sirey 1852, I, S. 417. Aus den Gründen: Attendu que si l'arrêté du 6. janv. 1819, portant promulgation de plusieurs Codes français dans les établissements français de l'Jnde, déclare, par son art. 3, que (siehe den Text oben S. 82), cette disposition, dictée par un sage esprit de tolérance, est purement facultative, et n'interdit point aux Indiens, sujets français, le droit de se soumettre librement et volontairement à l'empire des lois françaises, et d'en recueillir les avantages en en observant les commandements; . . Ebenso die Entsch. des Kassationshofes vom 2. Januar 1878 (Sirey 1878, I, S. 314).

[2]) Vgl. oben S. 82 ff.

Kolonien für sich in Anspruch nehmen kann. Der Kassationshof hatte mehrfach Gelegenheit, diese Folgerung aus dem von ihm aufgestellten Prinzip zu ziehen[1]).

Dieses Prinzip führte aber in der Praxis zu mannigfachen Mißbräuchen. Insbesondere hatte die Regierung gegen die mißbräuchliche Ausübung des Wahlrechtes zu kämpfen. Es erging deshalb das Dekret vom 21. September 1881, welches die Wirkung des Verzichtes an eine Erklärung vor dem Zivilstandsbeamten knüpfte. Die Wirkung dieses Verzichtes sollte gleichfalls der Genuß der politischen und der zivilen Rechte sein. Dieses Dekret bestätigte damit den vom Kassationshof aufgestellten Grundsatz; es modifizierte diesen nur insoweit, als die Erklärung an eine bestimmte Form gebunden wurde[2]).

Die konsequente Durchführung dieses Grundsatzes hätte für die allmähliche Gleichstellung der Eingeborenen mit den Vollbürgern von weittragender Bedeutung werden können. Wenn diese Wirkung nicht eingetreten ist, so lag das zunächst daran, daß der Kassationshof selbst sich scheute, dies Prinzip auch in den übrigen Kolonien folgerichtig in Anwendung zu bringen. Das trat besonders in Algier in die Erscheinung.

---

[1]) Vgl. z. B. die Entsch. vom 7. November 1883 (Sirey 1885, I, S. 383), vom 29. Juli 1889 und 18. Juni 1890 (Sirey 1891, I, S. 30), vom 21. März 1900 (Recueil 1900, S. 75), vom 13. März 1901 (Recueil 1901, S. 79), vom 13. Juli 1903 (Recueil 1903, S. 166); vgl. auch die Entsch. vom 25. April 1904 (Recueil 1904, S. 94). In der Entsch. vom 30. November 1904 (Recueil 1905, S. 6), in der dem verzichtenden Inder die Stellung von „véritables citoyens" abgesprochen wird, scheint es sich nur um einen inkorrekten Ausdruck zu handeln.

[2]) Da das Dekret keine rückwirkende Kraft hat, so ist demnach auch heute der vor diesem Dekret erfolgte formlose Verzicht gültig und wirksam. Das ist auch die Meinung der Praxis. Vgl. die Entsch. des Kassationshofes vom 24. Juli 1888 (Sirey 1890, I, S. 401), vom 1. August 1904 (Recueil 1904, S. 190), vom 28. Juni 1904 (Recueil 1904, S. 212), vom 30. November 1904 (Recueil 1905, S. 6), vom 12. Dezember 1904 (Recueil 1905, S. 11).

Dislère I, S. 747 ist der Ansicht, daß den Eingeborenen Indiens auch heute noch die Befugnis zustehe, in formloser Weise auf ihr Statut zu verzichten, daß die Beobachtung dieser Form lediglich fakultativ sei. Abgesehen von allem anderen widerspricht diese Ansicht absolut dem Zwecke des Dekretes, der nach dem Rapport zu diesem war, d'assurer la sécurité et la conservation de documents importants destinés à modifier la situation juridique des déclarants et des descendants.

Nach mosaischem Recht ist die Eingehung der Ehe an keine besondere Form gebunden; es genügt die formlose Erklärung, die Ehe miteinander eingehen zu wollen. Die Unsicherheit des Personenstandes, die die Folge war, veranlaßten den Generalprokurator zu einem Rundschreiben, worin die Juden aufgefordert wurden, die Ehe vor dem französischen Standesbeamten einzugehen. Viele kamen dieser Aufforderung nach. Der Kassationshof erblickte darin einen Verzicht auf das jüdische Statut, aber nur insoweit, als die durch die Ehe hervorgerufenen Rechtswirkungen in Betracht kämen[1]). Darin lag eine außerordentlich große Einschränkung des für Indien aufgestellten Grundsatzes, wo die Eingehung der Ehe nach den Vorschriften des gemeinen Rechtes stets als Verzicht auf das gesamte Statut angesehen wurde[2]), ohne daß die verschiedene Behandlung des Verzichtes in Algier eine Begründung gefunden hätte[3]). Daß eine Änderung der Rechtsstellung als sujet durch die bloß teilweise Unterstellung unter das gemeine Recht nicht eintrat, braucht nicht besonders erörtert zu werden.

Dieser Grundsatz von der Möglichkeit des Verzichtes hat aber durch das Eingreifen der Gesetzgebung ganz erheblich an Bedeutung verloren. Es ist klar, daß ein Verzicht auf das Eingeborenenstatut nur so lange möglich ist, als die positive

---

[1]) Entsch. vom 15. April 1862 (in Sirey 1862, I, S. 577); merkwürdig ist, daß A. Carette in der Note die Entsch. des Gerichtshofes vom Jahre 1852 bez. des Verzichtes der Eingeborenen in Indien „en plaine harmonie" mit dieser hält. Ebenso die Entsch. vom 5. Januar 1876 (Sirey 1876, I, S. 308) und vom 6. Juni 1883 (Sirey 1884, I, S. 99).

[2]) Vgl. dazu die Entsch. des Kassationshofes vom 24. Juli 1888 (Sirey 1890, I, S. 401).

[3]) Übrigens sieht die Entscheidung zu Unrecht in der Eingehung der Ehe vor dem französischen Standesbeamten die Erklärung des Verzichtes auf das Statut. Wenn jüdische Eingeborene auf Grund jenes Rundschreibens des Generalprokurators die Ehe nunmehr vor dem französischen Standesbeamten eingingen, so taten sie dies meistens doch wohl nur in Befolgung der ihnen gewordenen Aufforderung, die an sich lediglich polizeilichen Charakter hatte. So Larcher II, S 16. Auch der Appelhof in Alger hat in einer Reihe von Entscheidungen diese Ansicht vertreten, bis ihn die konstante Rechtsprechung des Kassationshofes zum Nachgeben zwang. Vgl. die Entsch. vom 16. November 1858 (Sirey 1859, II. S. 509), vom 19. Januar 1860 (Sirey 1860, II, S. 357), vom 25. Mai 1865 (Sirey 1866, II. S. 85), vom 26. Juli 1869 (Sirey 1869, II, S. 265).

Rechtsordnung nicht zum Ausdruck bringt, daß sie entweder dem Verzichte nur eine gewisse beschränkte Bedeutung zumesse, oder daß der Übergang der Rechtsstellung des sujet zum Vollbürger nur in bestimmt vorgeschriebener Weise möglich sein solle. Letzteres ist z. B. in Annam und Tonkin der Fall[1]); in fast allen anderen Kolonien ist die Wirkung des Verzichtes beschränkt worden[2]).

---

[1]) Vgl. darüber unten S. 118.

[2]) Zum ersten Male wurde die Wirkung des Verzichtes für Senegal in dem Dekrete vom 20. Mai 1857 in bestimmter Weise geregelt, indem die Eingeborenen, die ihrem Statut unterstellt sind, durch „commun accord" ihre Rechtsstreitigkeiten vor die französischen Gerichte bringen konnten, die in diesem Falle nach gemeinem Recht entschieden. Die gleiche Berechtigung wurde den mohammedanischen Eingeborenen Algiers durch das Dekret vom 31. Dezember 1859 eingeräumt. Nach heutigem Recht haben die Mohammedaner in den territoires civils in Algier gemäß dem Dekret vom 17. April 1889 neben dieser Möglichkeit des ausdrücklichen Verzichtes auch noch die des stillschweigenden Verzichtes, die „à moins de déclaration contraire, de la réception de la convention originaire par un officier public français" sich ergibt (Art. 3); in den territoires de commandement und in Kabylien besteht dagegen nur der ausdrückliche Verzicht. In ähnlicher Weise ist auch in den übrigen Kolonien die Möglichkeit des Verzichtes geregelt. Er besteht hier entweder in der ausdrücklichen Vereinbarung der Parteien, für die aus einem bestimmten Vertrage sich ergebenden Rechtsverhältnisse das gemeine französische Recht entscheiden zu lassen, oder sich bezüglich eines Rechtsstreites der französischen Gerichtsbarkeit zu unterwerfen, die wieder in einigen Kolonien ausdrücklich geschehen muß, in anderen sich stillschweigend aus dem Erscheinen der Parteien vor Gericht ergibt. Die in Betracht kommenden Bestimmungen sind: für Cochinchina Dekret vom 17. Mai 1895, Art. 18; für Madagaskar Dekret vom 9. Juni 1896, Art. 16; für die Kongobesitzungen Dekret vom 17. März 1903, Art. 16; für Westafrika Dekret vom 10. November 1903, Art. 31, durch welches das für Senegal geltende Dekret vom 20. Mai 1857 aufgehoben wurde; für die Somaliküste Dekret vom 4. Februar 1904. Art. 3. — Die Praxis hat nicht immer auf die Bedeutung dieser ausdrücklichen Regelung des Verzichtes Rücksicht genommen; irrig ist namentlich die Entsch. des Kassationshofes vom 19. Oktober 1891 (Sirey 1893, I, S. 234), welche in Senegal die Möglichkeit eines allgemeinen Verzichtes auf das Statut neben dem besonderen Verzicht gemäß dem Dekret vom 20. Mai 1857 annimmt; diesem Standpunkt schließt sich die Entsch. des Appellhofes von Senegal vom 20. Juni 1902 (Tribune 1903, S. 56) an. Richtig dagegen die Entsch des Gerichtes Tananarive vom 14. März 1898 (Recueil 1898, S. 96); vgl. dazu auch die Entsch. des Appellhofes Tananarive vom 22. Dezember 1897 (Recueil 1898, S. 60).

So kommt es, daß der Verzicht als Erwerbsgrund für die Rechtsstellung als Vollbürger nur noch in wenigen Kolonien besteht, wenn auch in Wirklicheit davon kein Gebrauch gemacht zu werden scheint. Vor allem gehört Indien, Mayotte nebst Dependenzien sowie Cambodja dazu, sodann die Südsee-Niederlassungen und Neu-Kaledonien, wo allerdings wegen der geringen Kulturstufe der Eingeborenen der Verzicht überhaupt nur wenig Bedeutung hat[1]).

Daneben hat das französische Kolonialrecht in einigen Kolonien ein der Naturalisation analoges Rechtsinstitut geschaffen, die Stellung als Vollbürger zu erwerben. Obgleich diese Verleihung des Vollbürgertums mit der Naturalisation im eigentlichen Sinne nur äußerliche Berührungspunkte hat, ist ihr gleichwohl diese Bezeichnung gegeben worden, die man beibehalten kann, wenn man sich nur bewußt bleibt, daß d i e s e Naturalisation mit der Verleihung der Staatsangehörigkeit nichts zu tun hat.

Zunächst kann in Cochinchina auf Grund eines Dekretes vom 25. Mai 1881 der annamitische Eingeborene auf seinen Antrag zum Genuß der zivilen und politischen Rechte zugelassen werden, wenn er das 21. Lebenjahr vollendet hat. Die Verleihung erfolgt durch Dekret des Präsidenten der Republik nach Anhörung des Staatsrates und auf Grund einer gutachtlichen Äußerung des Generalgouverneurs über die Würdigkeit und das Vorleben des Antragstellers. Die Wirkung dieser Verleihung erstreckt sich auf die Ehefrau und die ehelichen Kinder, sofern sie noch minderjährig sind[2]). Die Stellung als Vollbürger wird also nicht ausdrücklich verliehen. Da aber der Genuß der zivilen und politischen Rechte mit dieser Rechtsstellung, wie wir sahen, aufs engste verknüpft ist, so ist auch hier die Folge dieser Verleihung der Erwerb des Vollbürgertums.

---

[1]) Soweit ich sehe, haben die höheren Gerichte noch keine Gelegenheit gehabt, hierzu Stellung zu nehmen; auch die Literatur äußert sich darüber nicht.

[2]) Entscheidend ist die Verleihung selbst, nicht der Antrag auf Naturalisation. Deshalb ist ein Kind, das nach der Stellung des Antrages, aber vor der Verleihung geboren wurde, sujet: Entsch. des Gerichtes Vinh-Long vom 2. April 1897 (Tribune 1898, S. 291).

Ein solcher Übergang vom sujet zum citoyen ist auch in Annam und Tonkin durch das Dekret vom 29. Juli 1887 ermöglicht worden. Auch hier ist Voraussetzung, daß der Eingeborene ein Gesuch um Verleihung einreicht und daß er das 21. Lebensjahr vollendet hat. Als weitere Bedingungen muß der Gesuchssteller entweder drei Jahre im Heere gedient haben oder als französischer Beamter tätig gewesen sein, oder aber sich außergewöhnliche Verdienste um den Staat erworben haben.

Auch in Algier kennt man eine solche Verleihung. Nach dem Senatuskonsult vom 14. Juli 1865 kann der Eingeborene auf seinen Antrag zum Genuß der zivilen und politischen Rechte zugelassen werden [1]. Eine einzige Bedingung ist an die Verleihung geknüpft: der Gesuchsteller muß das 21. Jahr vollendet haben [2].

Während das Dekret von 1881 für Cochinchina die Verleihung des „citoyen" auch auf die Ehefrau und die minderjährigen Kinder ausdehnte, schweigen hierüber die für Annam, Tonkin und Algier aufgestellten Regeln. Es erhebt sich die Frage, ob und welche Bedeutung hier die Naturalisation des Gesuchstellers auf seine Familie hat.

Audinet [3] hat für Algier die Meinung aufgestellt, daß durch die Naturalisation des Ehemannes auch die Kinder, dagegen nicht die Ehefrau das Vollbürgertum erwürben. Er kommt zu seinem Resultat durch Analogie zum Art. 12 des Code civil, nach dem durch die Naturalisation des Vaters oder der Mutter auch die minderjährigen ehelichen Kinder die französische Staatsangehörigkeit erwerben, vorbehaltlich des Rechtes, auf sie nachträglich zu verzichten.

An sich scheint eine analoge Anwendung der Regeln von der Naturalisation im eigentlichen Sinne in diesem Zusammenhang nicht unzulässig. Im gegenwärtigen Fall trifft aber dieser Analogieschluß nicht. Die von Audinet angeführte Vorschrift des Art. 12 des Code civil ist erst durch das Gesetz vom vom 26. Juni 1889 in das Gesetzbuch gekommen und zwar,

---

[1] Vgl. dazu Girault III, S. 217ff.

[2] Vgl. dazu die Entsch. des Kassationshofes vom 15. Juni 1885 (Sirey 1887, I, S. 259).

[3] A. a. O. S. 163.

wie schon oben ausgeführt wurde, zu dem Zwecke, gegenüber dem Sinken der Bevölkerungsziffer, insbesondere für die Rekrutierung des Heeres ein Gegenmittel zu schaffen. Bis dahin war umgekehrt das französische Recht stets von dem Grundsatz der höchst persönlichen Wirkung der Naturalisation ausgegangen. Ein allgemein gültiges Rechtsprinzip stellt daher der Art. 12 des Code civil nicht dar. Gerade umgekehrt beherrscht vielmehr die in der Zeit vor dem Jahre 1889 erlassenen Bestimmungen der Grundsatz der höchst persönlichen Wirkung der Naturalisation. Es ergibt sich demnach, daß die Wirkung der Naturalisation sich in Algier, Annam und Tonkin auf den Antragsteller beschränkt [1] [2].

---

[1]) Vgl. dazu Entsch. des Gerichtes Bougie vom 29. Dezember 1899 (Revue 1900, S. 246) Larcher II, S 190, Besson S. 78 und einige andere Schriftsteller gehen über die Ansicht von Audinet noch hinaus; nach ihnen erstrecken sich die Wirkungen der Naturalisation auch auf die Ehefrau neben den Kindern. Auf diesen Standpunkt hat sich auch der Justizminister gestellt Diese Lehre wird mit ihrer Zweckmäßigkeit begründet; juristisch ist sie nicht haltbar

[2]) Durch die Naturalisation des Mannes oder der Frau entsteht also innerhalb der Familie ein Konflikt zwischen dem gemeinen französischen Recht und dem Statut; vgl. darüber die Entsch. des Appellhofes Algier vom 29. März 1893 (Revue 1893, S. 225), des Tribunal Tizi-Ouzou vom 12. März 1896 (Revue 1896, S. 341). Uneinigkeit besteht jedoch darüber, nach welchem Gesichtspunkt dieser Konflikt zu lösen ist. Nach der Entsch. des Kassationhofes vom 14. März 1877 (Sirey 1878, S. 25) kommt für die Rechtsbeziehungen des naturalisierten Eingeborenen zu seinen Kindern das französische Recht in Anwendung.

Viertes Kapitel.

Die Organisation der Staatsgewalt für die Kolonien.

Erster Abschnitt.

Die Zentralregierung.

I. Die Wirksamkeit, durch die der Staat seine Gegenwart in den überseeischen Besitzungen zum Ausdruck bringt, muß, soweit nicht ausdrücklich anderen Organen die Ausübung der staatlichen Herrschaftsgewalt in den Kolonien delegiert ist, begriffsnotwendig beruhen auf Willensäußerungen seiner obersten Organe, also aller derjenigen, die zur Bildung des höchsten Willens berufen oder wenigstens daran beteiligt sind. Insoweit ist die Organisation der Staatsgewalt für Mutterland und Kolonien notwendig eine einheitliche.

II. Diese obersten Organe sind nach den Verfassungsgesetzen vom 24./28. Februar, 25./28. Februar und 16./18. Juli 1875 das Parlament, das sich aus Kammer und Senat zusammensetzt und durch Zusammentritt zur Nationalversammlung als Repräsentant des souveränen Volkes unmittelbarer Träger der Souveränität ist, sodann der Präsident der Republik, der von der Nationalversammlung auf jedesmal fünf Jahre gewählt wird, und endlich der conseil der Minister, welcher nach heutigem Staatsrecht die Stellung eines geschäftsführenden Ausschusses des Parlaments einnimmt[1].

---

[1]) Vgl. über das Verfassungsrecht der Französichen Republik die Werke von Esmein, Pierre und Lebon. Andere Schriften, die diesen Gegenstand behandeln, sind: Martin, Précis élémentaire de droit constitutionnel, Paris 1899, 2. Aufl; Moreau, Précis élémentaire de droit constitutionnel, Paris

a) Das Parlament.

Das Parlament geht aus Wahlen des französischen Volkes hervor. Die Mitglieder der Kammer, die Deputierten, werden gewählt auf Grund des gleichen, allgemeinen und direkten Wahlrechts; Wähler ist jeder Franzose, der das 21. Lebensjahr vollendet hat und in einer Kommune seinen Wohnsitz oder Aufenthalt hat. Die Senatoren werden dagegen von einem Kollegium gewählt, das sich aus den Deputierten, den Mitgliedern des conseil général, der conseils d'arrondissement und einer Reihe von Delegierten der Munizipalräte des einzelnen Wahlkreises zusammensetzt.

Auch eine Reihe von Kolonien entsenden Abgeordnete ins Parlament.

Die Geschichte der parlamentarischen Vertretung der Kolonien beginnt schon im Jahre 1789[1]. In der Nationalversammlung erschien damals eine Abordnung von St. Domingo und verlangte, an den Beratungen teilzunehmen. Sie wurde auch zugelassen, ebenso wie die Delegationen anderer Kolonien, die später eintrafen; eine gesetzliche Regelung dieses rein tatsächlichen Zustandes erfolgte aber erst durch ein Gesetz vom 22./23. August 1792, durch welches die Kolonien insgesamt 34 Sitze im Konvent erhielten. Auch die neue Verfassung vom 27. pluviôse V gab ihnen eine Vertretung im Rate der Alten und im Rate der Fünfhundert; erst die Verfassung vom 22. frimaire VIII, in der überhaupt der Niedergang der Tendenzen des Revolutionszeitalters zutage tritt, schloß die Kolonien vom Parlament aus.

Die Wogen der Revolution von 1848 brachten die Kolonien wieder zurück. Auf Grund des Dekretes vom 5. März 1848 schickten Algier, die Antillen, Reunion, Guyana, Senegal und Indien zusammen 13 Abgeordnete in die Nationalversammlung; in der Verfassung, welche diese am 4. November 1848 erließ, wurde die parlamentarische Vertretung der Kolonien gleichfalls beibehalten.

1897, 3. Aufl.; Molinier, Cours élémentaire de droit constitutionnel, Paris 1887 und Leray, Exposé élémentaire des principes du droit constitutionnel, Paris 1897.

[1]) Vgl. zum folgenden Girault II, S. 202 ff.

Als die Republik durch die Aufrichtung des Kaisertums im Jahre 1851 ihr Ende erreichte, mußten die Kolonien wieder das Parlament räumen. Wieder war es die Revolution, die ihnen das Verlorene zurückgab. Es ist charakteristisch, daß das Dekret vom 8. September 1870, durch welches die Regierung der nationalen Verteidigung das französische Volk zur Wahl einer Nationalversammlung zusammenrief, ohne weiteres auch für die Kolonien angewendet wurde. welche vor dem Jahre 1851 im Parlament vertreten gewesen waren, obgleich eine ausdrücklich dahin lautenden Bestimmung nicht erging.

Die Verfassungsgesetze des Jahres 1875 bestätigten diese aufs neue zur Geltung gelangten Grundsätze. Die Antillen, Reunion und Indien erhielten je einen Sitz in der Kammer und im Senat; Algier war durch drei Deputierte und die gleiche Zahl von Senatoren vertreten. Seitdem haben nach und nach auch andere Kolonien ihren Einzug ins Parlament gehalten. Zunächst bewilligte das Gesetz vom 8. April 1879 je einen Deputierten für Guyana und Senegal, das Gesetz vom 28. Juli 1881 schuf darauf für Cochinchina einen Sitz in der Kammer und vermehrte die Zahl der Deputierten für Algier um drei, für die Antillen und Reunion um je einen, so daß heute die Kolonien im Parlament durch neun Senatoren und sechzehn Deputierte vertreten sind.

Die Voraussetzungen für die Ausübung des Wahlrechtes und das Wahlverfahren sind grundsätzlich die gleichen wie im Mutterlande.

Das gilt zunächst für die Deputiertenwahlen. So haben nur die vollberechtigten Staatsangehörigen, die citoyens, die Berechtigung zu wählen, die sujets sind prinzipiell davon ausgeschlossen. Von dieser Regel gibt es jedoch zwei Ausnahmen: Nach einer Instruktion der provisorischen Regierung vom 27. April 1848 wurde denjenigen Eingeborenen von Indien und Senegal, welche einen mehr wie fünfjährigen Aufenthalt in der Kolonie nachweisen konnten, die Ausübung des Wahlrechts für die verfassungsgebende Nationalversammlung gestattet. Diese Instruktion, die den Charakter eines Gesetzes hatte, wurde auch später für die Wahlen zum P a r l a m e n t zur Anwendung gebracht und lebte im Jahre 1871 zusammen mit den übrigen Wahlvorschriften ohne weiteres wieder auf.

Wie im Mutterlande ist ferner Einschreibung in die Wahlliste zur Ausübung des Wahlrechtes erforderlich. Nach dem Munizipalgesetz vom 5. April 1884 werden die Listen von den Kommunen aufgestellt. Da jedoch nicht alle Kolonien wie das Mutterland ihrer ganzen Ausdehnung nach in Kommunen zerfallen, und demnach die Wahlberechtigten der Kolonie, die nicht in einer derselben ihren Wohnsitz haben, auch ihr Wahlrecht mangels Einzeichnung in eine Liste nicht ausüben können, so sind die Abgeordneten insoweit nur die Repräsentanten der vorhandenen Kommunen [1]).

Auch für die Wahlen zum Senat gelten grundsätzlich die gleichen Vorschriften wie im Mutterlande. Jedoch enthalten die Gesetze vom 2. August 1875 und vom 9. Dezember 1884, welche diese Materie für Mutterland und Kolonien regeln, für letztere einige, jedoch unwesentliche Besonderheiten [2]).

b) Der Präsident der Republik.

Obwohl das Parlament das vornehmste Organ des französischen Staates ist, hat doch der Präsident der Republik für die Kolonien eine praktisch größere Bedeutung: Das Parlament, welches nämlich grundsätzlich das eigentliche Gesetzgebungsorgan der Französischen Republik ist, hat für die Kolonien auf einen großen Teil seiner Befugnisse verzichtet und dem Präsidenten übertragen.

Neben diesen Befugnissen, die im 5. Kapitel noch besonders erörtert werden, hat er in den Kolonien, was nicht

---

[1]) Das gilt zunächst für Senegal, das nur sechs Kommunen hat; auch in Guyana ist nicht das ganze Territorium in Kommunen eingeteilt. Der Unterschied besteht aber zwischen beiden darin, daß hier außerhalb der Kommunen eine Verwaltungsorganisation überhaupt nicht vorhanden ist, während in Senegal nur die wichtigsten Europäeransiedelungen zu Kommunen zusammengeschlossen wurden. Die Übertragung des Wahlrechtes an die Eingeborenen von Senegal hat übrigens aus diesem Grunde keine große Bedeutung — Nur in Cochinchina werden die Wahllisten von den Residenten der einzelnen Provinzen aufgestellt

[2]) Z. B gehören in Indien auch die Mitglieder der Lokalräte dem Wahlkollegium an, auch sind die Munizipalräte in verschiedener Stärke vertreten. Ferner entscheidet z. B. über Wahlproteste in den Kolonien der conseil privé an Stelle des Präfekturrates, der hier nicht vorhanden ist

besonders begründet zu werden braucht, alle Befugnisse, die ihm allgemein nach den Verfassungsgesetzen zustehen. Dazu gehört vor allem seine Mitwirkung an der Gesetzgebung des Parlaments, die in der Promulgation der Gesetze und dem Erlaß von Ausführungsbestimmungen in Form von Dekreten besteht. Weiter gehört dazu das Beamtenernennungsrecht, das Begnadigungsrecht, der Oberbefehl über die gesamten Streitkräfte der Republik sowie die Vollmacht zu diplomatischen Verhandlungen und zum Abschluß von Verträgen[1]). Ein Teil dieser Rechte ist allerdings den Gouverneuren der einzelnen Kolonien übertragen. Dazu gehört zum Teil das Beamtenernennungsrecht sowie gewisse diplomatische Befugnisse[2]).

Die Bedeutung der Befugnisse des Präsidenten der Republik schrumpft sehr zusammen, wenn man diese unter dem Gesichtspunkte der parlamentarischen Regierung betrachtet, die seit dem Erlaß der Verfassungsgesetze von 1875 eine immer ausgeprägtere Form angenommen hat. Im Laufe der Entwicklung hat nämlich die Kammer mehr und mehr die Neigung gezeigt, einen intensiveren Einfluß auf die Regierung zu erlangen. Der conseil der Minister, deren Amtsführung von dem Vertrauen der Kammer verfassungsmäßig getragen sein muß, nahm auf diese Weise immer mehr die Stellung eines geschäftsführenden Ausschusses des Parlaments an Der Wille der Minister seinerseits wurde so gegenüber dem Präsidenten der Republik wegen der Notwendigkeit der Gegenzeichnung aller Regierungsakte allein entscheidend. Nach heutigem Staatsrecht erscheinen deshalb die Minister sogar berechtigt, den Präsidenten zur Vornahme einer Amtshandlung, die sie für erforderlich halten, zu zwingen[3]), indem sie z. B. jede sonstige Mitwirkung an den Geschäften des Präsidenten bis zur Erledigung der von ihnen gewünschten Maßregel verweigern.

[1]) Verfassungsgesetze vom 25./28. Februar und 16./18. Juli 1875.

[2]) Allerdings ist ein Teil der Bestimmungen, welche diese Befugnisse dem Gouverneur vorbehalten, älter als die Verfassungsgesetze, auf denen die Befugnisse des Präsidenten beruhen Nach dem Grundsatz lex posterior generalis non derogat legi speciali priori sind jedoch diese älteren Bestimmungen durch die Verfassungsgesetze nicht aufgehoben worden.

[3]) So Esmein S. 622.

c) Die Zentralbehörden.

Der Schwerpunkt der Kolonialregierung liegt demnach in der Person des Ministers, zu dessen Ressort die Kolonialverwaltung gehört.

1. a. Zentralverwaltungsbehörde ist heute für alle Kolonien mit Ausnahme von Algier und des Protektoratslandes Tunis der Kolonialminister, der, abgesehen von den noch besonders zu besprechenden Ausnahmefällen, sämtliche Angelegenheiten, welche die Verwaltung der Kolonien betreffen, in seiner Hand vereinigt. Nicht immer haben die Kolonien eine solche Zentralinstanz gehabt; sie war erst das Ergebnis einer langen Entwicklung. Bei dem Erwerbe überseeischer Besitzungen werden regelmäßig die Zentralverwaltungsgeschäfte, die dadurch neu erforderlich werden, von demjenigen Ministerium erledigt, dessen Geschäftskreis mit den zunächst nur ganz einseitigen Verwaltungsbedürfnissen der Kolonien die meisten Berührungspunkte hat. Je weiter aber die Entwicklung der Kolonien fortschreitet, je vielseitiger und umfassender die Verwaltungsgeschäfte werden, desto mehr wird auch der Minister, dem die Kolonien unterstehen, mit Angelegenheiten befaßt, die mit seinem Ressort keine Berührungspunkte mehr aufweisen. Dann wird regelmäßig die Errichtung einer besonderen Behörde erforderlich, die für die Kolonien, und zwar allmählich immer ausgesprochener, alle Zweige der Staatsverwaltung, welche für die Verwaltung des Mutterlandes auf die verschiedenen Fachministerien verteilt sind, in sich wieder vereinigt. Diese Entwicklung, welche man in der britischen und, in neuester Zeit, auch in der deutschen Kolonialgeschichte verfolgen kann, hat sich in gleicher Weise in der Geschichte der französischen Kolonien abgespielt.

Während des ganzen ancien régime und bis in die neueste Zeit wurden die kolonialen Angelegenheiten von einer Abteilung des Marineministeriums bearbeitet: nur zweimal wurde der Versuch gemacht, eine besondere Zentralbehörde für die Kolonien zu schaffen; das erstemal im Jahre 1626, als Richelieu selbst durch lettres patentes aus dem Oktober dieses Jahres zum grand maître, chef, surintendant général de la navigation et du commerce de France ernannt wurde, das zweite Mal im

Jahre 1858, als, um dem Prinzen Napoleon, einem Vetter des Kaisers, ein Ministerportefeuille zu verschaffen, ein besonderes Ministerium für Algier und die Kolonien errichtet wurde. Beides waren aber nur vorübergehende Erscheinungen, das Amt des grand maître de la navigation et du commerce wurde im Jahre 1669 aufgehoben, während das Kolonialministerium sogar schon nach zwei Jahren wieder verschwand.

Die Entwicklung zur selbständigen Zentralbehörde begann erst im Jahre 1881; damals übertrug das Ministerium Gambetta die Kolonialverwaltung dem Handelsministerium, wo gleichzeitig das Amt eines besonderen Unterstaatssekretärs für die Kolonien geschaffen wurde. Mit dem Sturze des Ministeriums fiel allerdings die Kolonialverwaltung an das Marineministerium zurück, jedoch blieb der Posten des Unterstaatssekretärs erhalten. Durch das Dekret vom 14. März 1889 wurde noch einmal der Versuch gemacht, die Kolonien dem Handelsminister zu unterstellen, aber bereits im Jahre 1892 wurde der alte Zustand wieder hergestellt.

Unterdes war der Unterstaatssekretär immer unabhängiger von dem ihm übergeordneten Minister geworden. Schon im Jahre 1887 erhielt die Kolonialverwaltung ihr eigenes Ministerialblatt, in dem die Gesetze, Dekrete und Instruktionen, die sich auf die Kolonien bezogen, veröffentlicht wurden. Seit den Dekreten vom 19. und 23. März 1889 hatte der Minister nur mehr die Aufgabe, die Gesetzentwürfe vor dem Parlament zu vertreten, sowie die Dekrete dem Präsidenten zur Unterschrift vorzulegen und sie gegenzuzeichnen; die eigentliche Verwaltung war ihm genommen, ihm blieb nur die Verantwortung für sie gegenüber dem Parlament.

Dieser unnatürliche Zustand dauerte bis zum Jahre 1894, als der Unterstaatssekretär endlich zum Minister erhoben wurde und den übrigen Ministern ebenbürtig zur Seite trat.

Im Gegensatz zu der Mehrzahl der Kolonien ressortierten die Protektoratsländer, soweit sie unmittelbar der Zentralregierung unterstellt waren, ursprünglich vom Minister der auswärtigen Angelegenheiten, was ganz natürlich war, da die Beziehungen Frankreichs zu diesen Ländern zunächst lediglich diplomatischer Natur waren. Als jedoch hier die französische

Wirksamkeit immer mehr den Charakter einer territorialen Herrschaft annahm, wurden auch sie der Zentralinstanz der übrigen Kolonien unterstellt; für Annam geschah dies durch das Dekret vom 17. Oktober 1887, für Madagaskar durch das Dekret vom 11. Dezember 1895, also nicht lange vor der Annektion. Die französische Protektoratsverwaltung in Tunis ressortiert noch allein vom Minister der auswärtigen Angelegenheiten.

Die Organisation des Kolonialministeriums beruht heute auf dem Dekret vom 23. Mai 1896, die durch eine Reihe späterer, insbesondere der Dekrete vom 22. Januar 1898, vom 21. April 1900 und vom 10. Oktober 1907 einige Abänderungen erfahren hat. Es besteht, abgesehen von dem Kabinett des Ministers, aus einem Generalsekretär und drei Direktionen. Die erste Direktion bearbeitet die Personalien, die zweite, die sog. direction des affaires politiques et administratives, erledigt sämtliche übrigen Angelegenheiten mit Ausnahme der Finanzverwaltung; diese wird von der dritten Direktion wahrgenommen.

Es ist eine Eigentümlichkeit des Kolonialministeriums, daß seine Tätigkeit sich nicht auf eigentliche Zentralverwaltungsgeschäfte beschränkt, sondern daß es auch eine Reihe von Angelegenheiten erledigt, die prinzipiell den Lokalbehörden zustehen, an deren Erledigung diese jedoch wegen der weiten Entfernung vom Mutterlande verhindert sind. Dazu gehört z. B. die Beschaffung des für die Verwaltung der Kolonien benötigten Inventars, das zum größten Teil aus dem Mutterlande bezogen werden muß[1]), sowie die Auswahl der Beamten, die sich dem Kolonialdienst widmen wollen, die jedoch vom Gouverneur der einzelnen Kolonien e r n a n n t werden. Schließlich gehören z. B. dazu die Disziplinarbefugnisse über die Kolonialbeamten, die Auszahlung des Gehalts usw., sofern sich diese im Mutterlande auf Urlaub oder in amtlicher Eigenschaft befinden

---

[1]) Gemäß Art. 70 des Dekretes vom 20 November 1882 hat der Kolonialminister im Rahmen dieser Befugnisse das Recht, auf Rechnung der Kolonien Zahlungen anzuweisen, d h. Ausgaben zu machen, auch wenn sie im Etat der Kolonie nicht festgesetzt sind. Dieses Recht des Ministers hat des öfteren zu Mißbräuchen geführt, indem er auf diese Weise die Kolonien zu Ausgaben zwang, welche von den Kolonien durchaus nicht beabsichtigt waren. Vgl Girault II, S. 264

oder hier zeitweilig einem Verwaltungszweig zur dienstlichen Verwendung überwiesen werden[1]).

Unter der unmittelbaren Autorität des Kolonialministers stehen eine Reihe selbständiger Behörden, die besondere Aufgaben der Zentralverwaltung zu erfüllen haben.

α) Zu ihnen gehört vor allem die „Inspektion", eine selbständige Kontrollbehörde, deren Zuständigkeit den ganzen Bereich der Kolonialverwaltung umfaßt.

Behörden, die unmittelbar vom Minister ressortieren und auf Inspektionsreisen durch die einzelnen Kolonien bald hier, bald dort die Verwaltungstätigkeit der Behörden prüfen, traten zum ersten Male im Jahre 1873 in Tätigkeit[2]); zunächst wurden diese Funktionen von den Inspekteuren der Marineverwaltung wahrgenommen. Bei der Loslösung der Kolonialverwaltung vom Marineministerium wurde jedoch ein besonderer Beamtenkörper geschaffen[3]).

Die Organisation der Inspektion beruht heute auf dem Dekret vom 15. September 1904. An ihrer Spitze steht ein Beamter mit dem Titel eines Direktors der Kontrolle, dem insbesondere die Verteilung der Geschäfte obliegt, welche er dem Minister zur Genehmigung vorlegt.

Die Kontrollbefugnisse der Inspektion beziehen sich auf die Lokalverwaltung der einzelnen Kolonien, die aber nicht fortwährend, sondern nur auf periodisch stattfindenden Dienstreisen ausgeübt werden. Für jede Inspektionsreise werden den Mitgliedern der Kommission vom Direktor der Inspektion Anweisungen erteilt; der Finanzminister erteilt diesen Beamten noch Spezialanweisungen für die Finanzverwaltung. Die Inspekteure haben das Recht, sämtliche Zweige der Verwaltung zu untersuchen; alle Bureaus, Hospitäler, Kassen usw. stehen ihnen offen. Über das Ergebnis erhält der Minister einen Bericht.

---

[1]) Am 13. Februar 1908 hat die Regierung der Deputiertenkammer einen Gesetzentwurf vorgelegt betr. die Errichtung einer agence générale des colonies, d. h. einer besonderen unter der unmittelbaren Autorität des Ministers stehenden Behörde, der alle diese Geschäfte übertragen werden sollen. Die Organisation dieser agence lehnt sich eng an das britische Institut der Crown agents an. Die Motive zu dem Entwurfe in der Quinzaine coloniale 1908, S. 209.

[2]) Vgl. darüber Girault I, S. 508 ff.

[3]) Durch die Dekrete vom 20. Juli und vom 25. Dezember 1887.

Die Inspektion hat sodann eine gutachtliche Tätigkeit, indem sie sich über die wichtigeren Geschäfte des Kolonialministeriums vor deren Erledigung zu äußern hat. Der Prüfung der Inspektion unterliegen sämtliche Entwürfe von Dekreten, alle Submissionsbedingungen, Verträge jeder Art und eine Reihe anderer Angelegenheiten sowie endlich alle Dinge, die der Inspektion durch ministerielle Verfügung zur Prüfung vorgelegt werden.

β. die inspection générale du service de santé colonial, der das Studium aller die öffentliche Gesundheit in den Kolonien betreffenden Fragen obliegt. Ihre Organisation beruht heute auf dem Dekret vom 4. November 1903.

γ) die inspection générale des travaux publics aux colonies hat eine ähnliche Stellung. Auch sie ist eine technische Behörde, welche den Minister in Fragen der Erbauung von Eisenbahnen, Anlage von Häfen, Eisenbahnen, Bergwerken usw. gutachtlich unterstützt. Sie wurde durch ein Dekret vom 17. August 1894 ins Leben gerufen[1]).

Außerdem stehen dem Kolonialminister noch eine Reihe von Körperschaften zur Seite, deren Tätigkeit fast ausschließlich eine gutachtliche ist.

Dazu gehört in erster Linie der Oberkolonialrat, der durch das Dekret vom 19. Oktober 1883, abgesehen von späteren kleinen Modifikationen seine heutige Gestalt erhielt.

Eine solche Körperschaft wurde zum ersten Male durch ein arrêté des Jahres IX errichtet, die sich anfangs aus Dele-

[1]) Vom Kolonialminister ressortiert ferner der Jardin colonial, an dessen Spitze ein inspecteur général de l'agriculture coloniale steht. — Dazu gehört weiter die Office colonial, wenn sie auch eine autonome Organisation darstellt. Die Office umfaßt eine Abteilung für Auskünfte und Auswanderungswesen, eine Ausstellung kolonialer Erzeugnisse sowie eine Bibliothek. Die Verwaltung wird von einem conseil d'administration geführt; über ihn übt ein conseil de perfectionnement, in dem der Kolonialminister den Vorsitz hat, die Kontrolle aus. Die Beamten der Office werden vom Kolonialminister ernannt. — Endlich gehört dazu die Ecole coloniale, die als établissement d'utilité publique gleichfalls selbständig ist, jedoch führt der Kolonialminister die Aufsicht über sie. Sie ist bestimmt, den künftigen Kolonialbeamten die erforderliche Spezialausbildung zu geben. Sie zerfällt in fünf Abteilungen, und zwar in eine Vorschule, eine Sektion für Verwaltungs-, für Justiz-, für Handels- und Eingeborenenwesen.

gierten der Landwirtschaftskammern der einzelnen Kolonien zusammensetzte und später aus Wahlen der Generalräte hervorging. Als die Kolonien im Jahre 1848 wieder eine Vertretung im Parlament erhielten, fiel diese Körperschaft weg. In der Folge lebte sie jedesmal wieder auf, wenn die Kolonien ihre Sitze im Parlament verloren hatten, und verschwand wieder, wenn die Kolonien dorthin zurückkehrten. Erst im Jahre 1883 wurde sie neben der Vertretung der Kolonien im Parlament als „Oberkolonialrat" ins Leben gerufen.

Der Oberkolonialrat, dessen rechtliche Stellung heute auf den Dekreten vom 29. Mai 1890 und vom 17. Oktober 1896 beruht, setzt sich zusammen aus den Deputierten und Senatoren der Kolonien und aus zwölf Abgeordneten, die in den übrigen Kolonien von den vollberechtigten Staatsbürgern durch allgemeines Wahlrecht für jedesmal drei Jahre gewählt werden; nicht vertreten sind nur die Somaliküste und Tunis. Dem Oberkolonialrat gehören ferner an: die Präsidenten der wichtigeren Handelskammern des Mutterlandes, Vertreter wissenschaftlicher Gesellschaften, die sich mit geographischen und kolonialen Problemen beschäftigen, sowie die Direktoren einzelner großer Banken. Daneben finden sich 18 juristisch geschulte Mitglieder, die dem Staatsrat oder den verschiedenen Ministerien entnommen werden und endlich eine Reihe von Mitgliedern, die der Kolonialminister wegen ihrer besonderen Fähigkeiten dazu ernennt. Den Vorsitz führt der Kolonialminister. Der Oberkolonialrat zerfällt in vier Abteilungen; jeder ist eine bestimmten Gruppe von Kolonien zugewiesen. Seit dem Dekret vom 19. September 1896 besteht eine besondere Kommission, die fortwährend versammelt ist und die laufenden Geschäfte zu erledigen hat.

Der Oberkolonialrat hat sein Gutachten abzugeben über sämtliche Entwürfe von Gesetzen und Dekreten, die für die Kolonien in Kraft treten sollen. Außerdem kann der Minister nach Belieben auch andere Angelegenheiten dem Oberkolonialrat vorlegen.

b. Der Grundsatz, daß der Kolonialminister alle Angelegenheiten, die die Verwaltung der Kolonien berühren, in seinem Ressort vereinigt, gilt nicht absolut. Neben ihm haben auch eine Reihe anderer Minister an ihr gewissen Anteil. Diese

Tätigkeit der übrigen Minister ist zum Teil eine bloß ergänzende, den Kolonialminister unterstützende. Sie bezweckt, ihm bei der Durchführung seiner vielseitigen Geschäfte, die für die Zentralverwaltung des Mutterlandes unter die verschiedenen Fachminister verteilt sind, die erprobten Verwaltungsgrundsätze dieser Behörden zur Verfügung zu stellen und damit zugleich eine gewisse Gleichmäßigkeit zwischen der Verwaltung der Kolonien und der des Mutterlandes herbeizuführen.

Diesen ergänzenden Charakter haben vor allem die Befugnisse des Justizministers, die sehr umfassend sind. Sämtliche Bestimmungen über die Organisation und die Verwaltung der Justiz sowie alle Instruktionen an die Justizbehörden werden gemeinschaftlich vom Kolonial- und Justizminister erlassen; von beiden werden ferner die Dekrete, die sich auf das Justizwesen beziehen, dem Präsidenten zur Unterschrift mit einem gemeinsamen Bericht vorgelegt. Alle richterlichen Beamten werden auf den gemeinsamen Vorschlag beider Minister vom Präsidenten ernannt und abberufen und unterstehen ihrer gemeinsamen Disziplinargewalt. Nur die Friedensrichter unterstehen dem Kolonialminister allein [1]).

Auch die Tätigkeit des Finanzministers innerhalb der Kolonialverwaltung hat zum Teil diesen ergänzenden Charakter. So muß der Kolonialminister alle Instruktionen, die er den Finanzbehörden in den einzelnen Kolonien erteilen will, dem Finanzminister vorlegen. Ferner nimmt der Finanzminister insoweit an der Kolonialverwaltung teil, als er Finanzbeamte für den Verwaltungsdienst in den Kolonien zur Verfügung stellt; bezüglich dieser bleiben ihm gewisse Disziplinarbefugnisse [2]).

Zur Erhaltung der Gleichmäßigkeit zwischen der Kolonialverwaltung und den einzelnen Verwaltungszweigen des Mutterlandes beschränkt man sich für einige Ressorts darauf, Beamte, die zum Beamtenkörper der einzelnen Fachminister gehören, für den Kolonialdienst zu verwenden. Der Fachminister, der diese Beamten dem Kolonialminister zur Verfügung stellt, hat also an der materiellen Kolonialverwaltung keinen Anteil; jedoch bleiben ihm manchmal gewisse

---

1) Dekret vom 1 Dezember 1858.

2) Dekret vom 20. November 1882. vgl vor allem die Art 150 ff und Art. 224

Disziplinarbefugnisse über diese Beamten. Das gilt von dem Minister für Post und Telegraph. Alle Beamten, welche zur Dienstleistung in den Kolonien herangezogen werden, bleiben dem Postminister hinsichtlich aller Maßnahmen unterstellt, die sich auf ihre Beförderung, Pensionierung oder Stellung zur Disposition beziehen. Auch erhält er jährlich Führungslisten über die einzelnen Beamten; vor allem kann er sie jederzeit zurückberufen [1]).

Während durch alle diese Befugnisse der übrigen Fachminister die Einheitlichkeit der Zentralverwaltung der Kolonien nicht zerstört wird, liegt aber eine wirkliche Durchbrechung jenes Grundsatzes in der Stellung, welche der Finanzminister, abgesehen von den bereits oben besprochenen Befugnissen, einnimmt.

Einnahmen und Ausgaben, welche durch die Kolonien veranlaßt werden, figurieren teilweise auf dem Etat des Mutterlandes, zum Teil auf dem Etat der einzelnen Kolonien. Aber nur die Finanzverwaltung, soweit sie das Budget der Kolonie umfaßt, gehört zum Ressort des Kolonialministers, dem insoweit, wie wir sahen, der Finanzminister ergänzend und unterstützend zur Seite tritt. Im übrigen ist der Finanzminister allein zuständig; seine Befugnisse sind hier insoweit die gleichen wie im Mutterlande In einigen Punkten greift der Finanzminister sogar in die dem Kolonialminister vorbehaltene Sphäre über, indem er z. B die Kassenverwaltung in den einzelnen Kolonien, also auch soweit die eigentlich koloniale Finanzverwaltung in Frage kommt, unter sich hat [2]).

Eine noch schwerwiegendere Ausnahme von dem Prinzip der Einheitlichkeit der Zentralverwaltung der Kolonien bildet die Unterstellung der Kolonialtruppen unter den Kriegsminister.

Solange die Kolonialverwaltung vom Marineminister ressor-

---

[1]) Dekret vom 4 März 1905, vgl. dazu auch die gemeinsame Verfügung des Kolonialministers und des Ministers für Post und Telegraph von demselben Tage – Auch andere Fachministerien stellen dem Kolonialminister Beamte ihres Ressorts zur Verfügung Das gilt vom Unterrichtsminister gemäß den Dekreten vom 16. Juni 1899, 30. Oktober 1902 und vom 5. Oktober 1907. der jedoch im Gegensatz zu dem Minister für Post und Telegraph keinerlei Befugnisse über die zur Verfügung gestellten Beamten behält. Er kann sie insbesondere nicht zurückberufen.

[2]) Dekret vom 20 November 1882; vgl. insbesondere die Art. 132 ff

tierte, war es selbstverständlich, daß auch die in den Kolonien dislozierten Streitkräfte, die aus Marinetruppen bestanden, dem Marineminister unterstellt waren. Erst als das Kolonialministerium errichtet wurde, trat die Trennung ein, da die Militärverwaltung, was durchaus natürlich war, beim Marineministerium zurückblieb.

Durch das Gesetz vom 7. Juli 1900 wurde nun die Kolonialarmee gegründet, eine selbständige, insbesondere dem Landheer und der Marine gegenüber unabhängige Truppe. Die Kolonialarmee wurde aber nicht dem Minister der Kolonien, sondern dem Kriegsminister unterstellt. Jedoch ist jenem die Militärverwaltung insoweit übertragen, als sie sich auf die in den Kolonien verteilten Truppen bezieht; dementsprechend gehört auch das Budget der Kolonialarmee insoweit zum Etat des Kolonialministeriums [1]. Darüber hinaus, soweit also die Kolonialtruppen dem Kriegsminister unterstehen, ist dem Kolonialminister, um Reibungen möglichst zu verhüten, eine gewisse Teilnahme eingeräumt, die schon deshalb erforderlich ist, weil, wie noch in anderem Zusammenhang gezeigt werden wird [2], der Gouverneur, der dem Kolonialminister untersteht, für die Verteidigung der Kolonie verantwortlich ist. So hat sich der Kriegsminister über die Verwendung der Truppen und die Übertragung der Kommandos mit dem Kolonialminister ins Einvernehmen zu setzen (Art. 9, Abs. 2 des Gesetzes vom 7. Juli 1900); so geht ferner die gesamte Korrespondenz des Kommandeurs der Kolonialtruppen durch die Hände des Kolonialministers, der sie an den Kriegsminister weitergibt (Art. 7 des Dekretes vom 9. November 1901). Auch in anderen Fällen noch ist dem Kolonialminister ein Mitwirkungsrecht eingeräumt [3].

2. Algier ist die einzigste Kolonie, die nicht dem Kolonialminister untersteht [4]. Von vornherein nahm es den übrigen Kolonien gegenüber eine besondere Stellung ein. Vor allem

---

[1] Es besteht übrigens die Neigung, die Kompetenzen des Kolonialministers zu erweitern; vgl. z. B. das Dekret vom 26. Mai 1903.

[2] Vgl. unten S. 160 ff.

[3] Vgl. z. B. Art. 9 Abs. 5, Art. 11 Abs. 5 und Art. 12 des Gesetzes vom 7. Juli 1900, ferner Art. 2 Abs. 2 des Dekretes vom 9. November 1901.

[4] Vgl. zum folgenden Girault III, S. 81 ff. und Larcher I, S. 200 ff.

wurde es im Gegensatz zu allen anderen Kolonien bei der Organisation der Verwaltung nicht dem Marineminister zugeteilt, sondern wegen der umfangreichen militärischen Okkupation des Landes dem Kriegsminister unterstellt. Ferner zeigte sich sehr bald auch das Bestreben, Algier dem Mutterlande zu assimilieren, indem eine Reihe von Verwaltungszweigen, die hier eine ähnliche Behandlung wie im Mutterlande zuließen, den entsprechenden Fachministern des Mutterlandes unterstellt wurden, während alle anderen Verwaltungszweige. die durch die besonderen kolonialen Verhältnisse ein eigenes Gepräge haben, abgesehen von den schon an sich zum Geschäftskreis des Kriegsministers gehörenden Angelegenheiten, bei diesem verblieben; durch eine Reihe von arrêtés der Revolutionsregierung im Jahre 1848 wurde so die Justizverwaltung, Kultus und öffentlicher Unterricht, Zoll- und Steuerwesen, der enregistrement und die Domänen den zuständigen Fachministern des Mutterlandes übertragen.

Im Laufe der Zeit wurde nun dieses System der „services rattachés“ mehrfach aufgehoben, und andere traten an seine Stelle Das waren aber nur vorübergehende Erscheinungen, da man immer wieder auf jenes zurückkam. So wurde durch das Dekret vom 24. Juni 1858 das Ministerium für Algier und die Kolonien gegründet und damit der Versuch gemacht, die gesamten Verwaltungsangelegenkeiten Algiers in einem Ministerium zu zentralisieren. Schon nach zwei Jahren kehrte man aber wieder zu dem früheren Rechtszustand zurück. Eine weitere Unterbrechung jenes Systems bildete sodann das sog. décret de rattachement vom 26. August 1881, das nach der entgegengesetzten Seite versuchte, sämtliche Verwaltungszweige in Algier den dafür in Betracht kommenden Fachministern des Mutterlandes zuzuweisen. Auch diese Organisation fiel wieder weg. Seit dem Dekret vom 31. Dezember 1896, bzw. dem Gesetz vom 23. August 1898 untersteht Algier grundsätzlich wieder dem Minister des Innern, der im Jahre 1871 an die Stelle des Kriegsministers getreten war, und daneben den Fachministern für die services rattachés. Zu diesen gehören heute die gesamte Militär- und Finanzverwaltung, ferner Justiz-, Kultus- und Unterrichtswesen, soweit sich diese Verwaltungszweige nicht auf die Eingeborenen beziehen.

Zweiter Abschnitt.

Die Organisation der Lokalverwaltung[1]).

A. Die Behördenordnung in den Kolonien mit Ausnahme von Algier und Tunis.

1) Die Verwaltungsbehörden.

I. Solange die Handelskompagnien mit den überseeischen Territorien belehnt waren und sie durch eigene Beamten, die Kapitäne oder Intendanten, verwalteten, war eine staatliche Verwaltungsorganisation überflüssig[2]). Ursprünglich verzichtete die Regierung sogar auf jede Überwachung; erst später wurden in den einzelnen Kolonien Generalleutnants oder Gouverneure eingesetzt, welche eine gewisse Kontrolle auf die Verwaltungstätigkeit der Kompagnie ausüben sollten.

Als die Handelsgesellschaften nach und nach verschwanden, mußte die Regierung daran gehen, eine eigene Behördenorganisation zu schaffen. Trotz der mannigfachen Konflikte, die zwischen Gouverneur und Kapitän bzw. Intendanten geherrscht hatten, knüpfte man an die bestehenden Verhältnisse an. Es wurden drei höchste Behörden geschaffen: der Gouverneur, der Intendant und der conseil souverain. Der Gouverneur hatte militärische Befugnisse und war der eigentliche Repräsentant des Königs; der Intendant hatte die Zivilverwaltung unter sich, womit ihm im wesentlichen das Erbe der Kompagnie in ihren öffentlich-rechtlichen Befugnissen übertragen wurde; der conseil souverain endlich bildete die oberste richterliche Behörde, er entschied in letzter Instanz und war wie die Parlamente des Mutterlandes zum Erlaß von Verordnungen und zur Registrierung von Gesetzen und Verordnungen befugt. Die Folge dieser Teilung der Gewalten war eine fortwährende Rivalität zwischen Gouverneur und Intendanten, während der conseil souverain regelmäßig das willenlose Werkzeug in der Hand des einen oder des anderen war.

Trotzdem verschwand diese Behördenordnung erst in der

---

[1]) Eine systematische Darstellung der Behördenordnung in den einzelnen französischen Kolonien fehlt in der Literatur.

[2]) Vgl. zum folgenden Girault I, S. 141 ff

großen französischen Revolution. In dem Dekret vom 24./28 September 1791 gewährte die Nationalversammlung den Kolonien eine weitgehende Autonomie, als deren Träger die aus Wahlen hervorgehenden assemblées coloniales eingesetzt wurden. Diese Körperschaften, die übrigens in ihrer Mehrheit der Revolutionsregierung feindselig gegenüberstanden, zeigten sich für die ihnen gewährten Freiheiten durchaus nicht erkenntlich, kümmerten sich größtenteils gar nicht um die der Regierung vorbehaltenen Befugnisse und regierten die Kolonie auf eigene Faust, so daß die Regierung durch Entsendung besonderer Kommissare die Aufrührer mit Waffengewalt niederwerfen mußte.

Die Autonomie dauerte denn auch nicht lange; bereits unter dem Konsulat wurde sie wieder aufgehoben und die alte Organisation wieder hergestellt. Nur die Titel der drei obersten Behörden waren andere geworden: der Generalkapitän, der jetzt eingesetzt wurde, entsprach dem Gouverneur, der Kolonialpräfekt dem Intendanten, der Justizkommissar dem conseil souverain.

II. a. Der erste Akt der Erneuerung des Kolonialreiches, die unter der Restauration einsetzt, war die völlige Änderung der Organisation der Kolonien. Man hatte eingesehen, welche Nachteile der Mangel einer einheitlichen Spitze in den Kolonien hatte, der die Verteidigung der Kolonien erschwerte und wegen der unausgesetzten Streitigkeiten zwischen den einzelnen Behörden eine harmonische Entwicklung unmöglich machte. Es war psychologisch erklärlich, wenn der Gesetzgeber, um jene Fehler zu vermeiden, nunmehr in das entgegengesetzte Extrem fiel und jede Kolonie zu einem Vizekönigtum erhob, an dessen Spitze ein Gouverneur stand, der, mit monarchischen Befugnissen ausgestattet, die Regierung unter der unmittelbaren Leitung des Königs führte.

Die Bestimmungen, durch welche diese Reform eingeführt wurde, waren die Ordonnanzen vom 21. August 1825, vom 9. Februar 1827 und vom 27. August 1828. Obwohl sie lediglich für die beiden Antillen, Reunion und Guyana bestimmt waren, sind ihre grundlegenden Vorschriften für die Organisation aller anderen Kolonien in vieler Beziehung maßgebend geworden

b. Der Gouverneur war nach diesen Ordonnanzen unmittelbar dem Könige, also keinem Minister unterstellt. Gänzlich fiel jedoch die Ministerialinstanz nicht fort; der Marineminister, zu dessen Ressort die Kolonialverwaltung vor der Durchführung der Reform gehörte, wurde aber, wie es in den Ordonnanzen ausgedrückt wurde, lediglich zum Vermittler der Befehle des Königs an den Gouverneur[1]. Allerdings hatte der Minister auch gewisse selbständige Befugnisse, die in den Ordonnanzen aufgezählt werden; so mußte er in gewissen Fällen seine Genehmigung erteilen, z. B. zu dem vom Gouverneur aufgestellten Budget, oder Berichte entgegennehmen[2]. Das waren aber lediglich Ausnahmen von der Regel, daß der Gouverneur ihm grundsätzlich nicht unterstellt war und insbesondere keine Instruktionen über die Vollziehung seiner Geschäfte von ihm entgegenzunehmen brauchte.

Selbst dem Könige gegenüber erfreute sich der Gouverneur einer großen Selbständigkeit. Sie beruhte zunächst auf tatsächlichen Gründen. Es war klar, daß der König als alleiniges Haupt der Kolonialregierung sich nicht in derselben intensiven Weise der Zentralverwaltung widmen konnte wie ein Minister. Die Folge war, daß der Gouverneur, und darin lag das charakteristische seiner Stellung, in den meisten Fällen ohne Instruktionen der Regierung innerhalb des Rahmens der Rechtsordnung seine Entscheidungen treffen mußte.

Die Ordonnanzen suchten nun diesen Mangel einer intensiven Oberleitung, der in mancher Beziehung ohne gewisse Vorsichtsmaßregeln hätte verhängnisvoll werden können. auszugleichen durch eine Verengung des Rahmens der Rechtsordnung, indem sie eine große Zahl von Bestimmungen instruktioneller Natur aufnahmen. So wird z. B. dem Gouverneur vorgeschrieben[3], welche Berichte er jährlich der Regierung

---

[1]) Vgl. z. B. die Verfassung von Reunion Art. 6, § 2: Nos ordres, sur toutes les parties du service, lui sont transmis par notre ministre secrétaire d'Etat de la marine et des colonies. Ebenso die übrigen Ordonnanzen.

[2]) Vgl. z. B. Art. 17 § 6, Art. 20 § 2, Art. 21, Art. 26 § 2 und 3, Art. 31 § 4, Art. 33, Art. 34 der Verfassung der Antillen; ebenso in den übrigen Ordonnanzen.

[3]) Vgl. Art. 16 § 3 und Art. 33 der Verfassung der Antillen.

einzureichen habe, und bestimmt, daß er Kasernen und Hospitäler von Zeit zu Zeit besichtigen müsse. Insoweit war also die Selbständigkeit der Gouverneure gegenüber dem Könige nicht nur tatsächlich, sondern auch rechtlich gewährleistet. Denn eine Änderung der Vorschriften über die Befugnisse des Gouverneurs, mochten sie auch lediglich instruktioneller Natur sein, war niemals durch eine formlose Dienstanweisung, sondern nur auf dem Wege eines Gesetzes oder einer Ordonnanz zulässig, die der Minister gegenzuzeichnen hatte und wofür er die Verantwortung gegenüber dem Parlament übernahm, eine Konsequenz, die noch ausdrücklich in den Ordonnanzen ausgesprochen wurde[1]).

Dieser Selbständigkeit und Unabhängigkeit des Gouverneurs gegenüber der Regierung des Mutterlandes mußte notwendig auch die Art und der Umfang seiner Befugnisse entsprechen. Weil die Regierung, in erster Linie der Minister und sodann auch der König selbst, abgesehen von gewissen Fällen, rechtlich oder tatsächlich an der Erledigung der Zentralverwaltungsgeschäfte gehindert waren, mußten der Natur der Dinge nach diese Angelegenheiten dem Gouverneur übertragen sein. Er mußte also insoweit alle Befugnisse in sich vereinigen, die für die Verwaltung des Mutterlandes dem Minister oder dem Könige vorbehalten waren.

Diese Konsequenz ist in den Ordonnanzen wirklich mit aller Schärfe gezogen. Vor allem ist dem Gouverneur bezüglich der laufenden Verwaltung ausdrücklich die Oberleitung, die direction supérieure, übertragen, also die Befugnis, den einzelnen Verwaltungszweigen die großen Richtlinien zu weisen[2]). An materiellen Verwaltungsbefugnissen stand ihm z. B. das Recht zu, gemäß den Art. 145 und 164 des Code civil die Ehedispense zu erteilen[3]), was für das Gebiet des Mutterlandes dem Könige vorbehalten war. Dem entsprachen seine diplomatischen Befugnisse; er konnte selbständig Handelsverträge und andere Übereinkommen vorbereiten und war überhaupt der

[1]) Vgl. Art. 6 der Verfassung von Reunion: Le gouverneur est le dépositaire de notre autorité dans la colonie. Ses pouvoirs sont réglés par les lois et par nos ordonnances. Ebenso die übrigen Ordonnanzen.

[2]) Vgl. Art. 15 und ff. der Verfassung der Antillen; ebenso die übrigen.

[3]) Vgl. Art. 39 der Verfassung der Antillen; ebenso die übrigen.

Repräsentant Frankreichs im Verkehre mit den der Kolonie benachbarten Staatswesen[1]). Neben dem Oberbefehl über die Truppen hatte der Gouverneur das Recht, den Belagerungszustand zu verhängen[2]) und die Befugnis zu Maßnahmen der haute police, d. h. die Befugnis, für den Fall einer besonders hohen Gefahr für die bestehende Staats- oder Gesellschaftsordnung die notwendigen Maßnahmen auch im Widerspruch zu bestimmten Gesetzen zu ergreifen[3]), wozu im Mutterlande gleichfalls nur der König berechtigt war. Die Ordonnanzen gingen sogar so weit, daß sie dem Gouverneur die Befugnis erteilten, alle gesetzlichen Bestimmungen, die in der Form von Gesetzen oder Ordonnanzen für die Kolonien ergingen, trotz der vorhergegangenen Promulgation durch den König nochmals besonders zu promulgieren, wovon die Gültigkeit dieser Vorschriften abhing[4])

Diesen Befugnissen entsprach auch die persönliche Stellung des Gouverneurs. Er war für seine Regierungsakte nicht verantwortlich. Nur wegen Verrates, Veruntreuung öffentlicher Gelder. Mißbrauchs seiner Amtsgewalt oder Ungehorsam konnte er verfolgt werden[5])[6]).

---

[1]) Vgl. Art. 65 der Verfassung der Antillen; ebenso die übrigen.

[2]) Vgl. Art. 13 der Verfassung der Antillen; ebenso die übrigen.

[3]) Vgl. Art 45 § 1 der Verfassung der Antillen: Le gouverneur a dans ses attributions les mesures de haute police, ebenso die übrigen Ordonnanzen. Über das Wesen der mesures de haute police, vgl. Mayer S. 7. — Vgl. auch die pouvoirs extraordinaires des Gouverneurs in Art. 70ff. der Verfassung der Antillen; ebenso in den übrigen Ordonnanzen

[4]) Vgl. darüber im einzelnen unten S. 177.

[5]) Vgl. Art. 82 und ff. der Verfassung der Antillen; ebenso die übrigen Verfassungen.

[6]) Charakteristisch für seine Stellung war das Zeremoniell, mit dem seine Persönlichkeit bei gewissen feierlichen Gelegenheiten umgeben wurde und das bis ins kleinste festgesetzt war. Da wird vorgeschrieben, welche Ehrenrechte dem Gouverneur zustehen sollen, wenn er sich zur Cour royale, dem höchsten Gerichtshof der Kolonie begibt. Eine Abordnung hat ihn am Eingang des Justizpalastes zu erwarten und zum Thronsessel zu geleiten, bei seinem Eintritt erheben sich die Mitglieder des Gerichtes und entblößen ihr Haupt, während der Gouverneur den Thron besteigt, um von dort aus mit bedecktem Haupte seine Ansprache an die Versammlung zu halten; vgl. z. B. Art. 280 ff. der Ordonnanz vom 24. September 1828 betr. die Justizorganisation auf den Antillen.

c. Die dem Gouverneur untergeordneten Behörden waren außer dem Militärkommandanten, der sich jedoch nur auf den Antillen fand, die drei chefs d'administration: der ordonnateur, der directeur de l'intérieur und der procureur général. Der besonderen Stellung des Gouverneurs entsprach die ihre. Die chefs d'administration waren Vorsteher je eines Zweiges der Zentralverwaltung, welche die Geschäfte grundsätzlich selbstständig und unter eigener Verantwortung erledigten[1]. Daraus folgte, daß der Gouverneur, dem, wie schon erwähnt, die direction supérieure der Verwaltung oblag, sich hierauf zu beschränken hatte und sich grundsätzlich nicht in die Befugnisse der chefs d'administration einmischen durfte. Das war auch ausdrücklich vorgeschrieben[2]. Nur ganz ausnahmsweise war dem Gouverneur eine Einmischung gestattet[3]; hierfür bestimmten deshalb die Ordonnanzen, daß die persönliche Verantwortung der chefs d'administration wegfallen sollte, wenn diese auf den ausdrücklichen Befehl des Gouverneurs hin einen Verwaltungsakt vornehmen oder unterlassen würden und vorher vergeblich Vorschläge oder Bedenken geltend gemacht hätten[4].

---

[1]) Vgl. über die Verantwortlichkeit der chefs d'administration Art. 115, 127 und 139, § 3 der Verfassung der Antillen; ebenso die übrigen Ordonnanzen.

[2]) Vgl. Art. 103 der Verfassung der Antillen: L'ordonnateur. prend les ordres généraux du gouverneur sur toutes les parties du service qui lui est confié, dirige et surveille leur exécution en se conformant aux lois, ordonnances, décrets coloniaux, règlements et décisions ministérielles, et rend compte au gouverneur, périodiquement, et toutes les fois qu'il exige, des actes et des résultats de son administration. Gemäß Art. 121 und 138 gelten diese Bestimmungen auch für den directeur de l'intérieur und den procureur général. Gleiches gilt in den übrigen Kolonien.

[3]) Ausdrücklich war das nicht bestimmt; es ergibt sich jedoch aus der Beschränkung der Verantwortlichkeit der chefs d'administration für den Fall der Einmischung des Gouverneurs. Da aber die Befugnisse der chefs d'administration wie die des Gouverneurs bis ins einzelste durch die Ordonnanzen festgesetzt waren, so war die Einmischung des Gouverneurs ausschließlich in der Form von Instruktionen über die Erledigung ihrer Geschäfte möglich. Völlig ungültig wäre dagegen eine Maßregel gewesen, die der Gouverneur an Stelle des chefs d'administration vorgenommen hätte.

[4]) Vgl. darüber die bereits oben in Anm. 1 angeführten Bestimmungen In diesen Fällen hatten die chefs d'administration eine Abschrift dieser Vorschläge oder Bedenken, die also schriftlich dem Gouverneur vorge-

Charakteristisch war für die Stellung dieser chefs d'administration vor allem die Befugnis, alle Regierungsakte des Gouverneurs gegenzuzeichnen[1]), deren Gültigkeit davon abhing[2]) und wodurch zugleich der chef d'administration die Verantwortung für sie übernahm[3]). Von einer völlig freien Befugnis der chefs d'administration, die Gegenzeichnung von ihrem Belieben abhängig zu machen, kann jedoch nicht die Rede sein. Im Interesse der Einheitlichkeit der Verwaltung der Kolonie war dies völlig unmöglich, da die chefs d'administration vom Könige ernannt wurden, der Gouverneur also kein Mittel in Händen gehabt hätte, seinen Willen, etwa durch die Entlassung dieser chefs d'administration und Ernennung neuer, durchzusetzen. Die chefs d'administration waren deshalb verpflichtet, die Gegenzeichnung zu tätigen, wenn der Gouverneur sie formell dazu anwies. Machten die chefs d'administration ihre Bedenken wie in den bereits besprochenen Fällen geltend, so trat die Übernahme der Verantwortung durch die Gegenzeichnung nicht ein[4]).

III. A. Die Grundsätze, welche diesen Ordonnanzen zugrunde lagen, sind auch heute noch für die Behördenordnung in den

---

legen haben mußten, dem Minister zu übersenden. Vgl. darüber Art. 116, Art. 127 und 139, § 1 der Verfassung der Antillen.

[1]) Vgl. Art. 114, 127 und 131 § 7 der Verfassung der Antillen; ebenso in den übrigen Verfassungen.

[2]) Ausdrücklich wird das in den Verfassungen nicht bestimmt. Es ergibt sich jedoch aus dem Wortlaut der in Betracht kommenden Vorschriften. Wie übrigens aus dem folgenden hervorgeht, hat diese Frage in der Praxis keine große Bedeutung. Die Literatur enthält über alles dieses nichts.

[3]). Auch das ist nicht ausdrücklich in den Ordonnanzen ausgesprochen. Es ergibt sich jedoch ohne weiteres aus dem Umstande, daß die chefs d'administration für alle ihre Verwaltungshandlungen, zu denen also auch die Gegenzeichnung gehört, verantwortlich waren..

[4]) Eine gänzlich verschiedene Stellung hatte der Truppenkommandant auf den Antillen. Zwar hatte auch er die Befugnis, gewisse Verwaltungsakte des Gouverneurs, die auf die Militärverwaltung Bezug hatten, gegenzuzeichnen (Art. 96 der Verfassung), trotzdem war seine Stellung nicht wie die der chefs d'administration eine dem Gouverneur gegenüber selbständige. Der Gouverneur hatte vielmehr gemäß dem Art. 98 ausdrücklich das Recht, dem Kommandanten bezüglich jeder einzelnen Maßregel Anweisungen zu erteilen. Dem entsprechend waren auch die Kommandanten nicht, wie die chefs d'administration, allein für ihren Geschäftskreis verantwortlich.

französischen Kolonien maßgebend, wenn auch die Übertreibungen des Systems, wie sie insbesondere in der Ausgestaltung der Stellung des Gouverneurs zu einem Vizekönige zum Ausdruck kamen, nach und nach verschwunden sind Aufrecht erhalten ist vor allem das Prinzip der Einheit der höchsten Autorität, welches die Ordonnanzen im Gegensatz zu der Behördenordnung des ancien régime aufs schärfste vertraten. Auch heute noch steht an der Spitze der Kolonien ein einziger Beamter[1]), der in den meisten den Titel eines Gouverneurs, in einigen größeren den eines Generalgouverneurs[2]) führt, während er in St. Pierre und Miquelon sich mit dem Titel eines Administrators begnügen muß.

In einigen Dingen ist allerdings die neuere Rechtsentwicklung besondere Wege gewandelt, deren Ausgangspunkt in den Ordonnanzen Karls X. nicht zu finden ist. Eine solche Besonderheit ist vor allem die föderative Behördenorganisation in Indochina, Westafrika, in den Kongobesitzungen und in neuester Zeit in Madagaskar. Dort zerfällt die Kolonie wieder in eine Reihe selbständiger Verwaltungsbezirke, die, abgesehen von der Tatsache ihrer Zugehörigkeit zu einem größeren Verbande, wenigstens die formalen Kennzeichen der Organisation selbständiger Kolonien besitzen[3]); jedoch ist die Einheit der Verwaltung dieser Einzelkolonien in mehr oder weniger großem Umfang dadurch zerstört, daß der an der Spitze der Gesamtkolonie stehende Generalgouverneur in seiner Hand gewisse Verwaltungszweige für den Bereich der ganzen Kolonie vereinigt, während er bezüglich der anderen wenigstens das Recht der Überwachung und des Erteilens von Instruktionen hat.

Die Ordonnanzen Karls X haben neben ihrer, zum Teil allerdings beschränkten, prinzipiellen Bedeutung für die heutige Behördenorganisation, rein äußerlich für die Ausgestaltung der Befugnisse der einzelnen Behörden und ihrer übrigen

---

[1]) Über die Einschränkungen dieses Prinzips vgl unten S 158 ff

[2]) Und zwar in Indochina, Westafrika, den Kongobesitzungen und in Madagaskar.

[3]) Die an der Spitze dieser Gliedkolonien stehenden Beamten führen den Titel eines Untergouverneurs, lieutenant-gouverneur; in Annam, Tonkin, Cambodja und Laos heißen sie jedoch Oberresidenten, résidents supérieurs; an der Spitze von Mayotte steht ein Administrator.

Stellung für alle Kolonien ohne Ausnahme heute eine gewisse Bedeutung. Lange Zeit hindurch bildeten sie das Schema, dem die Organisation der Kolonien, welche später erworben wurden, unter Berücksichtigung der inzwischen in der Verfassung dieser älteren Kolonien eingetretenen Modifikationen, nachgebildet wurde [1]). Wenn man sich auch nach dem Jahre 1885 von diesem Schema allmählich losmachte [2]), so klingen doch

---

[1]) Die hierfür in Betracht kommenden Kolonien sind Indien mit der Ordonnanz vom 23. Juli 1840, Senegal mit der Ordonnanz vom 7. September 1840, St. Pierre und Miquelon mit der Ordonnanz vom 18. September 1844, Neu-Kaledonien mit dem Dekret vom 12. Dezember 1874 und endlich die Südseeniederlassungen mit dem Dekret vom 28. Dezember 1885. Die einzige Kolonie, welche in diesem Zeitraum organisiert wurde, ohne daß sie wie die anderen Kolonien eine ausführliche Verfassung erhielt, war Cochinchina. Im Anschluß an die älteren Bestimmungen begnügte man sich hier damit, die Organisation der Kolonie nur in gewissen Richtungen zu regeln. Zunächst wurde diese durch ein Dekret vom 10. Januar 1863 in den Grundzügen festgesetzt. Dann ergingen mehrere hierauf bezügliche arrêtés des Gouverneurs; vgl. insbesondere das arrêté vom 9. November 1864. Ein Dekret vom 21. April 1869 schuf endlich einen conseil privé, dessen Organisation, insbesondere auch seine Zusammensetzung, den gleichen Körperschaften auf den Antillen und Reunion wörtlich nachgebildet wurde. Damit erhielt aber Cochinchina wegen der Mitgliedschaft der chefs d'administration am conseil privé und der gelegentlichen Teilnahme der ihnen unterstellten chefs de service ohne weiteres die gleiche Organisation wie die älteren Kolonien, und es wurde als selbstverständlich angenommen, daß ihre Behörden, insbesondere auch der Gouverneur, die gleiche rechtliche Stellung einnähmen wie die der älteren Kolonien. Vgl. darüber Dislère 2. Aufl., Paris 1898, I, S. 265.

[2]) Zu den nach dieser Zeit organisierten Kolonien gehören zunächst: Indochina mit seinen Gliedkolonien mit Ausnahme von Cochinchina, deren Verfassung heute im wesentlichen auf dem Dekret vom 21. April 1891 und dem arrêté des Generalgouverneurs vom 13. Februar 1899 beruht. Die Verfassung von Cochinchina ist übrigens, vor allem durch das genannte arrêté, in tiefgreifender Weise modifiziert worden; vgl. darüber unten S. 156. Ferner: Westafrika nebst seinen Gliedkolonien mit Ausnahme von Senegal; die Organisation von Westafrika selbst sowie der Obersenegal- und Nigerkolonie beruht heute auf dem Dekret vom 18. Oktober 1904, die von Guinea, der Elfenbeinküste und Dahomey im wesentlichen auf den Dekreten vom 10. März 1893 und 22. Juni 1894. Weiter: die Kongobesitzungen mit ihren Gliedkolonien, ihre Verfassung wird heute durch das Dekret vom 11. Februar 1906 geregelt. Sodann Madagaskar und seine Gliedkolonie Mayotte nebst Dependenzen mit den Dekreten vom 11. Dezember 1895, 11. Juli 1896 und 30. Juli 1897 (für Madagaskar)

selbst in den jüngsten Kolonialverfassungen hier und da noch Erinnerungen an die alten Ordonnanzen nach, die nur verständlich sind, wenn man sie unter jenem Gesichtspunkt betrachtet [1].

B. 1. Der grundlegende Unterschied zwischen den alten Kolonialverfassungen und der Behördenordnung der heutigen Zeit besteht in der verschiedenen Stellung der Behörden der einzelnen Kolonien, vor allem des Gouverneurs, zur Regierung des Mutterlandes. Während der Gouverneur nach den Ordonnanzen Karls X. grundsätzlich vom Minister unabhängig war, so daß dieser nur gewisse materielle Befugnisse gegenüber dem Gouverneur hatte, ist er heute, wie die Provinzialbehörden des Mutterlandes, in vollem Umfange dem Minister unterstellt. Schon die Ordonnanzen vom 23. Juli 1840, vom 7. September 1840 und vom 18. September 1844, welche die Verfassung von Indien, Senegal und St. Pierre und Miquelon festsetzten, ordneten den Gouverneur und damit die Behörden dieser Kolonien dem Minister unter. Das ergibt sich ohne weiteres aus dem Umstande, daß die charakteristischen Merkmale, aus denen die besondere Stellung des Gouverneurs in den älteren Kolonien vor allem hervorging, in diesen Verfassungsordonnanzen nicht mehr enthalten waren: weder wird hier der Minister als der Vermittler der Befehle des Königs charakterisiert, noch ist dem Gouverneur die Oberleitung, die direction

---

und den Dekreten vom 9. September 1899 und vom 9. April 1908 (für Mayotte); endlich die Somaliküste mit den Dekreten vom 20. März 1896 und 28. August 1898. Zu den jüngeren Kolonien ist heute auch St. Pierre und Miquelon zu rechnen, da ihre Verfassung durch das Dekret vom 4. Februar 1906 völlig neu im Anschluß an die Verfassung der jüngeren Kolonien geregelt wurde.

[1]) Insbesondere wird häufig in den Organisationsbestimmungen für die jüngeren Kolonien bezüglich einzelner Punkte auf die älteren Kolonialverfassungen verwiesen. Vgl. z. B. auf das Dekret vom 10. März 1893 betr. die Organisation von Guinea und der Elfenbeinküste, in dem bezüglich der Befugnisse des Gouverneurs auf die Verfassung von Indien Bezug genommen wird. Dasselbe gilt von dem Dekret vom 22. Juni 1894 betr. die Organisation von Dahomey, sowie von dem, heute aufgehobenen, Dekret vom 22. September 1897 betr. die Verfassung der Kongobesitzungen. Das Dekret vom 4. Februar 1906 betr. die Organisation von St. Pierre und Miquelon verweist gleichfalls bezüglich der Befugnisse des Gouverneurs auf die früheren für die Kolonie geltenden Bestimmungen.

supérieure, der Verwaltung übertragen, noch beruhen endlich seine Befugnisse lediglich auf Gesetz oder Ordonnanz.

In den älteren Kolonien blieb vorderhand die Stellung des Gouverneurs gegenüber der Regierung, formell wenigstens, die gleiche, wie sie ursprünglich gewesen war. Durch das Senatuskonsult vom 3. Mai 1854 wurden jedoch auch die Gouverneure dieser Kolonien ausdrücklich dem Minister unterstellt; nur Guyana, für welches das Senatuskonsult nicht galt, blieb davon ausgenommen [1]). In der Praxis hatte sich der Minister allerdings wohl schon vorher durch die Macht der Verhältnisse allmählich wieder zum eigentlichen Haupt der Zentralverwaltung emporgeschwungen. Der beste Beweis dafür ist Guyana: Obwohl hier der Gouverneur infolge der Nichtgeltung jenes Senatuskonsultes formell seine wesentlich verschiedene Stellung behielt, kam deren Besonderheit gegenüber der neu geordneten Stellung der Gouverneure in den älteren Kolonien doch in der Praxis nicht zur Geltung [2]).

Damit war die Idee des Vizekönigtums, nachdem sein wesentlichstes Merkmal, die direkte Unterordnung des Gouverneurs unter den Monarchen, fortgefallen war, zu Grabe getragen.

Als die Dekrete vom 12. Dezember 1874 bzw. vom 28. Dezember 1885 die Verfassung von Neukaledonien und der Südseeniederlassungen festsetzten, hatte es allerdings den Anschein, als ob die Idee des Vizekönigtums für diese Kolonien wieder aufleben sollte: wieder fanden sich hier die für das Vizekönigtum der älteren Kolonien charakteristischen Merkmale, wieder erschien der Minister als bloßer Vermittler des chef de l'Etat bzw. der Regierung, wieder sollten die Befugnisse des Gouverneurs lediglich auf Gesetz oder Dekret beruhen [3]).

---

[1]) Der Grund für die Nichtgeltung des Senatuskonsultes war lediglich der, daß man vergessen hatte, daß Guyana ursprünglich die gleiche Organisation wie die Antillen und Reunion besaß. Es wurde jetzt so behandelt, als ob seine Verfassung etwa derjenigen Senegals entsprochen hätte. Vgl. darüber auch Girault I, S. 473.

[2]) Wenigstens wird in der Literatur nirgendswo auf einen solchen Unterschied aufmerksam gemacht.

[3]) Vgl. insbesondere Art. 5 §§ 1 und 2, bzw. Art. 4 der Verfassung von Neukaledonien und der Südseeniederlassungen.

Wenn damit tatsächlich eine Ausschaltung der Ministerialinstanz zugunsten des Präsidenten beabsichtigt war, so bedeutete das eine Ausnahme von dem verfassungsmäßigen Prinzip der parlamentarischen Regierung, die aufzustellen die Kraft jener Dekrete nicht ausgereicht hätte. Eine solche Absicht bestand jedoch nicht. Die fast wörtliche Anschließung dieser Verfassungen an die alten Ordonnanzen ging vielmehr lediglich aus dem Bestreben hervor, die Verfassung der einzelnen Kolonien einander so ähnlich wie möglich zu gestalten, was in den siebziger und achtziger Jahren des vorigen Jahrhunderts auch in anderen Dingen in die Erscheinung trat[1]).

Über die Beziehungen des Gouverneurs zur Regierung in den jüngeren Kolonien fehlt es an bestimmten Vorschriften. Es bedarf nach dem Vorstehenden keiner besonderen Erörterung, daß die Gouverneure dieser Kolonien gleichfalls dem Minister unterstellt sind und insoweit die Stellung gewöhnlicher Provinzialbehörden haben.

Die Stellung des Gouverneurs als Haupt der Verwaltung ist heute äußerlich keine andere wie zur Zeit der Restauration. Auch heute noch ist er, abgesehen von gewissen Ausnahmen[2]), das Haupt der Behördenorganisation der Kolonie, der für alle Beamten die gemeinsame vorgesetzte Behörde bildet und in dessen Person Kompetenzstreitigkeiten ihr natürliches Ende finden. Und doch ist seine Stellung eine wesentlich andere geworden. Nach den Ordonnanzen von 1825, 1827 und 1828 waren dem Gouverneur die Befugnisse der obersten Regierungsorgane des Mutterlandes in großem Umfange für den Bereich seiner Kolonie delegiert. Vor allem gehörte dazu die obere Leitung der Verwaltung, von der die Zentralregierung rechtlich oder tatsächlich ausgeschlossen war. Dadurch nun, daß der Gouverneur auf den Antillen, Reunion und in Guyana nachträglich, in den später organisierten Kolonien von vornherein dem Minister unterstellt wurde, die direction supérieure

---

[1]) Vgl. unten S. 151 Anm. 1 über die Ernennung besonderer directeurs de l'intérieur in Indien, Senegal und St. Pierre und Miquelon; vgl. auch Girault I, S. 475: On avait considéré à cette époque comme un idéal de donner à nos colonies une organisation administrative uniforme . . .

[2]) Vgl. darüber unten S. 158 ff.

also verlor[1]), hat dieser das theoretisch uneingeschränkte Recht erhalten, durch Instruktionen jede einzelne Verwaltungsmaßnahme der Behörden der Kolonie zu regulieren, so daß dadurch sogar das Recht der chefs d'administration auf selbständige Verwaltung beschränkt wurde[2]). Wie weit der Minister praktisch seine Autorität geltend machen will, ist das Ergebnis des freien Spiels der Kräfte, die sich in der Person des Ministers und des Gouverneurs gegenüberstehen. Im allgemeinen wird sich in den großen Kolonien, wie Indochina, Westafrika und Madagaskar, an deren Spitze Männer von großem politischem Ansehen gestellt zu werden pflegen, die das Vertrauen der Regierung genießen, der Wille des Ministers in geringerem Maße durchsetzen, als in den kleineren, wo dem Gouverneur gewöhnlich nicht das gleiche Gewicht der Persönlichkeit zu Gebote steht[3]).

[1]) Ausdrücklich wurde dies allerdings für jene nicht bestimmt. Für die Antillen und Reunion ergibt es sich jedoch ohne weiteres aus der Unterstellung des Gouverneurs unter den Minister, während der Gouverneur in Guyana die direction supérieure gewohnheitsmäßig verlor.

[2]) Dem entsprechend erhielten die Verfassungsordonnanzen von Indien, Senegal und St. Pierre und Miquelon auch die Vorschrift nicht mehr, daß die chefs d'administration für ihre Verwaltung die alleinige Verantwortung trügen. Allerdings wurde diese Bestimmung in die Verfassungen von Neukaledonien und der Südseeniederlassungen wieder aufgenommen, macht aber hier, wie die sonstigen Anklänge an die älteren Verfassungen, auf Bedeutung für das Verhältnis der chefs d'administration zum Minister keinen Anspruch. Vgl. unten S. 154

[3]) Es liegt freilich in der Natur der Sache, daß die Regierung des Mutterlandes wenigstens versuchen wird, den Gouverneur möglichst an ihre Instruktionen zu binden. Es hängt dann von der Persönlichkeit des Gouverneurs ab, ob und wie weit er imstande ist, diese Einwirkung zurückzuweisen. Charakteristisch dafür sind einige Bemerkungen Doumers, des früheren Generalgouverneurs von Indochina, a. a. O. S. 135: Les fonctions de gouverneur général donnent au titulaire des attributions étendues, la plénitude du pouvoir, s'il sait s'affranchir comme il convient de la tutelle tatillone, impuissante, mais malfaisante des bureaux de la métropole. Vgl. auch die Artikel „Rappel à la loi" und „Fonctionnaires imposés" in der Quinzaine coloniale 1908, S. 185ff., aus denen man entnehmen muß, daß die dem Generalgouverneur von Indochina übertragenen Befugnisse, heute wenigstens, in Wirklichkeit vom Kolonialministerium, vor allem im Wege von Instruktionen ausgeübt werden, so daß der Generalgouverneur nichts tun kann, als die Anordnungen des Ministers zur Ausführung zu bringen. So wird heute der Etat der Kolonie, der nach dem Dekret vom 31. Juli

Der Gouverneur ist deshalb hinsichtlich der oberen Leitung der Kolonialverwaltung, soweit wenigstens der Minister selbst eingreift, nichts weiter als eine formale Durchgangsstation für die ministeriellen Anweisungen an die ihm untergeordneten Behörden. Sein eigenes Instruktionsrecht kommt, soweit es ihm überhaupt noch belassen ist, erst in zweiter Linie in Betracht.

Es wäre verständlich gewesen, wenn die Gouverneure auf den Antillen, Reunion und in Guyana, die sich durch das unbeschränkte Instruktionsrecht des Ministers nachträglich auf bloße Kontrollbefugnisse beschränkt sahen, nunmehr bemüht gewesen wären, in größerem Maße nach unten hin, auf die materielle Verwaltung Einfluß zu gewinnen, der sie nach den Ordonnanzen von 1825, 1827 und 1828 grundsätzlich fern bleiben sollten; andererseits hätte man an sich annehmen können, daß die späteren Verfassungen der Kolonien, wo der Gouverneur bereits von vornherein dem Minister unterstellt war, auf die veränderte Rechtslage und die unnatürliche Stellung, in die der Gouverneur in den älteren Kolonien geraten war, Rücksicht genommen und dem Gouverneur in diesen Kolonien eine erhöhte Teilnahme an der materiellen Verwaltung gewährt hätte. Weder das eine noch das andere war zunächst der Fall. In den Verfassungsordonnanzen für Indien, Senegal, St. Pierre und Miquelon und auf Neu-Kaledonien nahmen die chefs d'administration dem Gouverneur gegenüber die gleiche selbständige Stellung ein wie etwa auf den Antillen; der Gouverneur war gleichfalls nur auf die Erteilung allgemeiner Instruktionen be-

---

1898 vom Generalgouverneur aufgestellt wird, um dann durch Dekret genehmigt zu werden, in Wirklichkeit vom Kolonialminister fast ohne Rücksicht auf den Entwurf des Generalgouverneurs völlig selbständig aufgestellt. Das gleiche zeigt sich bei der Ernennung der Beamten, soweit sie gesetzlich dem Generalgouverneur allein zusteht. Diese Neigung der Zentralregierung ist, wie schon bemerkt, völlig natürlich, schon allein deshalb, weil sie für die Amtshandlungen der Gouverneure dem Parlament gegenüber verantwortlich ist. In Großbritannien ist denn auch die unbedingte Unterordnung unter die Zentralregierung Prinzip. Die Colonial Office Rules and Regulations legen von dieser straffen Unterordnung des Gouverneurs ein beredtes Zeugnis ab. Vgl. darüber Jenkyns S. 122. Allerdings sind hier die unzweifelhaften Nachteile des Systems der unbedingten Unterordnung der Gouverneure durch eine weitgehende Autonomie vieler Kolonien zum Teil wieder beseitigt. Insoweit diese besteht, hat die Zentralregierung lediglich Überwachungsbefugnisse.

schränkt[1]). Andererseits trat auch in diesen Kolonien eine größere praktische Beteiligung des Gouverneurs nicht in die Erscheinung. Beides hatte seinen Grund darin, daß die Gouverneure ursprünglich aus den Reihen der höheren Marineoffiziere genommen wurden, die wegen ihrer Unkenntnis in der Zivilverwaltung naturgemäß weniger Neigung hatten, in intensiver Weise sich mit ihr zu beschäftigen. Mit jenem Brauche wurde jedoch Anfangs der achtziger Jahre gebrochen; nunmehr wurden Beamte, die aus der Zivilverwaltung hervorgingen, mit diesen Posten betraut[2]). Erst jetzt nahm die Stellung des Gouverneurs allmählich auch im Verhältnis zu den ihm untergeordneten Behörden den Charakter einer Provinzialbehörde an, indem ihm einerseits ein ganzer Verwaltungszweig zur eigenen Erledigung überwiesen wurde, während er auf der anderen Seite ein unbeschränktes Recht zum Erteilen von Instruktionen bezüglich jedes einzelnen Verwaltungsaktes der untergeordneten Verwaltungsbehörden erhielt[3]).

Auf diesem Prinzip, das in den älteren Kolonien so allmählich zum Durchbruch kam, beruht von vornherein die Stellung des Gouverneurs in den jüngeren Kolonien. Das gilt nicht nur für die Kolonien mit zentralistischer Behördenordnung, sondern auch dort, wo, wie z. B. in Indochina die Organisation eine föderative ist. Dies bedarf keiner Erörterung, soweit der Generalgouverneur für den ganzen Bereich der Kolonie die Verwaltung in seiner Hand vereinigt. Jedoch ist auch das Recht der Oberleitung, das dem Generalgouverneur insoweit zusteht, als den Gliedkolonien die Selbstverwaltung geblieben ist, seinem Wesen nach kein anderes wie die oberleitenden Befugnisse, die dem Generalgouverneur gegenüber den ihm direkt unterstellten Zentralbehörden zustehen. Es ist also wie dieses einerseits beschränkt durch das Einwirkungsrecht des Ministers, während es sich andererseits nicht in allgemeinen Instruktionen an die Behörden der Gliedkolonien, insbesondere den Untergouverneur erschöpft.

---

[1]) Vgl. Art. 67 und 83 der Verfassung von Senegal, Art. 63 und 80 der Verfassung von Indien, Art. 59 und 76 der Verfassung von St. Pierre und Miquelon und Art. 138 der Verfassung von Neukaledonien.

[2]) Vgl. dazu Girault I, S. 425.

[3]) Vgl. darüber S. 151 ff.

Wenn demnach der Gouverneur heute seinem Wesen nach zu einer bloßen Provinzialbehörde herabgesunken ist, so hat er doch an positiven Befugnissen, die ihm die Zentralgewalt auf Grund der Ordonnanzen von 1825, 1827 und 1828 aus dem Kreise der ihr grundsätzlich vorbehaltenen Kompetenzen delegiert hatte, nur geringe Einbuße erlitten. Das ist vor allem darin begründet, daß die große Entfernung der einzelnen Kolonien vom Mutterlande und ihre Isolierung die Vereinigung größerer Machtbefugnisse in der Person des höchsten Beamten erforderlich machen. So hat der Gouverneur in allen Kolonien auch heute noch den Oberbefehl über die Truppen[1]; er kann auch heute noch den Belagerungszustand verhängen[2], eine Befugnis, die für das Gebiet des Mutterlandes nur durch Gesetz beschlossen werden kann[3]. Befugnisse zu Maßnahmen der haute police stehen jedoch heute nur wenigen Gouverneuren zu[4]. Andererseits sind auf dem Gebiete der Gesetzgebung dem Gouverneur in einer Reihe von Kolonien große Befugnisse übertragen worden, die ihnen früher nicht zustanden, was noch in anderem Zusammenhang näher dargelegt werden wird[5].

Die persönliche Stellung des Gouverneurs geht dagegen heute grundsätzlich über den Rahmen einer bloßen Provinzialbehörde nur insoweit hinaus, als sie noch auf Reminiszenzen der alten Ordonnanzen beruht. Das gilt z. B. von der partiellen Unverantwortlichkeit des Gouverneurs in den älteren Kolonien, ein Prinzip, das in neuester Zeit nur für die Verteidigung der Kolonie eine Ausnahme erlitten hat, während die

---

[1]) Vgl. darüber unten S. 160ff.

[2]) Gemäß Gesetz vom 9. August 1849, welches diese Befugnis den Gouverneuren aller Kolonien schlechthin erteilte.

[3]) Vgl. das Gesetz vom 3. April 1878.

[4]) Dazu gehören die Gouverneure der beiden Antillen, von Reunion, Guyana, Indien, Senegal, Guinea, Elfenbeinküste und Dahomey.

[5]) Der Gouverneur ist übrigens heute bei seiner Amtstätigkeit in gewisser Weise selbständiger als früher, da, wie noch unten näher auseinanderzusetzen ist, heute eine Gegenzeichnung seiner Verwaltungsakte durch die ihm untergeordneten Zentralbehörden nicht mehr erforderlich ist. Ausnahmslos gilt das für die jüngeren Kolonien; für die älteren Kolonien wenigstens insoweit, als hier die chefs d'administration weggefallen sind.

Gouverneure der jüngeren Kolonien die volle Verantwortung für ihre Amtstätigkeit tragen.

2. Auch für die Organisation der Zentralbehörden, welche dem Gouverneur unterstehen, bildeten die Ordonnanzen von 1825, 1827 und 1828 das Schema, dem sich die Verfassung der späteren, vor 1886 organisierten Kolonien aufs engste anschloß. Dem entsprach es, wenn die allmähliche Auflösung dieser Behördenordnung, die allmählich einsetzte, überall eine einheitliche war[1]), und daß insbesondere die Kolonien, die während dieses Auflösungsprozesses vor 1886 organisiert wurden, eine dem zeitigen Stande dieses Prozesses entsprechende Behördenordnung erhielten.

Zunächst blieb die Organisation der Kolonien die gleiche, wie sie auf Grund der Ordonnanzen Karls X. gewesen war. Nur der Militärkommandant fiel weg (Dekret vom 29. August 1855); seine Befugnisse gingen an den Gouverneur über. Die eigentliche Auflösung begann erst infolge der Änderung der Stellung des Gouverneurs zur Verwaltung, die zu Beginn der achtziger Jahre des vorigen Jahrhunderts einsetzte.

Der ordonnateur verschwand zuerst (Dekrete vom 15. September und 3. Oktober 1882). Seine Befugnisse fielen an einen neugeschaffenen chef de service administratif de la marine[2]), für den alle bis dahin für den ordonnateur geltenden Vorschriften für anwendbar erklärt wurden[3]), während der trésorier-

---

[1]) Charakteristisch ist dafür z. B., daß Senegal, Indien und St. Pierre und Miquelon, wo zunächst anstatt der drei chefs d'administration nur deren zwei eingesetzt worden waren, nachträglich im Interesse der Gleichmäßigkeit den fehlenden directeur de l'intérieur erhielten; vgl. dazu Girault I, S. 475ff.

[2]) Er gehörte also, wie übrigens auch der ordonnateur, der Marineverwaltung an; durch das Dekret vom 5. Oktober 1889 wurde für die Kolonien ein besonderer Beamtenkörper geschaffen; an Stelle des chef de service administratif de la marine trat ein chef de service administratif colonial.

[3]) Trotz der allgemeinen Regel, die der Art. 8 der Dekrete vom 15. September und 3. Oktober 1882 aufstellte, gilt das jedoch nicht absolut. Jedenfalls steht der chef de service administratif nicht selbständig an der Spitze des ihm anvertrauten Verwaltungszweiges, so daß also der Gouverneur ihm gegenüber grundsätzlich nicht auf allgemeine Dienstanweisungen beschränkt ist. Das ergibt sich nicht allein schon aus der Bezeichnung, die er erhielt, sondern vor allem aus dem Zweck der Aufhebung des Postens des ordonnateur und der Einsetzung dieses chef de service.

payeur, der dem ordonnateur unterstand, nunmehr unmittelbar dem Gouverneur unterstellt wurde; der chef de service de santé, der ursprünglich gleichfalls vom ordonnateur ressortierte, war bereits vorher unmittelbar dem Gouverneur unterstellt worden (Dekrete vom 13. und 28. November 1880).

Durch das Dekret vom 21. Mai 1898 wurde sodann auch der Posten des directeur de l'intérieur aufgehoben. Seine Befugnisse gingen an den Gouverneur selbst über; diesem wurde zugleich eine secrétaire général zur Seite gestellt, der ihn in Fällen seiner Verhinderung vertritt.

Von den chefs d'administration blieb demnach in den älteren Kolonien nur noch der procureur général übrig, außerdem in Neukaledonien der directeur de l'administration pénitentiaire, den die Verfassung hier neben den drei herkömmlichen chefs d'administration eingesetzt hatte[1]). Jedoch erhielt der chef de service administratif de la marine, wie wir sahen[2]), — in den Südseeniederlassungen auch der chef de service de santé und der trésorier-payeur[3]) —, eine den chefs d'administration in vieler Beziehung analoge Stellung.

[1]) Vgl. dazu die Verfassung Art. 3 und Art. 126ff.

[2]) Vgl. oben S. 151.

[3]) Daß diese beiden chefs de service in der Verfassung der Südseeniederlassungen den chefs d'administration völlig gleichgestellt wurden, läßt sich nur daraus erklären, daß die Redaktoren die Bedeutung der als Schema verwendeten älteren Verfassungsbestimmungen betr. die Stellung der chefs d'administration völlig verkannten, eine Erscheinung, die auch in anderem Zusammenhang bereits beobachtet wurde. Vgl. oben S. 147. Die Ursache für das Verschwinden des ordonnateur war gerade gewesen, daß die Stellung der chefs d'administration gegenüber dem Gouverneur im Laufe der Entwicklung ihre Berechtigung verloren hatte, wie dies oben S. 148ff. ausgeführt wurde. Wenn man nun diesen beiden chefs de service wieder die gleiche Stellung wie den chefs d'administration einräumte und ihnen auf diese Weise eine besondere Stellung im Vergleich zu ihren Kollegen in den übrigen Kolonien verlieh, so widersprach das völlig der neuen Stellung des Gouverneurs, die in den älteren Kolonien gerade zum Verschwinden des ordonnateur geführt hatte. Aus diesen Gründen muß man trotz der äußerlich widersprechenden Vorschriften des Verfassungsdekretes annehmen, daß die beiden chefs de service ebensowenig wie der chef de service administratif selbständig an der Spitze ihres Verwaltungszweiges stehen, daß vielmehr der Gouverneur das Recht hat, ihnen im Rahmen seiner eigenen Zuständigkeit Instruktionen bezüglich jedes einzelnen Verwaltungsaktes zu erteilen.

Nach dem Jahre 1885 wurde das Schema, welches sich in den Verfassungen der älteren Zeit darbot, grundsätzlich verlassen. Der Gouverneur ist in den jüngeren Kolonien das alleinige, völlig unabhängige Haupt der Verwaltung, der im Gegensatz zu den älteren Kolonien für sie verantwortlich ist, während ihm gegenüber die Zentralbehörden nur als Gehülfen in Betracht kommen, die nach seinen Anweisungen die Geschäfte erledigen. Die Selbständigkeit, die sie früher besaßen, steht ihnen in den jüngeren Kolonien nicht mehr zu. Auch von einer Teilnahme der Zentralbehörden an der Willensbildung des Gouverneurs, wie dies früher in der Gegenzeichnung zum Ausdruck kam, ist heute keine Rede mehr.

Daneben wird im Gegensatz zu der älteren Zeit auch auf Einheitlichkeit der Behördenorganisation kein Wert mehr gelegt.

Diese Grundsätze in der Verfassung der jüngeren Kolonien kommen heute immer mehr zur alleinigen Geltung Auch für die älteren Kolonien hat sich der Gedanke mehr und mehr Bahn gebrochen, daß besondere Zentralbehörden nur insoweit eine Daseinsberechtigung haben, als der Umfang der Geschäfte solche erfordert[1]). Heute findet sich in allen Kolonien, und zwar ohne Unterschied in den älteren und jüngeren, regelmäßig neben dem Generalsekretär eine besondere Behörde für die Justizverwaltung, der procureur général oder chef de service judidiaire, sowie ein Chef der Finanzverwaltung, der trésorier-payeur. Eine gewisse Verminderung der dem Gouverneur unterstellten Zentralbehörden hat übrigens die Trennung von Zivil- und Militärverwaltung zur Folge gehabt. Wie noch unten näher auszuführen sein wird[2]), wurde nämlich in den Kolonien eine vom Gouverneur grundsätzlich unabhängige Militärverwaltungsbehörde geschaffen. Dieser wurde vor allem der chef de service administratif colonial, dem hauptsächlich militärische Verwaltungsbefugnisse oblagen, unterstellt. Auch der chef de service de santé ist auf diese Weise dem Gouverneur genommen worden. Da jedoch beide neben militärischen auch zivile Verwaltungsbefugnisse

---

[1]) Charakteristisch ist dafür das Dekret vom 6. Februar 1906, durch welches die Organisation von St. Pierre und Miquelon entsprechend dem geringen Umfange der Kolonie erheblich vereinfacht wurde

[2]) Vgl. unten S. 160 ff

in ihrer Person vereinigen, so unterstehen sie insofern auch heute noch dem Gouverneur.

Auch der Grundsatz, wonach die Zentralbehörden lediglich Gehilfen des Gouverneurs sind, dringt heute für die älteren Kolonien immer mehr durch. Heute hat in den älteren Kolonien nur noch der procureur générat[1]), und, im Rahmen seiner Zivilverwaltungstätigkeit, der directeur de l'intendance, wie der chef de service administratif colonial heute genannt wird (Dekret vom 11. Juni 1901 i. V. mit dem Gesetz vom 14. April 1906 und dem Dekret vom 21. Juni 1906), — in den Südseeniederlassungen im besonderen noch der chef de service de santé hinsichtlich der Zivilverwaltung, sowie der trésorier-payeur, — das Recht der Gegenzeichnung und eine gewisse, allerdings eingeschränkte Selbständigkeit[2]) hinsichtlich ihrer Verwaltungsbefugnisse.

Von diesen Zentralbehörden ressortieren sodann die Behörden der Lokalverwaltung, die über das Gebiet der Kolonie verteilt sind. Auf sie kann in diesem Zusammenhang nicht näher eingegangen werden.

3. Einer besonderen Betrachtung bedarf die Behördenordnung in den Kolonien mit föderativer Organisation.

Diese entstanden zum Teil durch die Zusammenfassung selbständiger Kolonien in der Hand eines Beamten, der regel-

---

[1]) Für St. Pierre und Miquelon gilt dies seit dem Dekret vom 6. Februar 1906 nicht mehr. Der chef de service judiciaire, der hier an die Stelle des procureur général trat, nimmt hier die gleiche Stellung ein wie die Zentralbehörden in den jüngeren Kolonien.

[2]) Eine beschränkte Selbständigkeit haben vor allem die den chefs d'administration gleichgestellten chefs de service in den Südseeniederlassungen; vgl. oben S. 152. Im übrigen tragen sie und die chefs d'administration die Verantwortung für alle Verwaltungsakte, die sie vornehmen, gleichgültig, ob jene ihrer eigenen Initiative entspringen oder durch Instruktionen des Gouverneurs veranlaßt werden, vorbehaltlich der ihnen wie früher zustehenden Befugnis, sich ihrer Verantwortung zu entschlagen. Soweit heute ein Verwaltungsakt einer Dienstanweisung des Ministers entspringt, muß man jedoch annehmen, daß die chefs d'administration und die ihnen gleichgestellten ohne weiteres für die Initiative unverantwortlich sind; dem Minister gegenüber braucht also der chef d'administration sich nicht besonders seiner Verantwortung zu entledigen. Er haftet nur für die Ausführung. Das ergibt sich ohne weiteres aus dem Sinne der in Betracht kommenden Vorschriften der Verfassungen.

mäßig den Titel eines Generalgouverneurs erhielt; auf diese Weise sind Indochina, Westafrika und Madagaskar entstanden. In allen diesen Kolonien sollte ursprünglich die Selbständigkeit der Gliedkolonien prinzipiell aufrecht erhalten bleiben, während dem Generalgouverneur nur die Oberleitung über die Verwaltung übertragen wurde. Trotzdem verwischte sich die Selbstverwaltung der Gliedkolonien durch immer stärkeres Hervortreten einer zentralistischen Organisation mehr und mehr. Das beweist vor allem Indochina.

Das Dekret vom 17. Oktober 1887, durch welches das Generalgouvernement von Indochina gegründet wurde, vertrat das Prinzip von der grundsätzlichen Selbständigkeit der einzelnen Gliedkolonien mit aller Schärfe; nur in einigen Punkten wurden ihnen zugunsten des Generalgouverneurs Befugnisse entzogen, dem insbesondere der Oberbefehl über die militärischen Streitkräfte übertragen wurde. Die Befugnisse des Generalgouverneurs erschöpften sich im übrigen in dem Rechte, Instruktionen zu erteilen und die Durchführung der Verwaltung zu beaufsichtigen. Das Dekret vom 21. April 1891 legte sodann das Schicksal der Gliedkolonien in die Hände des Generalgouverneurs auf Grund der Befugnis, die Organisation Indochinas nach freiem Ermessen zu bestimmen. Zum Durchbruch kamen diese zentralisierenden Tendenzen jedoch erst im Jahre 1897, als Doumer zum Generalgouverneur von Indochina ernannt worden war. Den Gliedkolonien wurden nunmehr[1]) die wichtigeren Verwaltungszweige genommen, für die unter der unmittelbaren Autorität des Generalgouverneurs Zentralbehörden errichtet wurden, deren Zuständigkeit sich auf ganz Indochina erstreckte. In rascher Folge wurden auf diese Weise für das Zoll- und Steuerwesen, für öffentliche Arbeiten, für Landwirtschaft, Forsten, Handel, Post und Telegraph, schließlich auch für Zivilangelegenheiten[2]) und den öffentlichen Unterricht Generaldirektionen errichtet. Dem entsprach auch die Zentralisation der Finanzverwaltung. Es wurde neben dem Budget für die einzelnen Länder ein Generalbudget für ganz Indochina geschaffen, das damit juristische Persönlichkeit

[1]) Vgl. dazu Girault I, S. 458 ff.

[2]) Die direction des affaires civiles wurde durch ein Dekret vom 18. Oktober 1902 allerdings wieder aufgehoben.

mit eigenen Einnahmen und Ausgaben wurde. Auf diese Weise verblaßte allmählich die Stellung der einzelnen Gliedkolonien Indochinas als selbständiger Verwaltungsbezirke. Ihnen verblieb nur das Gebiet der inneren Verwaltung, soweit ihnen dies durch die Schaffung besonderer Generaldirektionen nicht gleichfalls genommen war, ferner die Verwaltung der direkten Steuern und die Gerichtsbarkeit über die Eingeborenen [1]).

Die gleiche Entwicklung zeigt das Generalgouvernement von Westafrika, wenn sie auch hier wegen des jüngeren Alters der Kolonie noch nicht so weit vorgeschritten ist. Das Dekret vom 16. Juni 1895, welches Westafrika begründete, übertrug dem Gouverneur von Senegal, der zugleich zum Generalgouverneur von Westafrika ernannt wurde, die politische und militärische Oberleitung, d.. h. er hatte neben dem militärischen Oberbefehl das Recht, wie ursprünglich auch der Generalgouverneur von Indochina, Instruktionen über die Art der Erledigung der Verwaltungsgeschäfte zu erteilen und ihre Durchführung zu beaufsichtigen [2]) Ein weiterer Schritt in der Entwicklung war das Dekret vom 1. Oktober 1902. Das Amt des Generalgouverneurs wurde nunmehr von dem des Gouverneurs von Senegal getrennt, und der Generalgouverneur trat als völlig übergeordnete Behörde an die Spitze von ganz Westafrika. Zugleich wurde neben dem Generalgouverneur ein besonderes Generalsekretariat errichtet, durch welches er endlich auch die tatsächliche Möglichkeit erhielt, sich in größerem Maße in die Verwaltung der einzelnen Kolonien einzumischen.

Den Grundsatz von der Selbstverwaltung der Gliedkolonien Westafrikas, den das Dekret ausdrücklich aufstellte, durch-

---

[1]) Auf diese Weise ist vor allem die Verfassung von Cochinchina, welche derjenigen von Reunion und der Antillen völlig gleich war, fast völlig verschwunden. Nur die Vorschriften über die persönliche Stellung des Gouverneurs sind noch in Geltung. Alles andere, insbesondere die Vorschriften über die Befugnisse des Gouverneurs sowie die Organisation der Zentralbehörden sind durch die Organisationsvorschriften des Generalgouverneurs, insbesondere das arrêté vom 13. Februar 1899, welches die Befugnisse des Leutnant-Gouverneurs regelte, aufgehoben worden.

[2]) Diese Befugnis konnte jedoch nur in beschränktem Maße praktisch werden, weil das Dekret dem Generalgouverneur nicht die Organe zu einer intensiven Einmischung in die Lokalverwaltung zur Verfügung stellte.

brach es selbst, indem es bestimmte, daß das Budget der einzelnen Kolonien von den Untergouverneuren nur mehr vorbereitet wird, während die endgültige Feststellung dem Generalgouverneur zusteht. Durch das Dekret vom 10. November 1903 wurde sodann die Justizverwaltung für ganz Westafrika zentralisiert und bald darauf, auf Grund des Dekretes vom 18. Januar 1905, eine Generaldirektion für die öffentlichen Arbeiten geschaffen. Bereits vorher (Dekret vom 18. Oktober 1904) erhielt Westafrika ein eigenes Budget und damit Rechtspersönlichkeit. Alles dies sind Ansätze zu einer weiteren Entwicklung, die sicherlich wie in Indochina zu einer straffen Zentralisation führen wird[1])

Gleiches gilt von Madagaskar, wo allerdings nur Mayotte den Charakter einer Gliedkolonie hat, während Madagaskar selbst unmittelbar dem Generalgouverneur untersteht. Nach dem Wortlaut des Dekretes vom 9. April 1908 soll die Autonomie von Mayotte nicht berührt werden. Aus der Tatsache jedoch, daß an die Stelle des Gouverneurs, der bis dahin an der Spitze von Mayotte stand, ein bloßer administrateur gestellt wurde, muß man entnehmen, daß es sich nicht lange seiner Selbständigkeit erfreuen wird.

Trotz der zentralistischen Tendenzen, die in der Entwicklung dieser Kolonien zutage treten, ist jedoch eine absolute Zentralisation der Behördenordnung, wenigstens für Westafrika und Indochina, nicht wahrscheinlich. Für die Verwaltung größerer Territorien ist eine gewisse Dezentralisation eben nicht zu umgehen; die Kolonie der Kongobesitzungen, die gleichfalls eine föderative Organisation besitzt, verdankt diese sogar unmittelbar dezentralisierenden Tendenzen.

Bei dem Erwerbe der Besitzungen am Gabon nnd Kongo war von vornherein die Entstehung selbständiger Kolonien, wie sie sich an der westafrikanischen Küste fast von selbst ergab, wegen der verhältnismäßig kleinen Küste, die den einzigen Zugang zu dem gewaltigen Hinterlande bildete, ausgeschlossen.

---

[1]) Eine sehr schwierige, nur in jedem einzelnen Falle zu lösende Frage ist für Westafrika, inwieweit hier die Organisation der Gliedkolonien, insbesondere die Befugnisse der Untergouverneure durch die Aufrichtung des Generalgouvernements modifiziert worden sind. Vgl. darüber Girault I, S. 500 ff.

Auf diese Weise vereinigte der Generalkommissar, wie der oberste Beamte hier zuerst genannt wurde[1]), die Verwaltung über ein fast unübersehbares Gebiet, das noch fortwährend an Umfang zunahm. Eine gewisse Dezentralisation war so nicht mehr zu umgehen; sie begann damit[2]), daß ein Untergouverneur eingesetzt wurde, dem der Generalgouverneur ein beliebiges Territorium zur Verwaltung übertragen konnte (Dekret vom 5. Juli 1902). Dann (Dekret vom 29. Dezember 1903) wurde die Kolonie Gabon mit „Finanz- und Verwaltungsautonomie" gegründet, während die gleichfalls neu geschaffene Kolonie Mittelkolonie dem Generalkommissar unmittelbar unterstellt wurde. Die Entwicklung war durch das Dekret vom 11. Februar 1906 beendet, das drei unter der Oberleitung des Generalkommissars stehende, selbständige Kolonien, Gabon, Mittelkongo und Oubanghui-Chari-Tschad schuf, die mit den formalen Kennzeichen der Organisation selbständiger Kolonien ausgestattet wurden. An die Spitze jeder Gliedkolonie trat ein Untergouverneur, dem einige Behördenzweige wieder unterstellt waren, ihm zur Seite ein conseil d'administration, während die Kolonie zugleich zur juristischen Persönlichkeit durch die Schaffung eines besonderen Budgets erhoben wurde. Im Gegensatz zu den Gliedkolonien Indochinas und Westafrikas ist die Selbständigkeit dieser Gliedkolonien jedoch nur eine rein formale, da von einer Selbstverwaltung hier keine Rede sein kann. Die Untergouverneure und die ihnen unterstellten Behörden haben vorläufig nur die Stellung von Delegierten des Generalgouverneurs, der ihnen sämtliche Befugnisse, deren sie bedürfen, überträgt[3]).

C. Im Rahmen der bisher betrachteten Behördenorganisation erschöpft sich die Tätigkeit des französischen Staates innerhalb der Kolonien noch nicht. Es findet sich nämlich eine Reihe

---

[1]) Dekret vom 27. April 1886.

[2]) Bereits früher hatten allerdings Ansätze zu einer Dezentralisation stattgefunden; vgl. Dekret vom 28. September 1897.

[3]) Eine besondere Stellung nimmt das Zivilterritorium Mauretanien ein. Der Kommissar, der gemäß dem Dekret vom 18. Oktober 1904 an der Spitze des Landes steht, verwaltet es im unmittelbaren Auftrage des Generalgouverneurs. Gliedkolonie ist deshalb Mauretanien nicht. Die gleiche Stellung hat das Territorium Kouang-tscheou-ouan, wo der Generalgouverneur von Indochina gemäß dem arrêté vom 27. Januar 1900 einen Administrator mit der Verwaltung betraut hat.

von Behörden, die außerhalb dieser Organisation stehen, wenn sie auch des öfteren Berührungspunkte mit ihr aufweisen oder ihr gar teilweise angehören.

Dazu gehört der Finanzkontrolleur in Indochina, Westafrika und Madagaskar. Er ist eine selbständige, dem Generalgouverneur gegenüber unabhängige Kontrollbehörde, die unmittelbar dem Kolonial- und Finanzminister untersteht.

Der Finanzkontrolleur, dessen Befugnisse, wie schon der Name andeutet, sich auf die Kontrolle der Finanzverwaltung erstreckt, wurde erst in jüngster Zeit durch ein Dekret vom 22. März 1907 geschaffen, nachdem ein Dekret vom 14. März 1896, das ihn zu einem Bestandteil der allgemeinen Behördenorganisation gemacht hatte, aufgehoben worden war[1]). Seine Befugnisse sind ziemlich umfassend.

Alle Entwürfe von arrêtés, die der Generalgouverneur zu erlassen gedenkt, müssen, sofern sie, wenn auch nur mittelbar, die Finanzen berühren, dem Finanzkontrolleur vorgelegt werden; wenn der Finanzkontrolleur sein Visum, d. h. seine Genehmigung verweigert, so ist der Generalgouverneur zwar nicht gehindert, seine Verordnung trotzdem in Kraft zu setzen, er muß aber an den Finanz- und den Kolonialminister berichten. Der Finanzkontrolleur erhält monatlich von sämtlichen Finanzbehörden einen genauen Bericht über die Geschäftslage und kann außerdem jederzeit von allen Behörden Auskunft verlangen; monatlich reicht er den Ministern einen Bericht über die Finanzlage der Kolonie ein, von dem der Generalgouverneur nur eine Abschrift erhält. An der materiellen Verwaltung hat er jedoch keinen Anteil. Auf diese Weise wird

---

[1]) Kontrollbehörden fanden sich auf Grund der Verfassungen bereits in den älteren Kolonien, die hier den bei der Marineverwaltung schon seit dem Jahre 1673 bestehenden nachgebildet waren. Kontrollbeamter war ein Mitglied des commissariat, der also dem ordonnateur unterstellt war. Diese Einrichtung wurde durch das Dekret vom 15. April 1873 abgeschafft; an ihre Stelle trat die noch heute bestehende fliegende Kontrolle durch Mitglieder einer dem Minister unmittelbar unterstellten Zentralbehörde; vgl. oben S. 128 ff. Neben diese wurde (Dekret vom 23. Juli 1879) für die größeren Kolonien das ältere System eingeführt, das jedoch auf Grund des Dekretes vom 3. Februar 1891 von neuem verschwand, um im Jahre 1896 in Indochina, Madagaskar und Westafrika wieder aufzuleben.

durch ihn die Geschlossenheit der höchsten Autorität, wie sie sich in der Person des Gouverneurs verkörpert, nicht zerstört. Er schränkt nur insofern die Selbständigkeit des Gouverneurs ein, als er der Ministerialinstanz durch seine fortgesetzte intensive Überwachung ein öfteres Eingreifen in die Finanzverwaltung ermöglicht.

Mehrere andere Behörden, die außerhalb jener Behördenorganisation stehen, deren Spitze der Gouverneur ist, bilden jedoch eine wirkliche Ausnahme von dem Prinzip der Einheit der materiellen Autorität. Diese Ausnahmen sind freilich nicht Selbstzweck, vielmehr nur eine Konsequenz der Tatsache, daß die Zentralverwaltung nicht in der Hand eines Ministers liegt, sondern zwischen mehreren Ministern verteilt ist, während eine gleichzeitige Unterstellung des Gouverneurs unter mehrere Minister nicht angängig erschien.

Das gilt vor allem von den Kolonialtruppen, die durch das Gesetz vom 7. Juli 1900 dem Kriegsminister unterstellt wurden. Während früher, so lange noch die Kolonien zum Ressort des Marineministers gehörten, zwischen Militär- und Zivilbehörden regelmäßig nicht geschieden wurde, so daß dem Gouverneur zugleich das Oberkommando über die in der Kolonie stationierten Truppen zustand, und der ordonnateur neben militärischen auch zivile Verwaltungsbefugnisse hatte, sind heute, wenigstens grundsätzlich, die Militärbehörden in den einzelnen Kolonien den Zivilbehörden gegenüber völlig selbstständig.

Der Oberkommandant der Truppen, der nach heutigem Recht in den Hauptkolonien [1]) an der Spitze der bewaffneten Macht steht, ressortiert, entsprechend der Tatsache, daß der Kriegsminister hier für alle Angelegenheiten des Personals, der

---

[1]) Gemäß dem Dekret vom 26. Mai 1903 sind nämlich die Kolonien für die Dislokation der Truppen in fünf Gruppen: Antillen, Westafrika, Ostafrika, Indochina und Südsee eingeteilt. An der Spitze aller Streitkräfte der einzelnen Gruppe steht ein Oberkommandant, der in der Hauptkolonie seinen Sitz hat. An der Spitze der Streitkräfte der Nebenkolonien steht ein Detachementskommandeur, der im Verhältnis zur Zivilverwaltung, insbesondere zum Gouverneur grundsätzlich die gleiche Stellung einnimmt, wie der Oberkommandierende in der Hauptkolonie. Insoweit gelten die folgenden Ausführungen auch für die Stellung des Detachementskommandanten zum Gouverneur.

Ausbildung und des Kommandos zuständig ist[1]), insoweit, im Gegensatz zum Gouverneur und den diesem untergeordneten Behörden der Kolonie, vom Kriegsministerium. Obwohl nun der Oberkommandant in dem Gesetz vom 7. Juli 1900 und auch in dem Dekret vom 9. November 1901 seine Befugnisse sous la haute autorité du gouverneur ausübt, ist doch insoweit der Oberkommandant in Wirklichkeit eine prinzipiell selbständige, vom Gouverneur unabhängige Behörde: Zunächst ist nämlich der Gouverneur nicht selbst dem Kriegsminister unterstellt worden, was unbedingt der Fall sein müßte, wenn er in den Kommando-, Personal- und Ausbildungsangelegenheiten eine dem Oberkommandanten übergeordnete Behörde wäre. Sodann hat der Gouverneur auf Grund positiver Vorschriften bestimmte Mitwirkungsbefugnisse an gewissen Maßnahmen des Oberkommandanten erhalten. So hat er z. B. ein gewisses Mitbestimmungsrecht über die Verwendung der Offiziere, die dem Kommandanten vom Kriegsminister zur Verfügung gestellt werden[2]). Alle diese Befugnisse stellen sich aber als Ausnahmen des Prinzips dar, daß sich der Gouverneur regelmäßig in Kommandoangelegenheiten und Fragen des Personals und der Unterweisung nicht einmischen darf.

Auch als Chef der Militärverwaltung ist der Oberkommandant dem Gouverneur gegenüber grundsätzlich selbstständig. Da in der Zentralinstanz die Militärverwaltung bezüglich der in den Kolonien stationierten Truppen zum Ressort des Kolonialministers gehört, hätte es nahe gelegen, sie innerhalb der einzelnen Kolonien mit der Zivilverwaltung zu vereinigen und damit dem Gouverneur zu unterstellen. Damit wäre aber der Grundsatz des französischen Militärrechtes verletzt worden, wonach dem Inhaber der Kommandogewalt auch stets die Militärverwaltung unterstehen muß, ein Prinzip, das für die mutterländische Armee in dem Gesetz vom 16. März 1882 seinen Ausdruck gefunden hatte[3]). So kam es, daß der Oberkommandant der Truppen zugleich zum ver-

---

[1]) Vgl. oben S. 133 und Art. 2, Abs. 3 des Gesetzes vom 7. Juli 1900.

[2]) Vgl. Art. 6, 7, 8 des Dekretes vom 9. November 1901.

[3]) Vgl. den Rapport zum Dekret vom 9. November 1901.

antwortlichen Chef der Militärverwaltung und damit auch insoweit dem Gouverneur gegenüber selbständig wurde.

Auch für diesen Kreis von Befugnissen des Oberkommandanten wird es ausdrücklich ausgesprochen, daß er sous l'autorité supérieure du gouverneur stehe[1]). Diese Bestimmung ist gleichfalls nichts weiter wie eine Phrase, die dem Bestreben ihre Entstehung verdankt, das Prinzip von der Einheit der höchsten Autorität wenigstens äußerlich zu wahren, wenn es auch materiell durchbrochen ist: Zunächst stellen sich die Befugnisse, die dem Oberkommandanten in seiner Eigenschaft als Chef der Militärverwaltung in längeren Vorschriften ausdrücklich übertragen sind, bereits als eine leitende Tätigkeit innerhalb dieses Verwaltungszweiges dar[2]), deren Charakter eine weitere leitende Tätigkeit bezüglich ihrer durch den Gouverneur widersprechen würde. Vor allem aber wird der Oberkommandant den Instruktionen des Gouverneurs stets und mit Recht seine Verantwortlichkeit entgegenhalten können. Praktisch wird allerdings mit Erfolg eine gewisse Überordnung des Gouverneurs über den Kommandanten dadurch erreicht, daß der Gouverneur jährlich einen Bericht über die Führung und die Qualifikation des Kommandanten einreicht[3]).

Eine wirkliche Überordnung des Gouverneurs über den Oberkommandanten liegt jedoch bezüglich der Verwendung der Kolonialtruppen vor. Da der Gouverneur für die Verteidigung der Kolonie verantwortlich ist[4]), so muß er auch das Mittel in der Hand haben, diese Verteidigung zu gewährleisten. Der Gouverneur allein bestimmt deshalb jede militärische Aktion und setzt ihren Charakter und Zweck fest. Seine Befugnisse gehen aber nur soweit; auf welche Kreise der Oberkommandant die ihm gestellte Aufgabe erfüllen will, ist seine Sache, auf die der Gouverneur keinen Einfluß hat. Jedoch soll ihm der Oberkommandant Rechenschaft geben[5]).

Auch für die übrigen Verwaltungszweige, die wie die Militärverwaltung nicht zum Ressort des Kolonialministers ge-

---

[1]) Dekret vom 21. Juni 1906 betr. die Militärverwaltung, Art. 6.

[2]) Vgl. Art. 7 des Dekretes vom 21. Juni 1906.

[3]) Dekret vom 9. November 1901, Art. 9.

[4]) Dekret vom 9. November 1901, Art. 1.

[5]) Dekret vom 9. November 1901, Art. 5.

hören, kommt als Gegenwirkung innerhalb der einzelnen Kolonien eine gewisse Selbständigkeit dieser Verwaltungszweige gegenüber dem Gouverneur zum Durchbruch. Das gilt z. B. für die Finanzverwaltung, soweit sie in der Ministerialinstanz zur Zuständigkeit des Finanzministers gehört; so korrespondiert z. B. der trésorier-payeur in allen Kassenangelegenheiten unmittelbar mit dem Finanzminister unter Umgehung des Gouverneurs und empfängt seinerseits direkte Anweisungen von jenem [1]).

2) Der Gouvernementsrat. [2])

In allen Kolonien, und zwar gleichgültig, ob sie selbständig sind oder bloße Gliedkolonien bilden, steht dem Gouverneur

---

[1]) Eine Ausnahme von dem Prinzip der Einheit der höchsten Autorität liegt auch in der Stellung der commandants de la marine. Der commandant de la marine ist eine selbständige, vom Gouverneur grundsätzlich unabhängige Marineverwaltungsbehörde; ihm sind die in einzelnen Kolonien für die Bedürfnisse der Flotte errichteten Anlagen, wie Werften und Depots unterstellt. Er untersteht unmittelbar dem Marineminister; nur bezüglich solcher Angelegenheiten, welche die Verteidigung der Kolonie berühren, ist er dem Gouverneur unterstellt. Vgl. über seine Stellung im einzelnen das Dekret vom 3. November 1905

[2]) Quellen für den heutigen Rechtszustand sind: Für die beiden Antillen, Reunion, Guyana, Indien, Neukaledonien und die Südseeniederlassungen die Verfassungen dieser Kolonien mit einer Reihe, den Umwälzungen in der Organisation entsprechenden, Abänderungen, vgl. für Guyana vor allem das Dekret vom 31. Oktober 1897. Für das Generalgouvernement Westafrika und Obersenegal- und Nigerkolonie das Dekret vom 18. Oktober 1904, für Senegal die Verfassungsordonnanz von 1840 sowie einige spätere Bestimmungen (vgl. Girault I, S. 485), für die übrigen Gliedkolonien die Dekrete vom 11. Oktober 1899, 4. März 1903 und 18. Oktober 1904. Für die Kongobesitzungen und ihre Gliedkolonien das Dekret vom 3. März 1906. Für Madagaskar das Dekret vom 12. November 1902. Für Mayotte und Dependenzen das Dekret vom 9. September 1899. Für die Somaliküste das Dekret vom 28. August 1898 und vom 11. Oktober 1899. Für Indochina die Dekrete vom 3. Juli 1897 und 8. August 1898 sowie mehrere andere Dekreten (vgl. Girault I, S. 459, Anm. 4). Für Cochinchina das Dekret vom 21. August 1869 und eine Reihe abändernder Dekrete (vgl. Girault I, S. 462, Anm. 2). Für Tonkin, Annam und Cambodja das Dekret vom 8. August 1898 und die arrêtés vom 8. Juni 1900, vom 26. August 1899 bzw. 7. März 1905. Für St. Pierre und Miquelon das Dekret vom 6. Februar 1906.

eine ihn in seinen Entschließungen beratende Körperschaft zur Seite, die sich aus amtlichen und nichtamtlichen Mitgliedern zusammensetzt. Sie führt in den einzelnen Kolonien die verschiedensten Bezeichnungen. In den älteren Kolonien heißt sie conseil privé, in Annam, Tonkin und Cambodja conseil de protectorat, in Indochina conseil supérieur, in Westafrika und den Kongobesitzungen conseil de gouvernement, in den übrigen conseil d'administration.

Die Offizialmitglieder bestanden in den älteren Kolonien, abgesehen vom Gouverneur, aus den chefs d'administration der Kolonie, auf den Antillen außerdem aus dem Kommandanten der Truppen. Seit der Zersetzung der Behördenorganisation in den älteren Kolonien und seitdem vor allem die schematische Organisierung der Kolonien der individuellen wich, mußte diese Einheitlichkeit naturgemäß verschwinden. Heute besteht der conseil in den einzelnen Kolonien, was die Offizialmitglieder angeht, aus den Chefs solcher Verwaltungszweige, die in der Kolonie eine besonders wichtige Stellung einnehmen. In den kleineren Kolonien gehört dazu außer dem Gouverneur regelmäßig der Generalsekretär, der Chef der Justizverwaltung und noch ein dritter Beamter, der aber in den einzelnen Kolonien verschieden ist. In den größeren Kolonien ist die Zahl der Offizialmitglieder naturgemäß eine größere. So gehören in Madagaskar dem conseil außerdem der Oberkommandant der Truppen, der Direktor der Finanzkontrolle, der Direktor der öffentlichen Arbeiten und der Chef der Domänenverwaltung an. In dem conseil de gouvernement von Westafrika und dem conseil supérieur von Indochina finden sich insbesondere auch die Untergouverneure bzw. Generalresidenten der Gliedkolonien.

Außer diesen ständigen Mitgliedern haben in fast allen Kolonien auch noch andere Beamte Zutritt zu den Sitzungen. Dies sind entweder alle oder nur einzelne Vorsteher von Verwaltungszweigen, die nicht schon an sich dem conseil angehören. Für gewöhnlich haben sie aber nur dann die Berechtigung, an den Beratungen teilzunehmen, wenn der Gegenstand der Erörterung eine in ihr Ressort fallende Angelegenheit ist. Auch haben sie regelmäßig keine beschließende sondern nur beratende Stimme.

Das Laienelement, aus dem der conseil besteht, setzt sich aus zwei bis drei angesehenen Bürgern (notables) zusammen. Daß diese notwendig französische Staatsangehörige sein müssen, ist nicht ausdrücklich bestimmt. Jedoch ist für den conseil supérieur von Indochina vorgeschrieben, daß diese Notablen Eingeborene seien. Sie müssen in einigen Kolonien das 30. Lebensjahr vollendet haben und mindestens fünf Jahre in der Kolonie ansässig sein.

Die Notablen werden grundsätzlich ernannt. Für die Mehrzahl der Kolonien steht diese Befugnis dem Präsidenten der Republik zu. Nur für die conseils der Gliedkolonien Westafrikas und Indochinas hat der Generalgouverneur das Ernennungsrecht, jedoch mit Ausnahme von Senegal bzw. Cochinchina, wo dieses Recht aus den Zeiten ihrer Selbständigkeit her noch dem Präsidenten zusteht. Für St. Pierre und Miquelon besteht die Besonderheit, daß die Notablen nicht ernannt, sondern nach den Vorschriften für die Wahlen zum Oberkolonialrat gewählt werden. Dies soll ein Ersatz für das verlorene Wahlrecht zum conseil general sein, der aufgehoben wurde. [1]).

Die Notablen haben bei den Abstimmungen beschließende Stimme.

In den Sitzungen führt der Gouverneur den Vorsitz, kann sich aber durch den Generalsekretär vertreten lassen. Im übrigen ist der conseil nur beschlußfähig, wenn alle Mitglieder anwesend sind. Aus diesem Grunde wird für jeden Notablen zugleich ein Ersatzmann ernannt bzw. gewählt, der in Fällen der Verhinderung für jenen eintreten muß. Bei Verhinderung eines Offizialmitgliedes genügt es regelmäßig, wenn dieser ad hoc einen Vertreter bestimmt.

In Westafrika und Indochina besteht neben dem eigentlichen conseil, der wegen der großen Zahl seiner Mitglieder, die zum Teil in den verschiedenen Gliedkolonien ihren Amtssitz haben, nur selten zusammentreten kann, noch eine besondere commission permanente; abgesehen von den Zentralbehörden der Gesamtkolonie haben in ihr nur diejenigen Mitglieder Sitz und Stimme, die aus der Gliedkolonie stammen, wo die Kommission gerade zusammentritt.

---

[1]) Vgl. darüber unten S. 167.

Der conseil hat grundsätzlich nur sein Gutachten bei gewissen Verwaltungsmaßnahmen abzugeben. Vor allem sind dem conseil der Entwurf für den jährlichen Haushaltsetat, der vom Gouverneur vorbereitet wird, vorzulegen. Ferner hat der conseil regelmäßig neue Steuerentwürfe zu prüfen, desgl. Konzessionen, die erteilt werden, oder öffentliche Arbeiten, die unternommen werden sollen. Dem Gouverneur steht es regelmäßig frei, dem conseil auch andere Materien zur Begutachtung vorzulegen, soweit ihm dies zweckmäßig erscheint.

Der Gouverneur ist natürlich an die gutachtliche Äußerung des conseil nicht gebunden; jedoch hat er in manchen Kolonien dem Minister zu berichten, wenn er im Widerspruch mit dem Gutachten des conseil gehandelt hat.

Neben dieser rein gutachtlichen Tätigkeit konnte der conseil privé auf den Antillen, Reunion und in Guyana auch selbstständig rechtswirksame Beschlüsse erlassen. So unterlagen Lieferungsverträge und Zuschlagserteilungen für Verwaltungszwecke, ferner die Veräußerung unbrauchbar gewordenen Verwaltungsinventars seiner Zustimmung; insbesondere hatte er seine Genehmigung für Enteignungen zu erteilen. Durch das Senatuskonsult vom 3. Mai 1854 wurden jedoch diese selbstständigen Befugnisse des conseil für die Antillen, und Reunion aufgehoben. Nur für Guyana blieben die bisherigen Bestimmungen in Kraft.[1])

In einer Beziehung hat allerdings der conseil auch heute noch in allen Kolonien gewisse eigene Befugnisse. Ihm liegt nämlich die Prüfung der Rechnungen der Rechnungsführer mit Ausnahme derjenigen des trésorier-payeur ob. Gegen seine Entscheidungen ist, wie im Mutterlande gegen die analogen Entscheidungen des Präfekturrates in den Departements, der Rekurs zulässig.

3) Der conseil général.

In einer Reihe von Kolonien findet sich eine aus Wahlen der Bevölkerung hervorgehende Volksvertretung, die conseils généraux, die mit den Generalräten in den Departements des Mutterlandes nicht nur den Namen gemeinsam haben, sondern

[1]) Über die Gründe dieser Besonderheit vgl. oben S. **145** Anm. 1.

auch in Zusammensetzung und Befugnissen eine große Ähnlichkeit mit ihnen aufweisen.

Die assemblées coloniales, welche von der Revolutionsregierung im Jahre 1791 in den einzelnen Kolonien geschaffen wurden, waren die ersten Parlamente dieser Art, welche die französische Kolonialgeschichte kennt. Sie fielen jedoch, wie ausgeführt wurde, bald wieder der Auflösung anheim[1]).

Schon bei der Neuorganisation der Kolonien durch die Ordonnanzen Karls X. erhielten die Antillen, Reunion und Guyana wieder Volksvertretungen, die damals zum ersten Male als Generalräte bezeichnet wurden[2]); sie hatten freilich nur geringe Befugnisse, indem sie sich gutachtlich über den vom Gouverneur aufgestellten Haushaltsetat der Kolonie und allgemeine Fragen wirtschaftlicher Natur zu äußern hatten.

Ihre Befugnisse erfuhren nun unter der Julimonarchie eine umfassende Erweiterung. Auf Grund des Gesetzes vom 24. April 1833, das aus diesem Grunde wohl auch als charte coloniale bezeichnet wird, ging der conseil colonial, wie der Generalrat nunmehr genannt wurde, aus Klassenwahlen hervor. Seine Befugnisse waren sehr umfassend; er wurde Organ der Gesetzgebung, indem das Kolonialdekret, eine Rechtsquelle, die neu für die Kolonien geschaffen wurde. unter seiner Mitwirkung zustande kam. In Form eines solchen Dekretes wurde fürderhin insbesondere der Haushaltsetat für die Kolonie aufgestellt und die erforderlichen Steuern ausgeschrieben. Die Folgen dieser weitgehenden Befugnisse waren jedoch schwere Mißbräuche, die sich die Kolonialräte zu schulden kommen ließen. Die Revolutionsregierung des Jahres 1848 hob deshalb den conseil colonial wieder auf; gleichzeitig wurden auch die Generalräte in Senegal und Indien, welche inzwischen mit ähnlichen Befugnissen wie ursprünglich die Generalräte auf den Antillen, Guyana und Reunion ausgestattet worden waren und die gleiche Zusammensetzung hatten, abgeschafft.

Wenn auch das Senatuskonsult vom 3. Mai 1854 den Antillen und Reunion aufs neue Volksvertretungen gab, so schlossen sich diese doch in Zusammensetzung und Befugnissen wieder den Generalräten der Ordonnanzen der zwanziger

[1]) Vgl. oben S. 136.
[2]) Vgl. zum folgenden Girault II, S. 185 ff.

Jahre an, deren Namen sie auch erhielten. Die anderen Kolonien mußten vorläufig auf conseils verzichten. Erst unter der 3. Republik vermehrte sich ihre Zahl. Zunächst erhielt Guyana einen conseil général (Dekret vom 23. Dezember 1878), sodann Indien (Dekret vom 25. Januar 1879), Senegal (Dekret vom 4. Februar 1879) und Cochinchina (Dekret vom 8. Februar 1880), der aber hier conseil colonial genannt wurde; Neukaledonien und die Südseeniederlassungen erhielten ihn sogleich mit ihrer Verfassung. Dann beginnt wieder eine rückläufige Bewegung; der Generalrat von St. Pierre und Miquelon wurde durch das Dekret vom 25. Juni 1897 aufgehoben; das gleiche Schicksal ereilte den conseil général der Südseeniederlassungen auf Grund des Dekretes vom 19. März 1903.

Die Mitglieder des conseil wurden ursprünglich auf Grund des Senatuskonsultes vom 3. Mai 1854 zur Hälfte vom Gouverneur ernannt, zur Hälfte von den Munizipalräten innerhalb der einzelnen Kommunen gewählt. Das Dekret der Regierung von Tours vom 3. Dezember 1870 bestimmte jedoch, daß in Zukunft alle Mitglieder aus allgemeinen Wahlen hervorgehen sollten. Nach dem Erlasse des Gesetzes vom 10. August 1871, welches die Rechtsverhältnisse des Generalrates in den Departements des Mutterlandes aufs neue regelte, wurden dessen Bestimmungen nach und nach auch für die Generalräte in den Kolonien, von denen damals allein die Antillen und Reunion in Betracht kamen, in Kraft gesetzt. Als später auch in den übrigen Kolonien Generalräte eingeführt wurden, erfolgte deren Organisation nach den bereits auf den Antillen und Reunion bestehenden Vorschriften.

Nach heutigem Recht gilt für die Wahlen zum conseil général das allgemeine, gleiche und direkte Wahlrecht. Wähler ist jeder Franzose, d. h. Vollbürger, der das 21. Lebensjahr vollendet hat und in die Wahlliste eingetragen ist. Es ist dieselbe Liste, die auch für die Wahlen zur Kammer maßgebend ist[1]). Es folgt daraus, daß in Senegal die Mitglieder

[1]) Es ergibt sich daraus, daß in Indien und Senegal auch Eingeborene ein Wahlrecht zum Generalrat haben, soweit sie einen mehr wie fünfjährigen Aufenthalt in der Kolonie nachweisen können und auf Grund dessen in die Wahlliste eingetragen sind. Jedoch muß ein Eingeborener, der in den Generalrat als Mitglied gewählt wird, nach einem Dekret vom

des Generalrates ebenso wie die Deputierten nur Repräsentanten der Kommunen sind. Für Neukaledonien gilt die Besonderheit, daß diese Wahllisten vom Administrator der einzelnen Bezirke aufgestellt werden.

Eine besondere Zusammensetzung weist der conseil colonial von Cochinchina auf; er besteht zunächst aus sechs französischen Vollbürgern, die von den vollberechtigten Staatsangehörigen auf Grund allgemeinen Wahlrechts gewählt werden, sodann sechs sujets asiatischer Abstammung, die aus Wahlen eines Notablenkollegiums jeder Stadt hervorgehen, endlich aus Mitgliedern des conseil privé und zwei Abgeordneten der Handelskammer von Saigon.

Die Befugnisse des Generalrates liegen vor allem auf dem Gebiete der Finanzverwaltung. Der Generalrat beschließt über die Erhebung von Steuern und Abgaben, stellt den jährlichen Haushaltsetat für die Kolonie fest, entscheidet über die Aufnahme von Anleihen, die Annahme von Geschenken usw. Freilich ist der Beschluß des Generalrates allein in diesen Fällen noch nicht hinreichend. Regelmäßig bedarf es noch eines arrêté des Gouverneurs, in einigen Fällen, z. B. bei der Aufnahme von Anleihen, eines Dekretes, in anderen, wie für die Regeln bezüglich der Veranlagung und Erhebung von Steuern und Abgaben, eines règlement d'administration publique.

Für eine Reihe anderer, minder wichtiger Materien entscheidet der conseil dagegen völlig selbständig; der Gouverneur hat nur das Recht, eventuell die Annullierung eines solchen Beschlusses wegen „excès de pouvoir" oder wegen Gesetzesverletzung auszusprechen. Hierhin gehört die Verwaltung des Finanzvermögens der Kolonie, insbesondere die Entscheidung über Erwerb und Veräußerung von Vermögensstücken, Pacht- und andere Verträge, über die Erhebung von Klagen usw.

---

24. Februar 1885 die französische Sprache sprechen, lesen und schreiben können. — Um der eingeborenen Bevölkerung in Indien nicht die Mehrheit im Generalrat zu geben, besteht hier gemäß dem Dekret vom 10. September 1899 das System der Klassenwahl. Es gibt zwei Klassen, von denen jede die gleiche Zahl von Abgeordneten wählt. Zur ersten Klasse gehören die europäischen Wahlberechtigten, zur zweiten die eingeborenen Wähler, ohne Rücksicht darauf, ob sie Vollbürger oder sujets sind. Jedoch gehören solche „Indiens renonçants", welche gewisse Voraussetzungen erfüllen, in die erste Klasse.

Daneben hat der conseil général noch eine Reihe anderer Befugnisse, die sich auf die allgemeine Landesverwaltung beziehen. So beschließt er über gewisse Materien des Einwandererwesens; jedoch ist auch diese Befugnis nur unselbständiger Natur, da ein Dekret zu seinem Beschluß hinzukommen muß.

B. Die Behördenordnung in Algier und Tunis.

I) Einer besonderen Betrachtung[1]) bedarf die Verwaltungsorganisation Algiers, weniger allerdings wegen der Verschiedenheit seiner Verfassung von der der übrigen Kolonien als wegen der Eigenart seiner Entwicklung, die es seit seiner Erwerbung durchlaufen hat. Die Tatsache, daß Algier seiner geographischen Lage und dem Volkstum seiner Bewohner nach, in Klima und Bodenbeschaffenheit dem Mutterlande viel näher als alle übrigen Kolonien steht, mochte die Neigung begünstigen, es dem Mutterlande in der Organisation, wenigstens in gewisser Beziehung, anzugliedern. Diese Politik der Assimilation, die sich immer wieder geltend machte, obgleich sie wegen der Enttäuschungen, die sie im Gefolge hatte, wiederholt verlassen wurde, war zusammen mit den häufigen revolutionären Verfassungsumwälzungen im Mutterlande die Ursache einer merkwürdigen Entwicklung, die bald das eine bald das andere System in den verschiedensten Spielarten ohne Rücksicht auf die gerade bestehende Organisation auf den Schild erhob, so daß Algier geradezu als ein Musterbeispiel dafür angezogen werden könnte, in wie verschiedener Weise die Organisation überseeischer Territorien möglich ist.

Im Anschluß an die militärische Besetzung eines Teiles der Küste im Jahre 1830 wurde Algier zum ersten Male durch eine Ordonnanz vom 1. Dezember 1831 organisiert, und zwar stellte man merkwürdigerweise an die Spitze der besetzten Gebiete neben den militärischen Oberkommandanten einen von diesem völlig unabhängigen Zivilintendanten: man schloß sich also dem System des ancien régime an, das in den übrigen Kolonien auf Grund der Ordonnanzen Karls X. so-

---

[1]) Vgl. zum folgenden Larcher I, S. 200ff und Girault III, S. 81ff.

eben endgültig aufgegeben worden war. Freilich wurde dieser Dualismus bald wieder beseitigt; die Ordonnanz vom 22. Juli 1834 stellte an die Spitze der Kolonie einen Generalgouverneur, der grundsätzlich sämtliche militärische und zivile Machtbefugnisse in seiner Person vereinigte. Diese Organisation erlitt nun durch assimilierende Tendenzen, die sich unter der Revolutionsregierung des Jahres 1848 bemerkbar machten, eine gewisse Modifikation. Eine Reihe von Verwaltungszweigen wurden, wie bereits oben ausgeführt, den verschiedenen Fachministern des Mutterlandes übertragen. Dem entsprechend verlor auch der Generalgouverneur alle Befugnisse bezüglich dieser Verwaltungszweige und die Präfekten, die seit dem Jahre 1845 an der Spitze der drei algerischen Departements standen, waren unmittelbar den verschiedenen Fachministern unterstellt; der Generalgouverneur blieb insoweit nicht einmal formale Durchgangsstation für den Schriftverkehr zwischen ihnen und den Ministern.

Das Dekret vom 24. Juni 1858, durch welches das Ministerium für Algier und die Kolonien gegründet wurde, machte die Assimilation vollständig. Der Generalgouverneur fiel völlig weg und die Präfekten wurden dem Kolonialminister unmittelbar unterstellt. Es blieb nur ein Oberkommandierender für die Land- und Seestreitkräfte übrig; er hatte aber lediglich militärische Befugnisse.

Mit der Auflösung des Kolonialministeriums im Jahre 1860 kehrte der Generalgouverneur wieder zurück. Es ist eigentümlich, daß man nunmehr in Algier dem Gouverneur, wie in den älteren Kolonien auf Grund der Ordonnanzen Karls X., eine vizekönigliche Stellung einräumte; der Generalgouverneur war der unmittelbare Delegierte des Kaisers und demgemäß einem Minister grundsätzlich nicht unterstellt. Der Kriegsminister war hier, wie der Marineminister auf den Antillen, lediglich der Vermittler der Befehle des Herrschers. Bezüglich der services rattachés unterstanden jedoch die Präfekten wie früher den verschiedenen Fachministern unmittelbar.

In dem Dekret vom 26. August 1881, dem sog. décret de rattachement, kam wieder die Assimilationspolitik zum Durchbruch. Dadurch, daß nunmehr sämtliche Verwaltungszweige in Algier von den einzelnen Fachministern des Mutterlandes ressortierten, verlor zugleich der Generalgouverneur sämtliche Befugnisse; jedoch konnten ihm gewisse Befugnisse von den Ministern delegiert werden.

Das Dekret vom 31. Dezember 1896 und vom 23. August 1898, auf denen auch heute noch die Organisation der Kolonie beruht, brachte wieder den Umschwung. Der Generalgouverneur, der an der Spitze von Algier steht, vereinigt, abgesehen von den services rattachés, alle Verwaltungszweige in seiner Person. Ihm untersteht ein Zivil- und Militärkabinett und die Zentralverwaltung für die Eingeborenenangelegenheiten sowie der Generalsekretär, der ihn in Fällen der Verhinderung vertritt. Vom Generalsekretär ressortieren die verschiedenen Bureaus der Zentralverwaltung.

Die Befugnisse des Generalgouverneurs von Algier sind im Vergleich zu denen der übrigen Gouverneure weniger bedeutungsvoll. So sind seine Gesetzgebungsbefugnisse viel beschränkter als in den übrigen Kolonien, ferner kann er z. B. den Belagerungszustand nur erklären, wenn alle Verbindungsmittel mit dem Mutterlande abgeschnitten sind (Gesetz vom 3. April 1878). Auch ist der Generalgouverneur nicht für die Verteidigung der Kolonie verantwortlich; er hat nur für die innere Sicherheit des Landes Sorge zu tragen.

Bezüglich der services rattachés stehen dem Generalgouverneur, wie schon bemerkt, keine Befugnisse zu. Absolut gilt das jedoch nicht. So hat er, da ihm die Sorge für die innere Sicherheit des Landes obliegt, die dafür erforderlichen Maßnahmen zu treffen, deren Ausführung jedoch den Militärbehörden allein zusteht. Auch bezüglich der Justizverwaltung hat der Generalgouverneur eine ganze Reihe von Befugnissen; das gleiche gilt von der Finanzverwaltung.

In allen französischen Kolonien steht dem Gouverneur, wie das bereits ausgeführt wurde, eine ihn in seinen Entschließungen beratende Behörde zur Seite, die sich aus Beamten und Laien zusammensetzt. Auch in Algier gab es ursprünglich eine solche Körperschaft. Durch ein Dekret vom 10. Dezember 1860 wurde diese jedoch geteilt; in der einen, dem conseil de gouvernement, sitzen ausschließlich Beamte, während in der anderen, dem conseil supérieur de gouvernement, sowohl Beamte als auch Laien vertreten sind.

Der conseil de gouvernement setzt sich aus den obersten Verwaltungsbeamten der Kolonie zusammen, zu den Beratungen können außerdem die Präfekten und die Divisionsgenerale der Departements mit beratender Stimme zugezogen werden. Im conseil supérieur finden sich wieder die Mitglieder des conseil de gouvernement. Jedoch bestehen einige Besonderheiten: insbesondere gehören ihm die Präfekten und die Divisionsgenerale ohne weiteres an. Das Laienelement besteht aus Mitgliedern der délégations financières und der Generalräte der Departements, die von diesen dazu gewählt werden, ferner aus einigen ernannten Eingeborenen und einer Reihe besonders dazu bestimmter Beamten. Den Vorsitz führt der Generalgouverneur bzw. der Generalsekretär.

Die Befugnisse dieser beiden Körperschaften sind grundsätzlich nur beratende. Die größere Bedeutung hat der conseil de gouvernement, der jede Woche zusammentritt und notwendig über eine Reihe von Materien gehört werden muß. Der conseil supérieur tritt nur alljährlich zusammen; er hat keine bestimmten Befugnisse, der Generalgouverneur legt ihm nach Belieben gewisse Fragen vor. Bestimmte Befugnisse hat erst der conseil supérieur durch die Schaffung eines besonderen Budgets für Algier erhalten, indem er an der Feststellung des jährlichen Haushaltsetats in gewisser entscheidender, also nicht bloß beratender, Weise mitwirkt.

Neben diesen beiden Körperschaften besteht in Algier wie in einer Reihe anderer Kolonien noch eine besondere Volksvertretung, die délégations financières, die durch das Dekret vom 23. August 1898 ins Leben gerufen wurden. Im Gegensatz zu den Generalräten nimmt aber diese Volksvertretung insofern eine besondere Stellung ein, als sie ständisch organisiert ist, während die Mitglieder der Generalräte durch allgemeines Wahlrecht gewählt werden. Die délégations financières bestehen aus drei Abteilungen; die erste Abteilung umfaßt Repräsentanten der ackerbautreibenden Bevölkerung, die von dieser durch allgemeines Wahlrecht gewählt werden; die zweite ist eine Vertretung der nicht ackerbautreibenden Steuerzahler, die auf die gleiche Weise gewählt werden; die dritte endlich besteht aus Repräsentanten der Eingeborenen; sie werden teils gewählt, teils ernannt.

Ihre Tätigkeit ist zunächst wie die des conseil supérieur eine beratende; jedoch ist ihre Zuständigkeit fest bestimmt, da der Generalgouverneur ihnen alle Fragen zur Begutachtung vorzulegen hat, welche die Steuern und Abgaben betreffen, die erhoben werden oder deren Einführung geplant ist. Jedoch berät jede Abteilung nur über diejenigen Fragen, welche die von ihr vertretene Bevölkerungskategorie angehen.

Neben diesen lediglich beratenden Befugnissen haben die délégations financières durch die Schaffung eines Budgets für Algier in derselben Weise wie der conseil supérieur beschließende Befugnisse erhalten, indem auch sie bei der Feststellung des Haushaltsetats beteiligt sind. Die délégations financières beschließen insoweit nicht in den Abteilungen, sondern im Plenum.

Für die Lokalverwaltung zerfällt Algier, wie schon bemerkt, in drei Departements, an deren Spitze hinsichtlich der Verwaltung in den Zivilterritorien ein Präfekt, hinsichtlich der Militärterritorien ein Divisionskommandeur steht.

Einen besonderen Verwaltungsbezirk bilden die Südterritorien. Die Kommandanten, die an der Spitze ihrer drei Bezirke — Territorien — stehen, ressortieren unmittelbar vom Generalgouverneur.

II) Eine besondere Stellung nimmt die französische Verwaltungsorganisation in Tunis ein[1]. Da die Souveränität des Bey nicht untergegangen ist, so kann naturgemäß die französische Verwaltung nur eine stückweise, zum Teil auf ausdrücklicher Delegation, zum Teil auf stillschweigender Usurpierung beruhende Tätigkeit sein. Diese besteht vor allem in der Ausübung eines moralischen Druckes auf die wichtigsten Organe des tunesischen Staates, den Bey und den Premierminister; daneben in positiven Befugnissen, die zum Teil den Charakter einer beaufsichtigenden Tätigkeit haben, wie z. B. die der Zivilkontrolleure, zum Teil sich als echte Teilnahme an der staatlichen Verwaltung charakterisieren: hierzu gehört z. B. die Gegenzeichnung des Generalresidenten und gewisse selbständige Verwaltungszweige, vor allem das gesamte Militärwesen.

---

[1]) Vgl. zum folgenden insbesondere oben S. 31ff.

An der Spitze der französischen Verwaltungsorganisation steht der Generalresident, dem sämtliche Organe Frankreichs in Tunis unterstellt sind. Durch das Dekret vom 23. Juni 1885 sind ihm vom französischen Staate die weitgehendsten Vollmachten zur Geltendmachung der französischen Autorität auch bezüglich der eingeborenen Behörden übertragen worden. Ihm steht ein Generalsekretär zur Seite, der ihn in der Erfüllung seiner Aufgaben unterstützt, insbesondere die eingeborene Zentralverwaltung im Sinne der französischen Interessen leitet. Vom Generalresidenten ressortieren die Zivilkontrolleure sowie der General, welcher an der Spitze der französischen Okkupationstruppen steht.

Dem Generalresidenten steht, wie in den eigentlichen Kolonien, eine beratende Körperschaft, die conférence consultative zur Seite[1]). Sie besteht aus französischen und, seit dem Dekret des Bey vom 2. Januar 1907, auch aus eingeborenen Mitgliedern. Die französischen Mitglieder gehen aus Klassenwahlen hervor, die eingeborenen werden vom Generalresidenten ernannt. Der conférence wird vor allem alljährlich der Etat zur Begutachtung unterbreitet. Im übrigen legt ihr der Generalresident nach Gutdünkeu gewisse Materien zu gutachtlicher Äußerung vor.

---

[1]) Vgl. im einzelnen darüber Girault III, S. 400ff.

Fünftes Kapitel.

Die Organisation der Gesetzgebung.

Es ist ein positiver Grundsatz des französischen Kolonialrechtes, daß die Gesetze, welche von den ordentlichen Gesetzgebungsorganen des Mutterlandes erlassen werden, in den Kolonien nicht ohne weiteres in Kraft treten[1]): für sie gilt das Prinzip der Spezialgesetzgebung, die regelmäßig auch von besonderen Organen ausgeübt wird[2]).

I. Dem absoluten Königtum des ancien régime war dieses Prinzip noch unbekannt: damals galt der Wille des Königs als einzige Rechtsquelle, ohne Unterschied für Mutterland und Kolonien. Erst die Revolution stellte den Grundsatz der Spezialgesetzgebung auf, indem ein Teil der Gesetzgebung den autonomen assemblées coloniales der einzelnen Kolonien übertragen wurde. Mit dem Beginn des Zeitalters der Restauration nahm dieser Grundsatz eine andere Gestalt an. Nach der charte vom 4. Juni 1814 sollten die Kolonien durch Gesetze oder Verordnungen regiert werden. Da aber nicht bestimmt war, welche Materien durch Gesetz und welche durch Verordnung zu regeln waren, so erfolgte in der Praxis die gesamte Gesetzgebung für die Kolonien im Wege Königlicher Verordnungen, der ordonnances. Der gegen diese Praxis sich erhebende Unwille der öffentlichen Meinung hatte die charte vom 14. August 1830 zur Folge, nach der die Kolonien durch „besondere" Gesetze regiert werden sollten. Das Gesetz vom 23. April 1833 führte das näher aus. Danach war regelmäßige

---

[1]) Vgl. oben S. 77 ff.

[2]) Vgl. zum folgenden Girault I, S. 372 sowie Duchêne, Du régime législatif des colonies. Paris 1893.

Gesetzgebungsform für die Antillen, Reunion und Guyana das Kolonialdekret, welches durch den übereinstimmenden Willen des Gouverneurs und des Kolonialrates und die Sanktion des Königs zustande kam; nur einige Materien waren dem Gesetz bzw. der Ordonnanz vorbehalten. In den übrigen Kolonien herrschte die Ordonnanz allein. Bereits durch die Februarrevolution wurde das wieder geändert. Die Verfassung vom 4. November 1848 unterstellte Algier und die Kolonien vorläufig „besonderen" Gesetzen, „bis daß in den Kolonien die Verfassung eingeführt werden würde" (Art. 109).

Die assimilierenden Tendenzen, die in dieser Bestimmung zum Vorschein kamen, hatten aber infolge des Staatsstreiches vom 2. Dezember 1851 keine Gelegenheit, zur Geltung zu kommen. Das Senatuskonsult vom 3. Mai 1854, welches die Gesetzgebung für die Kolonien aufs neue organisierte, und das zusammen mit dem Senatuskonsult vom 4. Juli 1866 die Grundlage des heutigen Rechtszustandes bildet, vertritt wieder ausdrücklich das Prinzip der Spezialgesetzgebung.

Diese Senatuskonsulte unterscheiden zwischen den Antillen und Reunion einerseits und allen anderen Kolonien andererseits. Die Gesetzgebung für die erstere Gruppe erfolgte danach durch Senatuskonsulte, Gesetze, Dekrete und arrêtés, die aller anderen Kolonien durch Dekrete und arrêtés.

Das Senatuskonsult, d. h. diejenige Form der Gesetzgebung, welche im zweiten Kaiserreich durch den übereinstimmenden Willen von Kaiser und Senat zustande kam, war nur für die wichtigeren Materien des privaten und öffentlichen Rechtes vorgeschrieben, vor allem für Zivilstand, Eigentum, Vertragsrecht, Erbfolge, Testament, ferner für die Strafgesetzgebung, politische Rechte usw. Mit dem Sturze des Kaisertums und der Aufhebung seiner Verfassung trat an die Stelle des Senatuskonsultes mangels einer dieser gleichwertigen Gesetzgebungsform das Gesetz.

Dem Gesetz war der „régime commercial" vorbehalten, eine Besonderheit, die später aufgehoben wurde.

In allen anderen Fällen ist das Dekret zuständig. Manchmal ist eine besondere Form des Dekretes, nämlich auf Grund eines Gutachtens des Staatsrates, das sog. règlement d'administration publique vorgeschrieben, wenn es sich um Materien der Gerichtsorganisation, des Presserechtes, des öffentlichen Unterrichtes, der Kommunalverfassung sowie der Zivil- und Strafgesetzgebung handelt, die nicht bereits durch Senatuskonsult, bzw. heute durch Gesetz geregelt werden. Jedoch genügt stets ein einfaches Dekret, wenn für das Mutterland bereits geltende Vorschriften lediglich für die Kolonien anwendbar erklärt werden sollen.

Arrêtés, d. s. Verordnungen des Gouverneurs, waren für Ausführungsbestimmungen und Polizeivorschriften vorgesehen. Durch das Gesetz vom 8. Januar 1877 wurde der Gouverneur in teilweiser Abänderung der bis dahin bestehenden Vorschriften ermächtigt, zur Durchsetzung seiner arrêtés Strafen über die Bestimmungen der Strafprozeßordnung hinaus, und zwar Haft bis zu 15 Tagen und Geldbuße bis zu 100 Franken anzudrohen. Jedoch muß jede Verordnung bei Gefahr der Ungültigkeit innerhalb vier Monaten durch Dekret bestätigt werden, falls die Strafandrohung die von der Strafprozeßordnung gezogenen Grenzen überschreitet.

In allen anderen Kolonien herrscht das Dekret. Nur für Indochina, Madagaskar, Westafrika und die Kongobesitzungen hat dieser Grundsatz zugunsten des arrêté des Generalgouverneurs dieser Kolonien gewisse Einschränkungen erfahren. Das Dekret vom 21. April 1891 ermächtigte den Generalgouverneur von Indochina, „d'organiser les services et de régler leurs attributions". Die gleiche Befugnis erhielt der Generalgouverneur von Madagaskar durch das Dekret vom 11. Dezember 1895. Auf Grund dieser Bestimmungen sind sie ermächtigt, nach eigenem Ermessen die Behördenordnung und die Befugnisse der einzelnen Beamten zu bestimmen, und zwar ohne Rücksicht auf bereits geltende Dekrete. Auch die Generalgouverneure von Westafrika und der Kongobesitzungen haben dieses freie Verfügungsrecht über die Behördenorganisation; sie sind aber an die bestehende Behördenordnung, soweit diese auf Gesetzen oder Dekreten beruht, gebunden[1]).

Über die gesetzgebenden Befugnisse der Gouverneure in den anderen Kolonien, insbesondere in Algier fehlte zunächst jede positive Bestimmung. Trotzdem wurde auch ihnen von jeher ein Verordnungsrecht in dem Rahmen der Befugnisse der

[1]) Vgl. die Dekrete vom 18. Oktober 1904 und vom 11. Februar 1906.

Gouverneure von Reunion und der Antillen zuerkannt. Diese Auffassung wurde für eine Reihe von Kolonien ausdrücklich bestätigt durch ein Dekret vom 6. März 1877, durch welches die Bestimmungen des Dekretes vom 6. Januar 1877, über die Erweiterung des Verordnungsrechtes der Gouverneure, für Senegal, Cochinchina, St. Pierre und Miquelon, Neukaledonien und die Südseeniederlassungen für anwendbar erklärt wurden.

In Algier hatte der Generalgouverneur ursprünglich auf Grund des Art. 5 der Ordonnanz vom 22. Juli 1834 die Befugnis, in dringenden Fällen die Entwürfe der Ordonnanzen, deren Vorbereitung ihm übertragen war, durch Verordnung vorläufig in Kraft zu setzen. Diese Befugnis wurde in der Praxis zu einem umfassenden Verordnungsrecht, das freilich auch vielfach mißbräuchlich angewandt wurde. Sie fiel mit der Schaffung des Ministeriums für Algier und die Kolonien hinweg. Die späteren Bestimmungen über die Verfassung von Algier enthalten eine Übertragung gesetzgeberischer Befugnisse an den Generalgouverneur nicht mehr; jedoch erkennt ihm die Praxis ein Verordnungsrecht in dem Umfange zu, wie es die Präfekten und Bürgermeister im Mutterlande besitzen.

Es braucht nicht besonders hervorgehoben zu werden, daß in jedem einzelnen Falle die übergeordnete Gesetzgebungsquelle die Regelung einer Materie für sich in Anspruch nehmen kann. Das ist verhältnismäßig häufig.

Bei wichtigeren Gegenständen ergeht r e g e l m ä ß i g ein Gesetz. Auch das Dekret hat in Indochina, Madagaskar, den Kongobesitzungen und Westafrika gleichfalls sehr häufig eingegriffen, so daß fast die gesamte Organisation dieser Kolonien nicht durch Verordnungen des Generalgouverneurs, sondern durch Dekrete zustande kam.

Es ist nun eine merkwürdige, nur aus der historischen Entwicklung heraus verständliche Besonderheit, daß die Rechtsnormen, die so von den verschiedenen Gesetzgebungsquellen erlassen werden, zu ihrer Gültigkeit in den einzelnen Kolonien noch einer Promulgation des Gouverneurs bedürfen, d. h. einer besonderen Erklärung, daß eine Norm Recht sei und als solches Nachachtung beanspruche. Diese Promulgation ist natürlich ebensowenig wie die des Präsidenten der

Republik in das freie Belieben des Gouverneurs gestellt. Er hat sie unverzüglich vorzunehmen.

Eine ausdrückliche Bestimmung, daß diese Promulgation notwendiges Erfordernis für die Wirksamkeit der Rechtssätze in den Kolonien sei, findet sich nicht. Die Ordonnanzen von 1825, 1827 und 1828 sowie die späteren Bestimmungen, soweit sie sich dem Schema der Ordonnanzen anschlossen, zählten lediglich unter den Befugnissen des Gouverneurs die Promulgation aller gesetzlichen Bestimmungen auf. Für die neueren Kolonien, deren Verfassungen diese Bestimmung nicht mehr enthielten, ergab sich die Notwendigkeit der besonderen Promulgation durch den Gouverneur aus dem Dekret vom 15. Januar 1853, das ganz allgemein für sämtliche Kolonien mit Ausnahme von Algier die Fristen für das Inkrafttreten der vom Gouverneur promulgierten gesetzlichen Vorschriften bestimmte und damit die Promulgation als selbstverständlich voraussetzte. Nur für Algier besteht demnach das Erfordernis der besonderen Promulgation nicht.

Für die Form der Promulgation sind Bestimmungen nicht ergangen. Eine bloße Veröffentlichung wird aber in der Praxis nicht als hinreichend angesehen, da sich hierdurch die Bedeutung der Promulgation als der authentischen Feststellung, daß eine Vorschrift zur Rechtsnorm geworden ist, nicht erkennen lasse. Andererseits genügt jedoch eine Verordnung, die lediglich erklärt, daß eine gewisse Vorschrift promulgiert werde; daß jene auch den Wortlaut der zu promulgierenden Bestimmung enthalte, wird nicht als notwendig angesehen.

II. Neben der eigentlichen französischen Gesetzgebungsorganisation kommen noch gewisse eingeborene Gesetzgebungsorgane in Betracht, die im Verlauf der legislativen Entwicklung nicht untergingen, sondern im Interesse einer vorsichtigen Eingeborenenpolitik, allerdings erheblich modifiziert, aufrecht erhalten wurden und, soweit die französische Gebietshoheit aufgerichtet ist, den Charakter einer französischen Rechtsquelle haben.

Solche Rechtsquellen sind heute die Ordonnanz des Königs in Annam und Cambodja[1]. Gemäß den Königlichen Ordon-

[1] In der Literatur werden diese Ordonnanzen als Gesetzgebungsquellen nicht erwähnt, was wohl dem Umstande zuzuschreiben ist, daß Cambodja und Annam noch als „pays de protectorat“ gelten.

nanzen vom 27. September bzw. 16. Juli 1897 kommen sie dadurch zustande, daß der Comat in Annam bzw. der Ministerrat in Cambodja, in dem der Generalresident den Vorsitz führt und dessen Stimme stets den Ausschlag gibt, beschließt, einen bestimmten Gesetzentwurf dem Könige zur Unterschrift vorzulegen, und daß dieser darauf die Unterschrift auf dem vom Generalresidenten vorgelegten Entwurf vollzieht. Regelmäßig wird sodann die Ordonnanz durch arrêté des Generalgouverneurs für rechtskräftig erklärt; mangels einer ausdrücklichen Bestimmung ist dies zu ihrer Gültigkeit aber nicht erforderlich.

Eine bestimmte Kompetenz ist diesen Ordonnanzen nicht zugewiesen. Da sie, als die französische Gebietshoheit in Annam und Cambodja noch nicht aufgerichtet war, die einzige Rechtsquelle für diese Gebiete bildeten und auch nachträglich nicht, etwa bei der Aufrichtung der Gebietshoheit, ausdrücklich oder stillschweigend allgemein eingeschränkt wurden, so sind sie auch heute noch insoweit zuständig, als nicht für besondere Fälle eine andere Form der Gesetzgebung vorgeschrieben wird oder einfach zur Anwendung kommt. Daß ein Gesetz oder Dekret die Kompetenz der Ordonnanz in gültiger Weise einschränken kann, ergibt sich aus der Gebietshoheit Frankreichs. Aber auch ein bloßes arrêté des Generalgouverneurs ist auf Grund seiner Ermächtigung, die Verwaltungsorganisation in Indochina beliebig zu ändern und die Befugnisse der Behörden zu bestimmen, imstande, die Zuständigkeit des Ordonnanz einzuschränken. Dadurch erwirbt zugleich der Generalgouverneur in Ableitung dieser Ordonnanzen gesetzgebende Befugnisse über den Rahmen der ihm durch das Dekret von 1891 gewährten Befugnisse hinaus, die allerdings auf das Gebiet von Cambodja, Annam und Tonkin beschränkt sind.

Während die Ordonnanzen in Annam und Cambodja wegen der Gebietshoheit des französischen Staates französische Rechtsnormen sind, die deshalb auch gegebenenfalls der Nachprüfung des Kassationshofes unterliegen, sind die Vorschriften, die von den tunesischen Staatsorganen erlassen werden, ausländisches Recht, welches nur dadurch eine gewisse Ähnlichkeit mit französischen Normen erhält, daß es unter der Mitwirkung französischer Beamten entsteht.

Die wichtigste Form der Gesetzgebung ist das Dekret des Bey, welches durch die Unterschrift des Bey unter einen Gesetzentwurf sowie die Gegenzeichnung des Generalresidenten und die Publikation im Journal officiel zustande kommt[1]. Daneben kommen noch Verordnungsbefugnisse des Premierministers und der übrigen Vorstände der Zentralverwaltungsbehörden in Betracht.

Aus dem Charakter dieser Rechtssätze, insbesondere des Dekretes des Bey als ausländischer Gesetze ergibt sich, daß sie unter den französischen Gesetzesformen keinen bestimmten Rang einnehmen können. Ein französisches Gesetz kann rechtsgültig die tunesische Rechtsordnung weder aufheben noch modifizieren. Wenn es trotzdem mit Hilfe der französischen Behördenorganisation in Tunis tatsächlich ausgeführt würde, so würde dies lediglich eine mehr oder minder umfangreiche Zerstörung der Rechtsordnung von Tunis bedeuten.

[1] Vgl. dazu Girault III, S 387ff.

Druck von C. Schulze & Co., G. m. b. H., Gräfenhainichen.

Kolibri 360 GmbH
Ferdinand-Jühlke-Straße 7
99095 Erfurt, Deutschland
produktsicherheit@kolibri360.de